AF406150

Filosofía, ciencia y técnica

Editorial Universitaria

EL SABER Y LA CULTURA

193
H465f   Heidegger, Martin, 1889-1976.
         Filosofía, ciencia y técnica / Martin Heidegger;
         prólogos de Francisco Soler Grima y Jorge Acevedo Guerra;
         traducciones de Francisco Soler Grima y María Teresa Poupin Oissel.
         6ª ed. – Santiago de Chile: Universitaria, 2017.
         224 p., retr.; 15,5 x 23 cm. – (El saber y la cultura)
         Título anterior «Ciencia y técnica».
         Incluye notas bibliográficas.

         ISBN: 978-956-11-2547-6

1. Filosofía alemana.   2. Filosofía de la ciencia.
3. Filosofía de la tecnología. 4. Ciencia y técnica.   I. t.

Texto compuesto en tipografía *Palatino 10/13*

Se terminó de imprimir esta
SEXTA EDICIÓN
en los talleres de Salesianos Impresores S.A.,
General Gana 1486, Santiago de Chile, en agosto de 2017.

DIAGRAMACIÓN
Yenny Isla Rodríguez

DISEÑO DE PORTADA
Norma Díaz San Martín

FOTOGRAFÍAS INTERIORES Y DE PORTADA
© Digne Meller Marcovicz, Martin Heidegger,
(Photos: 2.3. September 1967/17. + 18. juni. 1968), Fey Verlag, Stuttgart, 1978.

Financiado por el Programa de Apoyo a la Productividad Académica, PROA VID 2016; Universidad de Chile
(Academic Productivity Support Program, PROA VID 2016; University of Chile).

www.universitaria.cl

Martin Heidegger

Filosofía, ciencia y técnica

Sexta edición de *Ciencia y Técnica*

Prólogos de Francisco Soler Grima y Jorge Acevedo Guerra

Traducciones de Francisco Soler Grima y María Teresa Poupin Oissel

EDITORIAL UNIVERSITARIA

Índice

Nota preliminar

a la sexta edición

En esta oportunidad, además de corregir las erratas advertidas, se agrega un nuevo texto: el protocolo del *Seminario de Le Thor 1969*. Su inclusión procura que se logre una mejor intelección de los que lo acompañan. Este escrito apareció en una "edición" de artesanía, "prácticamente hecha a mano", como informan los traductores de la obra en que fue recogido: Martin Heidegger. *Tiempo y Ser*, Ediciones del Departamento de Estudios Históricos y Filosóficos, Universidad de Chile –Sede Valparaíso–, Viña del Mar, 1975, pp. 69-114. La obra estaba compuesta de la conferencia de Heidegger del mismo título, del "Protocolo a un Seminario sobre la conferencia *Tiempo y Ser*", redactado por Alfredo Guzzoni, y del protocolo que ahora añadimos. Francisco Soler Grima tradujo los dos primeros textos y María Teresa Poupin Oissel –discípula suya, con quien contrajo matrimonio–, el tercero.

Junto con brindarle el reconocimiento que merece, hay que agradecer, pues, a María Teresa Poupin este aporte a la filosofía en lengua castellana. Lo mismo digo de François Fédier, quien, presumo, depositó en sus manos el texto que ella vertió a nuestro idioma.

En las páginas iniciales, *Al lector*, los traductores nos informan que el protocolo del *Seminario de Le Thor* es el resultado de un seminario dictado por Heidegger en la localidad francesa de Le Thor –ubicada en la Provenza– en septiembre de 1969. "Fue redactado por Bárbara Cassin, François Fédier, Julien Hervier, Patrick Levy y François Vezin", "en la proximidad de René Char, en presencia de Martin Heidegger, Jean Beaufret y Roger Munier". Acotan lo siguiente: "El texto original de este Protocolo no ha sido publicado, sino que se trata de una edición de circulación privada. No obstante, hemos considerado que, dada su importancia y carácter esclarecedor, era necesario darlo a conocer entre las personas que en nuestra Universidad se interesan por el pensar de Heidegger".

Al año siguiente apareció el protocolo en la obra de Heidegger *Questions IV* (Gallimard, París, 1976, pp. 259-306), con el título "Séminaire du Thor 1969". Junto a él hallamos los seminarios de Le Thor de 1966 y 1968, y el de Zähringen, de 1973[1]. Luego se publica la traducción al alemán de Curd Ochwadt –elegido

---

[1] Véase François Vezin, "Séminaires du Thor". En Philippe Arjakovsky, François Fédier, Hadrien France-Lanord (directores), *Dictionnaire Martin Heidegger*, Cerf, París, 2013. Además, F. Fédier, *Soixante-deux photographies de M. Heidegger*, Gallimard, París, 1999.

por el mismo Heidegger para asumir esa tarea– en el libro *Vier Seminare* (Klostermann, Frankfurt a. M., 1977). Su versión ha sido recogida después en la *Edición Integral* (*Gesamtausgabe*) Vol. 15: *Seminare*, 1986, pp. 326-371. En ella se proporcionan "subtítulos" que van señalando los momentos por los que pasa la meditación. No van intercalados en el texto, sino que han sido puestos en la parte superior de cada página. En el artículo a que he aludido recién Vezin advierte, sin embargo, que en el epílogo de la edición de 1977, Ochwaldt ofrece una valiosa documentación sobre los seminarios que no ha sido reproducida en el tomo 15 de la *Edición Integral*.

He tomado en cuenta algunas variantes que aparecen en el original en francés respecto de la traducción de María Teresa Poupin, así como indicaciones –puestas especialmente en notas– que hay tanto en el texto francés como en el alemán, y que no estaban aún en el escrito que la traductora al castellano tuvo en vista.

Al final de la versión original al español aparecía un anexo con traducciones de términos y frases del protocolo, que me ha parecido conveniente conservar.

Como ya hemos dicho, el protocolo que se incluye ahora es de gran ayuda para comprender mejor los otros ensayos que constituyen este libro. Sus referencias a la técnica y a la ciencia modernas son muy aclaradoras. Por ejemplo, el concepto de *Bestand* –con*stante*, existencias (en el sentido comercial del término), *stocks*, reservas, fondos de reserva– tan importante en "La pregunta por la técnica" y en "La Vuelta" ("Die Kehre"), recibe en él un esclarecimiento que es preciso destacar. Algo semejante ocurre con los términos clave *Ge-stell* –lo dis-puesto, el dis-positivo, la im-posición, la posición-total, la estructura de emplazamiento–, y acontecimiento apropiador (*Ereignis*). Este último es abordado determinantemente en "Tiempo y ser", que también configura este volumen.

En él se tratan también asuntos de gran magnitud, tales como la diferencia entre la ciencia natural moderna –con referencias a Kepler, Galileo, Newton, Maxwell, Max Planck, Niels Bohr, Werner Heisenberg– y otros modos de pensamiento; qué hay que entender por verdad (*alétheia*); el tiempo y sus dimensiones; la diferencia entre objeto, *stock* y cosa; qué es pensamiento meditativo (be*sinn*liches Nachdenken) o meditación (Be*sinn*ung): introducirse en el *sentido* (*Sinn*); el *sentido* como el camino que un asunto ya ha tomado por sí mismo; el contraste y la complementación entre el ser como la im-posición (*Ge-stell*) y como la Unicuadridad (*Geviert*); el acontecimiento apropiador o de transpropiación (*Ereignis*) como vinculado al ser pero diferente de él y sus configuraciones históricas habidas hasta ahora.

François Fédier, editor de la *Edición Integral* de Heidegger en Francia, señala que "la experiencia muestra que todo lector que aborda serenamente el pensamiento de este autor no tarda en entender cómo ese pensamiento hace una llamamiento a lo mejor de él –lo que nunca, en nadie, falta del todo".

Otras traducciones de los escritos aquí recogidos:

"La pregunta por la técnica", "Ciencia y meditación", "Construir Habitar Pensar", "La cosa" y "¿A qué se llama pensar?" se hallan en *Conferencias y artículos*, Ediciones del Serbal, Barcelona, 1994. Trad. de Eustaquio Barjau.

"La pregunta por la técnica" ha sido traducida también por Adolfo P. Carpio, en la revista *Época de Filosofía* Nº 1, Barcelona, 1985, por Jorge Mario Mejía Toro, en la *Revista Universidad de Antioquia* Nº 205, Medellín, 1986; por Salvador Mas Torres, en *Logos. Anales del Seminario de Metafísica* Nº 24, Universidad Complutense, Madrid, 1990, pp. 129-162, junto con "La Vuelta".

"La Vuelta" se halla, además, en *Die Kehre*, Alción Editora, Córdoba, 2008. Trad. de María Cristina Ponce Ruiz. Edición bilingüe.

Construir Habitar Pensar / Bauen Wohnen Denken, La Oficina Ediciones, Madrid, 2015. Edición bilingüe de Arturo Leyte y Jesús Adrián. Trad. de Jesús Adrián.

La conferencia "Tiempo y ser" forma parte del libro *Tiempo y ser*, Editorial Tecnos, Madrid, 1999. Trad. de Manuel Garrido.

Otra traducción del escrito que se agrega ahora es la de Diego Tatián: *Seminario de Le Thor 1969*, Alción Editora, Córdoba (Argentina), 1995.

Doy las gracias a persona e instituciones que, de diversas maneras, han apoyado la nueva salida a la luz pública de estas páginas. A María Eugenia Góngora Díaz, decana de la Facultad de Filosofía y Humanidades de la Universidad de Chile. A Carlos Ruiz Schneider, su director de investigación. A Eduardo Castro Le-Fort y Arturo Matte Izquierdo, de Editorial Universitaria. A la Vicerrectoría de Investigación y Desarrollo de la Universidad antes mencionada, y a su Programa de Apoyo a la Productividad Académica en Ciencias Sociales, Humanidades, Artes y Educación. A Sebastián Santana Guerra, tesista del Magíster en Filosofía de la misma Universidad. Y, muy especialmente, a Ana María Zlachevsky, quien me ha acompañado en los caminos del pensamiento y de la vida.

JORGE ACEVEDO GUERRA
Profesor Titular
Facultad de Filosofía y Humanidades
Universidad de Chile

Santiago, julio de 2017

Nota Preliminar

a la quinta edición

En 2007 se cumplen veinticinco años de la prematura muerte de Francisco Soler Grima. Fue uno de los primeros traductores de la obra de Heidegger al castellano, y un pionero en introducir la necesidad de asumir su pensamiento en el proyecto filosófico de España e Hispanoamérica. Con la reedición de este libro dedicamos un emocionado recuerdo a su memoria.

Rindo también un póstumo homenaje a María Teresa Poupin Oissel, quien lo acompañó en la etapa final de su vida –tanto en la tarea filosófica como en las demás dimensiones de la existencia–, y que nos dejó antes de tiempo –al igual que Soler–, hace ya trece años, en 1994.

Agradezco profunda y sinceramente a Eduardo Castro Le-Fort, editor general de Editorial Universitaria, y a Ana María Zlachevsky Ojeda –psicóloga clínica y candidata a doctora en filosofía por la Universidad de Chile–, por el decisivo impulso que dieron, de nuevo, a esta aparición de *Filosofía, Ciencia y Técnica*. Cada uno, a su manera, fue determinante para que el libro saliera otra vez, con la mayor prontitud, a la luz pública.

JORGE ACEVEDO GUERRA
Profesor Titular
Director del Departamento de Filosofía
Universidad de Chile

Santiago, julio de 2007

Nota Preliminar

a la cuarta edición

13

Al haberse agotado con inusitada rapidez la tercera edición de esta obra, me ha parecido pertinente revisarla con Paloma Baño, Sylvia Eyzaguirre –Licenciadas en Filosofía de la Universidad de Chile–, y Tomás Cooper –Magíster en Filosofía de la misma casa de estudios–, a quienes agradezco sinceramente la valiosa ayuda que me han brindado con vistas a ofrecer una versión más depurada de este libro. Doy las gracias, también, a la psicóloga señora Ana María Zlachevsky Ojeda y a mis amigos Cristóbal Holzapfel Ossa –coinvestigador del Proyecto FONDECYT 1010971, al que se vincula este texto–, Braulio Fernández Biggs –ex Editor General de Editorial Universitaria–, y Eduardo Castro Le-Fort –su actual Editor General–, quienes han posibilitado decisivamente la aparición de este escrito.

JORGE ACEVEDO GUERRA
Profesor Titular
Director del Departamento de Filosofía
Universidad de Chile

Santiago, octubre de 2002

Nota preliminar

a la tercera edición

La nueva ampliación de *Ciencia y Técnica* ha obligado a darle otro nombre a esta edición, de una envergadura manifiestamente mayor respecto de la primera: *Filosofía, Ciencia y Técnica*. Agregamos ahora las versiones castellanas, debidas a Francisco Soler, de los siguientes textos de Heidegger: "Das Ding" ("La cosa"), "Was heißt Denken?" ("¿A qué se llama pensar?") y "Zeit und Sein" ("Tiempo y Ser"). Los dos primeros han sido recogidos en el libro *Vorträge und Aufsätze* (Pfullingen: Günther Neske, 1954): *Conferencias y artículos*. El tercero, en el volumen *Zur Sache des Denkens* (Tübingen: Max Niemeyer, 1969): *Hacia el asunto del pensar.*

La traducción de "Was heißt Denken?", que ofrecemos a los lectores, apareció en la revista *Mito,* de Bogotá, con el título "¿Qué significa pensar?". He variado su denominación sobre la base de que Francisco Soler también tradujo el libro que tiene el mismo nombre –versión que está aún inédita–, prefiriendo la expresión "¿A qué se llama pensar?" para rotularlo. El traductor informaba en estos términos acerca del trabajo que publicó en Colombia: "Es […] una conferencia pronunciada en mayo de 1952. El original apareció en la revista alemana *Merkur* (1952, VI, Nº 53). […] *Was heißt Denken?,* es también el título del libro que recoge las lecciones de los cursos dados por Heidegger durante el semestre de invierno de 1951-1952 y el semestre de verano de 1952, en la Universidad de Friburgo, editado por Max Niemeyer, Tübingen, 1954, 176 págs". Le he agregado algunas notas aclaratorias que he extraído de la versión francesa de André Préau, la que Soler consideraba excelente. Por cierto, he tenido ante la vista y he tomado en cuenta esta traducción, así como la de Eustaquio Barjau, que no le va a la zaga. Ambas, en este y en otros casos, me han prestado una inestimable ayuda en la edición de la presente obra.

Tiempo y Ser fue publicado por el Departamento de Estudios Históricos y Filosóficos de la Universidad de Chile, Sede Valparaíso. En unas palabras iniciales dedicadas *Al lector* Soler reprodujo lo que en las 'Indicaciones' a *Zur Sache des Denkens* decía Heidegger sobre este escrito: "La conferencia 'Tiempo y Ser' se pronunció el día 31 de enero de 1962 en Studium Generale, dirigido por Eugen Fink, de la Universidad de Friburgo de Brisgovia. En el plan del libro *Ser y Tiempo* (1927), página 39, el título 'Tiempo y Ser' designa la sección tercera de la primera parte del libro. En esas fechas el autor no había desarrollado una elaboración suficiente del tema nombrado en el título 'Tiempo y Ser'. La publicación de *Ser y Tiempo* fue interrumpida en ese lugar.

Lo que contiene el texto del ensayo, redactado ahora, después de tres decenios y medio, no se puede agregar sin más al texto de *Ser y Tiempo*. Ciertamente que la pregunta ha seguido siendo la misma, lo que, empero, solo quiere decir: La pregunta se ha vuelto más digna de ser preguntada y más extraña aún al espíritu de la época. Los párrafos que en el texto van entre paréntesis fueron escritos al mismo tiempo que el texto de la conferencia, pero no fueron leídos.

Una primera edición del texto alemán se publicó junto con una cuidada traducción francesa de François Fédier, en el homenaje a Jean Beaufret, con el título *L'endurance de la pensée (Das Ausdauern im Denken)* [La per-duración del pensar]. Editorial Plon, París, 1968". Claro está, la versión de François Fédier ha jugado en esta ocasión un papel idéntico al que han tenido las que ya señalé.

La traducción de "La cosa" que forma parte de este libro se encontraba inédita. Soler revisó su versión del 'Epílogo' de esta conferencia con François Fédier, contando para ello con la colaboración de María Teresa Poupin Oissel. He dado preeminencia a esta versión revisada sobre la original.

Los dos textos de Heidegger incluidos en la primera edición –"La pregunta por la técnica" y "Ciencia y meditación"– forman parte de *Vorträge und Aufsätze (Conferencias y artículos)*. Lo mismo ocurre con "Construir Habitar Pensar", uno de los dos escritos agregados en la segunda edición. El otro –"La Vuelta"–, es parte de *Die Technik und die Kehre* (Pfullingen: Neske, 1962): *La técnica y la vuelta;* recomiendo leerlo a la luz de lo que se plantea en "La pregunta por la técnica".

Doy gracias a las instituciones y personas que han hecho posible la aparición de esta obra. Especialmente a Editorial Universitaria –en particular al señor Braulio Fernández Biggs, su Editor General, cuya iniciativa y aliento han sido decisivos en la publicación de *Filosofía, Ciencia y Técnica*–, a la Universidad de Chile, a su Facultad de Filosofía y Humanidades y al Fondo Nacional de Investigación Científica y Tecnológica (FONDECYT), que ha financiado el proyecto Nº 1960772, al que se liga determinantemente este libro como uno de sus principales logros.

JORGE ACEVEDO GUERRA
Profesor de Filosofía Contemporánea
Director del Departamento de Filosofía
Universidad de Chile

Santiago, agosto de 1997

Nota preliminar

a la segunda edición

En esta oportunidad que brinda Editorial Universitaria para reeditar *Ciencia y Técnica* ha parecido conveniente agregar dos textos de Heidegger, muy importantes, que también tradujo Francisco Soler, y que son de difícil acceso, por haber aparecido en publicaciones especializadas, de circulación relativamente restringida a círculos académicos *(Teoría* y *Revista de Filosofía,* Universidad de Chile, Santiago).

Estos escritos son "La vuelta" ("Die Kehre") y "Construir Habitar Pensar" ("Bauen Wohnen Denken"), cuyo contenido complementa de manera decisiva el de los ensayos recogidos en la primera edición de este libro ("La Pregunta por la técnica" ["Die Frage nach der Technik"] y "Ciencia y meditación" ["Wissenschaft und Besinnung"]). Tengo la seguridad de que los lectores sabrán apreciar tanto el prolijo trabajo de Francisco Soler como el hecho de que sus cuidadas versiones de estos cuatro textos –que se esclarecen unos con otros– sean puestas a su disposición en un volumen único.

Por otra parte, habrá que decir que el "diagnóstico" del pensador de Friburgo sobre la época actual, que se desenvuelve bajo el sello de la esencia de la técnica moderna, cobra día a día, con mayor fuerza, una renovada vigencia. Los problemas ecológicos, por ejemplo, que se muestran ahora en nuestro país con dramática gravedad, reciben en las páginas que siguen el tratamiento filosófico más radical que haya habido hasta el momento.

Sería preciso añadir que a algunos de los más agudos asuntos que en "La pregunta por la técnica" quedan enmarcados entre desazonadores signos de interrogación se les da cierta "respuesta" en los dos escritos adicionales que en esta ocasión incluimos en la obra. Al habitar inherente al pensar computante se adjunta el habitar propio del "otro pensar".

JORGE ACEVEDO GUERRA
Profesor de Filosofía Contemporánea
Director del Departamento de Filosofía
Universidad de Chile

Santiago, enero de 1993

Nota preliminar

a la primera edición

Con el título *Ciencia y Técnica* publicamos en este volumen dos ensayos de Martin Heidegger: "La pregunta por la técnica" y "Ciencia y meditación".

"Ciencia y meditación" aparece por vez primera en castellano. "La pregunta por la técnica", dada a conocer en español por Francisco Soler en la *Revista de Filosofía* (Santiago; Vol. V, Nº 1) es, prácticamente, una nueva versión, ya que fue afinada varias veces por el pensador hispano-chileno, acogiendo en el texto definitivo la rica experiencia interpretativa que su hermenéutica del filosofar de Heidegger le permitió ganar durante los últimos años.

Cuando planificamos la estructura de *Ciencia y Técnica* acordamos que incluiría un Prólogo del Traductor y una Introducción a "La pregunta por la técnica". El Prólogo fue adelantado por la *Revista de Filosofía* (Vol. XX, 1982), la cual quiso testimoniar de ese modo su homenaje a Francisco Soler, cuya prematura desaparición –el 19 de junio de 1982, a los 58 años de edad– sumió en la consternación a sus discípulos y amigos. La Introducción a "La pregunta por la técnica" pertenece al profesor JorgeAcevedo, a cuya constancia y preocupación se debe en gran parte este libro.

También ha impulsado esta publicación don Mario Góngora, quien la propuso cuando fuera Decano de la Facultad de Filosofía y Letras de la Universidad de Chile, y don Joaquín Barceló –actual Decano de la Facultad de Filosofía, Humanidades y Educación–, quien ha insistido en el valor intelectual y cultural que tendrá hoy día poner a nuestros lectores en presencia del pensamiento de Heidegger frente a problemas urgentes de la hora actual.

Prólogo del Editor

Mi propósito es presentar, en primer término, algunos aspectos del "concepto" de filosofía en Heidegger que Francisco Soler haya hecho resaltar –directamente en sus indagaciones, o indirectamente a través de los textos que tradujo–. En segundo lugar, examinaré la conferencia "Construir Habitar Pensar", clave dentro de la meditación del pensador de Friburgo, y a la que, de uno u otro modo, hacen especial referencia todos los otros ensayos que han sido recogidos en este volumen, de tal manera que se le puede considerar como el eje del libro.

I. ¿QUÉ ES FILOSOFÍA?

1. La 'esencia' del Dasein consiste en su existencia. Léthe y alétheia (la tridimensionalidad de la léthe)

Para cumplir con mi primera tarea tomaré como punto de partida unas frases del denso prólogo que Soler elaboró para anteponerlo a sus traducciones de "La pregunta por la técnica" y "Ciencia y Meditación", que se reimprime en la obra que el lector tiene en sus manos. Siguiendo a Heidegger, afirma en esas páginas que "el hombre es ser-ahí, ser-en-el-mundo o el ex-sistente. El único privilegiado ente que ex-siste, es decir, que es él mismo en el sentido, verdad, claror [...] del Ser; el hombre es la in-stancia ex-sistente en la verdad y lucimiento del Ser, verdad y lucimiento que son el Ser mismo. El hombre es la criatura que saca o da a luz la que recibe del Ser; está ex-puesto a ser"[1].

Por cierto, en las palabras citadas Soler recoge las explícitas indicaciones que da Heidegger en la *Carta sobre el humanismo*[2] para una apropiada comprensión de

---

[1]   Cfr., "Prólogo" a *Filosofía, Ciencia y Técnica,* de Martin Heidegger, Editorial Universitaria, Santiago, 2007, quinta edición, p. 72.

[2]   Cfr., *Doctrina de la verdad según Platón y Carta sobre el humanismo,* Ediciones del Instituto de Investigaciones Histórico-Culturales de la Universidad de Chile, Santiago, 1953; trad. de Alberto Wagner de Reyna; pp. 117 ss. ("Brief über den 'Humanismus'"; en *Wegmarken,* Vittorio Klostermann, Frankfurt a. M., 1967, pp. 156 ss.).

la famosa frase de *Ser y Tiempo* que señala que "la 'esencia' del hombre *(Dasein)* consiste en su existencia"[3]. En ella el término existencia no tiene su sentido habitual de actualidad en contraposición a esencia como posibilidad. Ex-sistir es estar fuera, en la luminosidad y en las sombras de algo decisivo que, con palabra ya gastada –y, por eso, tal vez inconveniente–, llamamos ser. Por otro lado, *Dasein,* en rigor, no equivale a hombre. Podríamos decir que solo apunta a algunas dimensiones del hombre. Lo que explicaría que la analítica existencial del *Dasein* desarrollada en *Ser y Tiempo* no pretende constituirse como una antropología filosófica cabal, sino que solo da pasos –por cierto, decisivos–, hacia ella, teniendo como meta, no obstante, algo distinto: configurar una ontología fundamental, base de la ontología general que pregunta por el sentido del ser –o de ser *(Sinn von Sein).*

¿A qué dimensiones del hombre se refiere Heidegger con la palabra *Dasein?* Por lo pronto, a dos de ellas. *Dasein* nos indica en el contexto de *Ser y Tiempo* que el hombre es el ahí *(Da)* del ser *(Sein).* "El ente es independiente de la experiencia, el conocimiento y la captación que lo abre, descubre y determina –indica Heidegger–. Pero el ser –añade–, solo 'es' en el comprender del ente a cuyo ser le pertenece algo así como la comprensión del ser"[4]. A la par, *Dasein* nos remite –en principio–, al hecho de que el hombre es tal en el ahí *(Da)* que para él es el ser *(Sein).* Esto último no es sino otra manera de decir que el hombre existe o, para evitar equívocos, ek-siste. "La ec-sistencia [Eksistenz] pensada ec-státicamente no se recubre ni según el contenido ni según la forma con la *existentia.* Ec-sistencia significa, según su contenido, sobre-estar [*Hinaus-stehen*] hacia la verdad del ser"[5].

La verdad del ser, en cuyo ámbito el hombre se mantiene, in-stando o insistiendo en ella, es doble; por una parte, desencubrimiento, *alétheia;* por otra, encubrimiento, retraimiento, *léthe.* "El ocultarse, el ocultamiento, la Λήθη [*léthe*], pertenecen a la 'Α–Λήθεια [*A-létheia*] no como un mero añadido, como las sombras a la luz –sugiere Heidegger–, sino como corazón de la 'Αλήθεια [*Alétheia*]"[6]. En forma rotunda, declara Soler que el velamiento –la *léthe*- es lo dominante en el desvelamiento –*Alétheia,* Unverborgenheit–, y agrega que "pre-

---

[3]   Trad. de Jorge Eduardo Rivera, Ediciones del Instituto de Filosofía de la Universidad Católica de Valparaíso, Valparaíso (Chile), s.f.; p. 49 *(Sein und Zeit,* Max Niemeyer Verlag, Tübingen, 1986, p. 42). Ahora es posible, y necesario, referirse a la última versión de *Ser y Tiempo* –notable en todo sentido–, debida a Jorge Eduardo Rivera, que ha publicado Editorial Universitaria de Santiago en septiembre de 1997, dentro de su Colección *El Saber y la Cultura.*

[4]   *Ibídem,* p. 208 (S. *u.* Z., p. 183).

[5]   Cfr., *Carta sobre el humanismo,* Ediciones Taurus, Madrid, 1966; trad. de Rafael Gutiérrez Girardot; p. 23 *(Wegmarken,* p. 158).

[6]   "El final de la filosofía y la tarea del pensar", en *¿Qué es filosofía?,* Editorial Narcea, Madrid, 1978; trad. de J. L. Molinuevo; p. 116 ("Das Ende der Philosophie und die Aufgabe des Denkens", en *Zur Sache des Denkens,* Max Niemeyer, Tübingen, 1969, p. 78).

cisamente el intento (y logro) de pensar la *Léthe* es uno de los lados del pensar heideggeriano"[7].

En el lenguaje de *¿Qué es eso –la filosofía?*, podríamos expresar lo anterior diciendo que el hombre existe siempre en una correspondencia *(Entsprechung)* con el ser del ente[8], correspondencia que entraña un estar en la verdad o manifestación del ser y, al mismo tiempo, en la no-verdad o retraimiento del ser. Esta no-verdad no debe entenderse, en lo más mínimo, como falsedad. Al referirse a esta radical y, por lo pronto, desconcertante más que ambigüedad, Soler hace resaltar una importante tridimensionalidad de la *léthe,* que apunta en direcciones contrapuestas, lo que implica que haya una exigencia más apremiante de meditarla. "Estamos tratando de pensar la Nada del Ser, *Léthe* de la *Alétheia* –leemos en el "Prólogo" que hemos venido examinando–. Si consideramos a esta última como *presencia,* la primera sería ausencia; y dándoles valor verbal a los términos: *Alétheia* sería presenciación, desvelamiento, y *Léthe* ocultamiento, velamiento, retraimiento. No sería, pues, la *Léthe* solo el *no* de los entes, que abriría el ámbito que media hacia el Ser, que permite que este se luzca como Mismo y otro que los entes; no sería solo el *ámbito de la diferencia ontológica.* No tendríamos solo ese lado de retraimiento y distancia de lo ente, donde el ser puede brillar en lo propio, sino que es algo del Ser Mismo, una cierta manquedad o insuficiencia del Ser; el Ser también es necesitado.

"Pero lo que nos parece más digno de ser pensado y dicho –añade Soler– es: el 'no', la 'nada' del Ser mismo indican hacia lo pletórico, rico, abundante, sin medida ni tasa posible, propios del Ser"[9].

En primer lugar, pues, la *Léthe* permite que el habitual encubrimiento del ser por los entes pueda ser trascendido, de tal modo que el ser pueda manifestarse en su mismidad. La *Léthe* como el 'no' de los entes constituye la diferencia ontológica y posibilita detectarla y meditarla.

La *Léthe* es, por otra parte, aquello que nos muestra que el ser no es plenitud, sino, en cierto modo, carencia, algo menesteroso.

Por cierto, esta interpretación del ser se opone a toda la ortodoxia filosófica tradicional, postulando problemas que en su momento habría que abordar.

Pero la *Léthe* es, también, lo que impide que el ser se agote en las formas históricas en las que se ha donado al hombre. En la *Léthe* reside, por decirlo así, la reserva ontológica del ser, que impide llegar a un estadio definitivo de la histo-

---

[7] Cfr., "Prólogo" a *Filosofía, Ciencia y Técnica,* pp. 62 s. Al respecto, véase la interesante nota 67 de la primera parte de *los Apuntes acerca del pensar de Heidegger* (Editorial Andrés Bello, Santiago, 1983; edición a cargo de Jorge Acevedo; pp. 105-116), que, por sí sola, constituye un estudio autónomo.

[8] Cfr., de Heidegger, *¿Qué es eso -la filosofía?*, Editorial Sur, Buenos Aires, 1960; trad. de Adolfo P. Carpio; pp. 43 ss. *(Was ist das - die Philosophie? Günter Neske, Pfullingen, 1960, pp. 34 ss.).*

[9] Cfr., "Prólogo" a *Filosofía, Ciencia y Técnica,* p. 69.

ria, que la clausuraría. La riqueza *futura, posible,* del ser reside en la *Léthe.* Y recordemos, a propósito de esto, que en *Ser y Tiempo* se nos dice que "por encima de la realidad está la *posibilidad*"[10]. Este reconocimiento de este tercer lado de la *Léthe* no significa, en modo alguno, un desconocimiento de la riqueza ontológica ínsita en las destinaciones del ser ya acontecidas –que, por lo demás, persisten–, o en pleno despliegue.

La peculiar primacía del futuro no conlleva ningún desdén hacia lo pasado –que nos sigue pasando–, ni hacia lo presente.

2. Correspondencia, comprensión del ser, homologéin *(ὁμολογεῖν), habitar, estancia*

La correspondencia *(Entsprechung)* a la que nos referíamos a partir de *¿Qué es eso –la filosofía?* es nombrada en *Ser y Tiempo* como la comprensión mediana y vaga del ser[11] o comprensión preontológica del ser[12] inherente al hombre. "Esta comprensión del ser puede vacilar y desvanecerse todo lo que se quiera; puede moverse en los límites mismos de un mero conocimiento verbal"[13]. Sin embargo, ella es un *factum[14].*

En su ensayo sobre el fragmento 50 de *Heráclito,* Heidegger se refiere a lo mismo al afirmar que "si el λέγειν [*légein*] mortal se dedica al Λόγος [*Lógos*], sucede ὁμολογεῖν [*homologeīn*]"[15]. Este hacerse como el *Lógos,* este *homologeīn en su versión primaria e inmediata,* es vinculada por Soler –en mi opinión–, con la correspondencia *(Entsprechung)* antes aludida, poniendo en juego otra expresión "equivalente": habitar[16]. Dice: "El Ser se da, dona y destina; en el Ahí –Da– del

---

[10]   Pág. 44 (S. *u.* Z, p. 38).

[11]   Pág. 4; pp. 6 y ss. (S. *u.* Z., p. 4; pp. 5 y ss.).

[12]   Pág. 15 (S. *u.* Z., p. 13).

[13]   *Ser y Tiempo,* p. 6. (S. *u.* Z., p. 5).

[14]   *Ibídem, (Ibídem.).*

[15]   "Logos (*Heráclito,* Fragmento 50)", en rev. *Mapocho,* tomo II, n° 1, Santiago, 1964. Trad. de Francisco Soler; p. 201 ("Logos (Heraklit, Fragment 50)", en *Vorträge und Aufsätze,* Neske, Pfullingen, 1967, vol. III, p. 17).

[16]   Cfr., de Heidegger, "Construir Habitar Pensar", en este mismo volumen ("Bauen Wohnen Denken"; en *Vorträge und Aufsätze,* vol. II). La vinculación a que me refiero es clave, en mi opinión, para ver la continuidad entre *Ser y Tiempo* –donde ya se sugiere que el ser-en del ser-en-el-mundo hay que entenderlo como habitar–, y los escritos posteriores de Heidegger. Considérese el siguiente texto de *Ser y Tiempo:* "el ser-en se refiere a una estructura ontológica del *Dasein* y es un *existencial* [*Existenzial*]. Luego, con este término no se puede pensar en el estar ahí presente de una cosa corpórea (el cuerpo humano) 'en' un ente que está ahí. El ser-en no designa una 'inclusión' espacial, como tampoco 'en' significa originariamente una relación espacial del tipo mencionado; 'in' procede de *innan-,* habitar [wohnen], *habitare,* quedarse en un sitio; 'an' significa: estoy acostumbrado [gewohnt], familiarizado con, suelo; tiene la significación de *colo,* en el sentido de *habito y diligo.* El ente de quien es propio el

Ser habita el hombre, en cuanto el re-clamado e interpelado por el Ser. El pensar del hombre [esto es, el *légein* mortal espontáneamente vertido al *Logos* (lo reunidor que trama)[17], la cotidiana correspondencia con el ser del ente, el "simple" habitar] no manda en el Ser, sino que perteneciendo *(gehört)* al Ser, puede oír *(hört)* la voz del Ser *(Stimme des Seins)*, oír que es un (cor)re*spond*er"[18].

Pero aún no hemos dado el paso que nos conduzca al ámbito de lo que Heidegger entiende por filosofía o, si se quiere, "el otro pensar *(das andere Denken)*"[19]. Solo hemos llegado a su umbral.

"La correspondencia *(Entsprechung)* con el ser del ente sigue siendo constantemente, por cierto, nuestra estancia *(Aufenthalt)* –dice el pensador de Friburgo–. Sin embargo –agrega–, solo de vez en cuando se convierte en una conducta asumida expresamente por nosotros y que se desarrolla. Solo cuando esto acontece, solo entonces correspondemos propiamente a aquello que concierne a la filosofía, que está en camino hacia el ser del ente. El corresponder al ser del ente es la filosofía; pero ella lo es únicamente cuando, y solamente cuando, el corresponder se cumple expresamente, se despliega así y completa la construcción de este despliegue [...]. Φιλοσοφία [*Philosophía*] –concluye– es el corresponder expresamente ejecutado que habla en tanto atiende al llamamiento-asignación *(Zuspruch)* del ser del ente"[20].

Este planteamiento de 1955 es semejante al que ya había en *Ser y Tiempo:* "la pregunta por el ser [esto es, la filosofía] no es otra cosa que la radicalización de una tendencia esencial al ser del hombre *(Dasein):* de la comprensión preontológica del ser"[21].

El filosofar, el pensar en su más genuino sentido no es algo añadido al ser humano, construido sobre lo que ya es, sino el despliegue expreso de lo que lo constituye más íntimamente. Por eso Heidegger, en un libro al que atribuía especial importancia y que fue traducido por Soler, puede efectuar el paradójico planteamiento en el que afirma, por una parte, que *"lo-más-meditable en nuestro meditable tiempo es que nosotros aún no pensamos"*[22] y, por otra parte, que "el hombre

---

ser-en tomado en esta significación lo hemos caracterizado como el ente que soy yo mismo. El vocablo [alemán] 'bin' ('soy') está relaciónado con la proposición 'bei' ('en', 'junto a'); 'ich bin' ('yo soy') quiere decir, a su vez, habito [*ich wohne*], me quedo en... el mundo como algo que me es familiar de tal o cual manera. 'Ser', comprendido como infinitivo de 'yo soy', es decir, como existencial, significa habitar en... [*wohnen bei...*], estar familiarizado con..." (Ed. cit, p. 61 [§12]. S. *u* Z., p. 54.)

[17] "Prólogo" a *Filosofía, Ciencia y Técnica*, p. 62. Véase, también, p. 73.

[18] *Ibídem,* p. 74.

[19] Cfr., de Heidegger, "Ya sólo un Dios puede salvarnos", en rev. *Escritos de Teoría* II, Santiago, 1977; trad. de Pablo Oyarzún; p. 186 ("Nur noch ein Gott kann uns retten", en rev. *Der Spiegel* N° 23, Hamburgo, 1976, p. 212).

[20] *¿Qué es eso -la filosofía?,* pp. 44 ss. *(Was ist das -die Philosophie?,* pp. 35 ss.).

[21] Pág. 17 (S. *u.* Z., p. 15).

[22] Cfr., *¿A qué se llama pensar?* (Lecc. 1); traducción, inédita, de Francisco Soler *(Was heißt denken?,* Max Niemeyer, Tübingen, 1961, p. 3).

de nuestra historia ha pensado siempre y, en alguna manera, ha pensado incluso lo más profundo"[23]. La paradoja, sin embargo, no permanece como tal. Heidegger sostiene que *lo-más-meditable es que nosotros aún no pensamos*"[24], porque "el hombre no podrá pensar *propiamente (eigentlich),* mientras se le sustraiga lo-que-hay-que-pensar"[25], es decir, el ser. Por cierto, este acontecimiento no es imputable al hombre; proviene, más bien, del ser; "no se trata de una deficiencia del pensar –advierte Soler–, fácilmente subsanable. Es el Ser Mismo el que se retira y retrae; dicho con una palabra mañanera para el Ser y en dicho de Heráclito: Φύσις κρύπτεσθαι φιλεῖ *–Physis kryptesthai phileî:* Lo más propio del brotar en ser es su quedar retraído"[26].

¿Qué vinculación cabría establecer entre la postura filosófica bosquejada y el hombre de hoy? O lo que es lo mismo: ¿de qué manera se dona el ser en la actualidad?; ¿cuál es la figura que adopta ahora, dentro de su historicidad?; ¿en qué modo se muestra y al mismo tiempo se oculta?; ¿cómo corresponde el hombre contemporáneo al llamamiento-asignación del ser?; ¿cómo tendría que corresponder para alcanzar un habitar propio? De nuevo, solo podremos esbozar algunas "respuestas" que, al menos indirectamente, contribuyan a esclarecer esas preguntas.

Oponiéndose a la mayor parte de la tradición filosófica –para la cual lo ontológico y lo histórico son completamente antitéticos–, Heidegger nos habla de la historicidad del ser. Siguiendo sus huellas, Soler se refiere a esa historicidad en estos términos: "Parecería como si los esfuerzos que los filósofos realizan y en los que se juegan lo mejor de sus fuerzas, estuvieran encaminados a encontrar una tierra firme en que los demás mortales puedan habitar; hay que apresar algún firme asidero del ser huido y huidizo; y cada filósofo tiene su palabra que intenta expresar a los demás ese lado seguro por él descubierto"[27]. Heidegger se ha referido a estas palabras, que jalonan la historia del ser, en varios lugares. Por ejemplo, en "Hegel y los griegos". " Ἐν [*Hén*] es la palabra de Parménides. Λόγος [*Lógos*] es la palabra de Heráclito.' Ἰδέα [*Idéa*] es la palabra de Platón. Ἐνέργεια, [*Enérgeia*] es la palabra de Aristóteles"[28]. Una enumeración más completa se encuentra en "La constitución onto-teo-lógica de la metafísica", la que, a la par, precisa la posición de Heidegger al respecto: "Se da el Ser solo en cada caso en esta o aquella

<hr>

[23]   *Ibídem. (Ibídem,* p. 4).

[24]   *Ibídem. (Ibídem,* p. 2).

[25]   *Ibídem. (Ibídem,* p. 4). El destacado es mío.

[26]   "Prólogo" a *Filosofía, Ciencia y Técnica,* p. 57. Véase, también, de Heidegger, "Alétheia (*Heráclito,* Fragmento 16)", en *Revista de Filosofía,* vol. IX, Nᵒˢ 1-2, Santiago, 1962. Trad. de Francisco Soler (en especial, pp. 99 y ss.). ("Alétheia (Heraklit, Fragment 16)", en *Vorträge und Aufsätze,* vol. III; en especial, pp. 66 ss).

[27]   Cfr., *"Hacia Ortega.* I. El mito del origen del hombre", Ediciones de la Facultad de Filosofía y Educación de la Universidad de Chile, Santiago, 1965, p. 45.

[28]   *Revista de Filosofía,* vol. XIII, Nᵒ 1, Santiago, 1966; trad. de Ian Mesa Echeverría, revisada por Francisco Soler; p. 121 ("Hegel und die Griechen", en *Wegmarken,* p. 262).

acuñación destinadora: Φύσις; [*Physis*], Λόγος [*Lógos*], Ἕν [*Hén*], Ἰδέα [*Idéa*], Ἐνέργεια [*Enérgeia*], Sustancialidad, Objetividad, Subjetividad, Voluntad, Voluntad de Poderío, Voluntad de la Voluntad"[29].

En nuestro tiempo el ser toma una figura que, así lo pienso, reúne todas las anteriores; Heidegger la denomina con la palabra *Ge-stell,* que podemos traducir como lo dis-puesto, la im-posición, la posición-total, lo que nos hace entrar en vereda en el sentido de lo que nos mete en razón, entendiendo este término como lo hace Heideger en "El principio de razón"[30], *¿A qué se llama pensar?*[31], y en otros lugares, esto es, como un representar que, calculando, asegura.

A este modo de donarse el ser le es inherente una modalidad de des-encubrirse que Heidegger llama desocultar pro-vocante *(herausforderndes Entbergen).* Esta modulación de la verdad *(alétheia)* del ser suscita en el hombre una forma de abrirse hacia los entes que también es provocante[32]. ¿En qué sentido? Soler responde esta pregunta aludiendo, primero, a hechos ónticos. Cuando el ser se destina al hombre como la posición-total o el dis-positivo, este corresponde *(entspricht)* a su llamamiento-asignación *(Zuspruch)*[33], poniéndose en camino hacia el dominio de todo lo que hay, imponiéndole sus condiciones[34]; manifestación de ello –prosigue Soler– es el poderío transformador y destructor ya en manos del hombre; "el informe Pauling hacía notar que las bombas termonucleares almacenadas a esas fechas (1965), podrían destruir la Tierra varias veces; y desde entonces el poderío atómico-destructor de las Grandes Potencias ha aumentado desmesuradamente"[35]; *en el nivel óntico,* el hombre que corresponde *técnicamente* a la interpelación del Ser *(Zusage des Seins)*[36] ha producido un radical desequilibrio ecológico que se muestra en la contaminación de los mares, en la progresiva destrucción del mundo vegetal, en el alarmante deterioro de la capa de ozono de la atmósfera, en el crecimiento de los desiertos[37], y en hechos semejantes, que cada día nos son más conocidos y nos afectan con mayor fuerza.

---

[29] *Ibídem,* trad. de Luis Hernández Volosky, revisada por Francisco Soler, p. 109 ("Die Onto-Theo-Logische Verfassung der Metaphysik", en *Identidad y Diferencia,* Editorial Anthropos, Barcelona, 1988, pp.142 s.; edición bilingüe de Arturo Leyte; trad. de Helena Cortés y Arturo Leyte).

[30] Por ejemplo, en la conferencia "La proposición del fundamento", en el libro del mismo título, publicado por Ediciones del Serbal, Barcelona, 1991; trad. de Félix Duque y Jorge Pérez de Tudela; p. 187 [*¿Qué es filosofía?,* p. 77] *(Der Satz vom Grund,* Neske, Pfullingen, 1971, p. 196).

[31] Cfr., *¿Qué significa pensar?* Editorial Trotta, Madrid, 2005; trad. de Raúl Gabás; p. 48, por ejemplo *(Was heißt denken?,* p. 27).

[32] Al respecto, véase, de Jorge Acevedo, *Heidegger y la época técnica,* Editorial Universitaria, Santiago, 2016, pp. 109 ss.

[33] Cfr., *¿Qué es eso -la filosofía?,* pp. 40 ss. *¿Was ist das -die Philosophie?,* pp. 32 ss.).

[34] Cfr., "Prólogo" a *Filosofía, Ciencia y Técnica,* p. 83.

[35] *Ibídem,* p. 84.

[36] Véase *Apuntes acerca del pensar de Heidegger,* p. 167.

[37] Cfr., "Prólogo" a *Filosofía, Ciencia y Técnica,* pp. 83 ss. (Véase, también, el anejo 'Filosofía y Ética', que forma parte del libro *Apuntes acerca del pensar de Heidegger,* pp. 225 ss.).

Pero Soler alude, también, a una *decisiva cuestión ontológica* que acontece cuando el ser del ente se destina a los mortales como la esencia de la técnica moderna, esto es, como lo dis-puesto *(das Ge-stell)*. Cuando la suscitación alentadora *(Zuspruch)*[38] del ser pro-voca al hombre al ek-sistir en un adverar pro-vocador, se está en en el mayor peligro. "Lo más peligroso es que el hombre se instale definitivamente en el modo de pensamiento científico-técnico [es decir, en el desencubrimiento *(alétheia)* pro-vocante] –advierte Soler, siguiendo a Heidegger–, cerrándose así a la posible experiencia del lugar del hombre sobre la Tierra. Es propio del *pensar representativo* que pone a la Naturaleza como almacén de reservas de materias primas, necesarias para la producción continua e ilimitada, ponerse a sí mismo como el único pensar; con ello se ciega y cierra a su proveniencia esencial [...], y también para todo otro pensamiento posible, más allá del mundo técnico"[39].

Las palabras antes citadas nos sugieren que el hombre actual *no* ek-siste en el desvelamiento-velamiento *(alétheia-léthe)* del ser del ente *solo* de una manera calculadora y técnica, esto es pro-vocante. El hombre corresponde *(entspricht)* al aliento *(Zuspruch)* del ser de otras maneras, además; los mortales *no* habitan de un modo *puramente* técnico sobre la Tierra. Ellos experimentan y ponen en juego otras formas del adverar que, no obstante, quedan opacadas y constreñidas por el de-velar provocante propio de la esencia de la técnica moderna.

La filosofía –o el otro pensar– nos reaparece, precisamente, aquí, y de una forma muy concreta. Ya lo dijimos: "Φιλοσοφία [*Philosophía*] es el corresponder *expresamente ejecutado (eigens vollzogene),* que habla en tanto atiende al llamamiento-asignación *(Zuspruch)* del ser del ente"[40]. Esto significa, entre otras cosas, que el pensador tiene que dejarse tocar por la múltiple suscitación alentadora *(Zuspruch)* del ser, estando alerta a ella, acogiéndola, llevándola a palabras, protegiéndola y reteniéndola en la memoria[41].

El filósofo, junto con meditar de dónde recibe su determinación el pensamiento físico-técnico y su ambiguo proyecto de conquista incondicionada de todo lo que hay, tendría que estar abierto, a la par, a otras formas del adverar, como las de la pintura, la poesía[42], la escultura[43], la arquitectura[44], la música, la usanza y las

---

[38]   Sobre esta traducción, cfr. "Prólogo" a *Filosofía, Ciencia y Técnica,* p. 74.

[39]   *Ibídem,* p. 86. Véase, además, "La pregunta por la Técnica", en *Filosofía, Ciencia y Técnica,* pp. 143 ss. ("'Die Frage nach der Technik", en *Vorträge und Aufsätze,* vol. I; pp. 26 ss.). En este lugar, Soler traduce *Zuspruch* como llamada (p. 143) y aliento (p. 145).

[40]   *¿Qué es eso -la filosofía?,* p. 45 *(Was ist das -die Philosophie?,* pp. 35 ss). El destacado es mío.

[41]   Véase *Apuntes acerca del pensar de Heidegger,* pp. 166 ss.

[42]   Cfr., de Heidegger, "Tiempo y Ser", en este mismo volumen ("Zeit und Sein", en *Zur Sache des Denkens,* p. 1).

[43]   Cfr., de Heidegger, "El arte y el espacio", en *Revista de Filosofía,* vol. XXXIX-XL, Santiago, 1992; trad. de Margarita Schultz; pp. 149 ss. (hay, además, otra versión en la revista *Eco* –n° 122, Bogotá, 1970–, de Tulia de Dross) ("Die Kunst und der Raum", en *Gesamtausgabe,* vol. 13; Aus der Erfahrung des Denkens", V. Klostermann, Frankfurt a. M., 1983. Edición de Hermann Heidegger, pp. 203 ss).

[44]   Cfr., "El origen de la obra de arte", en *Cuadernos Hispanoamericanos* N⁰ˢ 25, 26 y 27, Madrid, 1952; trad. de Francisco Soler (hay, además, otra versión, bilingüe, Editorial La Oficina, Madrid, 2016;

costumbres del pueblo, la tradición del mundo en que se ha nacido[45], la producción artesanal[46], el pensamiento que medita *(besinnliches Nachdenken)*[47], los modos emergentes de este pensar que va tras el sentido del acontecer, etc.

A partir de este pensar cuya apertura apunta hacia el pasado, el presente y el futuro, con una amplitud más que difícil de sobrellevar[48], podría surgir desde la filosofía un nuevo modo de habitar, ek-sistir o corresponder al ser, mediante el cual –como indica Heidegger–, nos mantengamos en el mundo técnico fuera de peligro[49]; o, como dijo Ortega, después de escuchar la conferencia "Construir Habitar Pensar", se alcanzaría un estar-en-el-mundo, un habitar que suscite "que sea lo que es –que la tierra sea tierra, cielo el cielo, mortal el mortal y el Dios inmortal"[50].

II. EL MEDITAR DE HEIDEGGER Y EL HABITAR

En las líneas que siguen procuramos movernos en la dirección del trabajo interdisciplinario propuesto por Heidegger en su conferencia *¿Qué es metafísica?* (1929), donde leemos: "Los dominios de las ciencias están muy distantes entre sí. El modo de tratar sus objetos es radicalmente diverso. Esta dispersa multiplicidad de disciplinas se mantiene, todavía, unida gracias tan solo a la organización técnica de las Universidades y Facultades, y conserva una significación por la finalidad práctica de las especialidades. En cambio, el enraizamiento de las ciencias en su fundamento esencial se ha perdido por completo"[51].

1. *"Construir Habitar Pensar"*

Estas consideraciones, puramente filosóficas, se despliegan –de modo deliberado y expreso–, a partir de una perspectiva determinada: la de Martin

---

edición y trad. de Helena Cortés y Arturo Leyte) ("Der Ursprung des Kunstwerkes", en *Holzwege,* V. Klostermann, Frankfurt a. M., 1950).

[45]   Cfr., de Heidegger, *Serenidad,* Ediciones del Serbal, Barcelona, 1989; trad. de Yves Zimmermann; pp. 15 ss., p. 21 *(Gelassenheit,* Neske, Pfullingen, 1959, pp. 11 ss., p. 17).

[46]   Cfr., "La pregunta por la técnica", en *Filosofía, Ciencia y Técnica,* pp. 118 s., pp. 124-128 ("Die Frage nach der Technik", p. 6, pp. 10-15).

[47]   *Serenidad,* pp. 18 ss. *(Gelassenheit,* pp. 15 ss).

[48]   *Ibídem,* p. 19, p. 29 *(Ibídem,* p. 15, p. 27).

[49]   *Ibídem,* p. 28 *(Ibídem,* p. 26).

[50]   Cfr., "El mito del hombre allende la técnica", en *Meditación de la Técnica y otros ensayos sobre ciencia y filosofía,* Revista de Occidente en Alianza Editorial, Madrid, 1982 (Colección Obras de José Ortega y Gasset, editada por Paulino Garagorri), p. 127. (O, también, *Pasado y porvenir para el hombre actual,* en *Obras Completas,* vol. IX, Editorial Revista de Occidente, Madrid, 1965, p. 639).

[51]   Eds. Siglo Veinte, Buenos Aires, 1967; trad. de Xavier Zubiri ("Was ist Metaphysik?"; en *Wegmarken,* ed. cit, p. 2).

Heidegger. Mi propósito final no es, sin embargo, llegar a un conjunto de conclusiones sino, más bien, partiendo de las meditaciones heideggerianas, plantear a arquitectos y urbanistas algunas preguntas que vinculan su quehacer con la reflexión metafísica. Dado el carácter de este escrito, no son solo ellos mis interlocutores privilegiados, aunque en el interior de tal universo ocupen un puesto especial.

Mi punto de partida será la famosa conferencia "Construir Habitar Pensar" ("Bauen Wohnen Denken"), recogida en este volumen. Me parece que frente a ella se suele pasar por tres etapas: en la primera –y ateniéndose, simplemente, a su título–, se cree que allí podemos encontrar el núcleo del pensamiento de Heidegger respecto de la arquitectura. En la segunda se cae en la cuenta de que se trata de un escrito estrictamente ontológico, filosófico o metafísico, cuya relación con la arquitectura es tenue y periférica. En la última etapa se percibe que, a pesar de todo, la conferencia constituye un nexo entre filosofía y arquitectura, aunque no en el sentido de dar soluciones a los profesionales de la construcción y a los planificadores urbanos, sino en cuanto les sugiere interrogantes.

"Construir Habitar Pensar" versa, en el fondo, sobre el ser, la verdad, la esencia del hombre, la estructura ontológica de las cosas o entes intramundanos, los lazos entre el pensamiento y el lenguaje, el espacio, el tiempo, la naturaleza o *physis* (φύσις). Trata, pues, de los asuntos más tradicionales de la filosofía, y lo hace de una manera estricta, rigurosa, sin mayores concesiones para los que no están inmersos en el esoterismo científico-filosófico. Por otra parte, desde mi punto de vista, es el escrito que dentro de este libro constituye el núcleo respecto del cual pueden ordenarse y articularse todos los que le acompañan.

Convendría, por tanto, creo, tratar de aclarar el sentido de esta conferencia que pronunció Heidegger en el Coloquio de Darmstadt de 1951, encuentro al que también asistió José Ortega y Gasset, aportando con su conferencia "El mito del hombre allende la técnica".

"Construir Habitar Pensar" es un intento de meditar. Si bien este intento recae, aparentemente al menos, sobre el habitar y el construir, no pretende encontrar pensamientos constructivos ni tampoco dar reglas al construir. Este intento, que tiene claridad sobre sus propios límites, no concibe al construir ni desde el arte de la construcción ni desde el ámbito de la técnica. El ensayo de Heidegger, que también conoce su alcance, retrotrae el construir al ámbito al que pertenece todo lo que es, es decir, a la dimensión de la juntura entre ser, verdad y hombre.

Desde ya surgen las dificultades. ¿Qué vamos a entender por ser, verdad y hombre? Sabemos que un filósofo es tal en la medida en que propone algo respecto de esta trilogía. Nietzsche –y no entraremos, en esta ocasión, a meditar lo que afirma– consideraba el ser una mera palabra y su significación un vapor, más precisamente, "el último humo de la realidad evaporada", añadiendo que, "de hecho, hasta ahora nada ha tenido un poder de convicción más ingenuo que el error del ser"[52]. También la verdad quedaba descalificada por él: "la vida quiere ficción, vive de la ficción"[53], decía. Y el hombre y su puesto en el cosmos estarían muy lejos de una situación de privilegio. "Representémonos la Tierra –sugería Nietzsche–, dentro de la oscura inmensidad del espacio cósmico. Comparativamente es un minúsculo grano de arena que se halla a la distancia aproximada de un kilómetro del que más se acerca a su tamaño, extendiéndose entre ambos el vacío; sobre la superficie de este minúsculo grano de arena vive una atolondrada muchedumbre de animales [–los hombres–], dotados de supuesta inteligencia, que se avasallan los unos a los otros y que, por un instante, han inventado el conocimiento"[54].

De ningún modo querría desviarme hacia una seria discusión con Nietzsche. He puesto delante ciertos pensamientos suyos solo para patentizar que todo aquello que tiene que ver con la juntura entre el ser, la verdad y el hombre es cuestión arduamente disputada, de tal modo que nos dispongamos a apreciar debidamente la innovadora inflexión de Heidegger al respecto. Nuestro pensador no se limita a proporcionarnos una determinación puramente abstracta del ser, la verdad y el hombre. No entiende el ser –por ejemplo– como el concepto más general y, por tanto, vacío, indefinible y no necesitado de definición, en cuanto todos, en alguna medida, tenemos de hecho cierta comprensión de él. Es preciso adoptar una actitud histórica para habérselas con lo que hemos mencionado.

Esto implica preguntar sobre la manera en que en nuestra época, la modernidad, acontecen el ser, la verdad y el hombre. Sea dicho de paso: lo moderno, lejos de haber llegado a su fin, comienza precisamente ahora a desplegarse en toda su amplitud. Los atisbos de posmodernidad serían solo eso: entrevisiones, circunscritas a minorías, de "principios" que ya no son los modernos.

2. El habitar como ser del hombre

Nuestra era es la del predominio de la esencia de la técnica moderna. Esto significa que así como en un momento de la historia de Occidente el ser se donó como *idea,* en nuestro tiempo se destina al hombre –y así lo destina–, como lo dis-puesto, la im-posición, la estructura de emplazamiento o la posición-total (*das Ge-stell*). A esta destinación del ser corresponde una modulación de la verdad congruente con ella, a saber: el desocultar pro-vocante (*das herausfordernde Entbergen*). Y

[52]   Citado por Heidegger en *Introducción a la Metafísica,* Editorial Nova, Bs. As. 1959, pp. 75, 73, 74; trad. de Emilio Estiú (*Einführung in die Metaphysik,* Max Niemeyer Verlag, Tübingen, 1958; segunda edición, pp. 27 y 28).

[53]   Citado por Ortega en "Prólogo para alemanes", en *El tema de nuestro tiempo,* Revista de Occidente en Alianza Editorial, Madrid, 1981, p. 45 (*O.C.* VIII, Madrid, 1965, p. 39).

[54]   Referido por Heidegger en *Introducción a la Metafísica,* p. 42 (*Einführung in die Metaphysik,* p. 3).

el hombre deja de ser histórico-socialmente entendido como la creatura hecha a imagen y semejanza de Dios, o como entidad pensante, para ser asumido y tratado como el animal del trabajo *(das arbeitende Tier)*.

Antes de bosquejar un esclarecimiento de lo recién dicho, recordemos que en la conferencia "Construir Habitar Pensar" se medita, de manera decisiva sobre la esencia del hombre. ¿Y en qué estriba esa esencia? Heidegger indica hacia ella echando mano de lo que Ortega llama razón histórica, razón narrativa, razón etimológica o, con las debidas precisiones, razón semántica[55]. Reflexionando sobre el estilo filosófico al recordar el Coloquio de Darmstadt de 1951, Ortega describe certeramente este modo de pensar. Nos dice que "consiste en lo siguiente: cada palabra suele poseer una multiplicidad de sentidos que residen en ella estratificados, es decir, unos más superficiales y cotidianos, otros más recónditos y profundos. Heidegger perfora y anula el sentido vulgar y más externo de la palabra y, a presión, hace emerger de su fondo el sentido fundamental de que las significaciones más superficiales vienen, a la vez que lo ocultan. Así la *Endlichkeit* (finitud) no será meramente una limitación aneja al hombre –pero que no es el hombre mismo– sino que será todo lo contrario, *Seiender Ende o Sein als Ende* (ser como fin), con lo cual este –el *Ende* (fin)– no queda fuera del hombre como los límites habituales, sino que viene a constituir su esencia misma. El hombre, en efecto, desde que nace está ya muriendo, como dijo Calderón; por tanto, empieza por acabar y vive de su muerte"[56]. Sea dicho de paso: en "Construir Habitar Pensar" Heidegger habla de los hombres *(Menschen)*, justamente, como de los mortales *(die Sterblichen)*, en la dirección sugerida por Ortega.

Continúa el filósofo español: "Este descenso a los senos profundos, a las vísceras recónditas de la palabra, se hace –yo lo hago desde mi primer libro, *Meditaciones del Quijote,* 1914–, buceando dentro de ella hasta encontrar su etimología o, lo que es igual, su más antiguo sentido. [...] en Heidegger la palabra vulgar súbitamente se llena, se llena hasta los bordes, se llena de sentido. Más aún, nos parece que su uso cotidiano traicionaba a la palabra, la envilecía, y que ahora vuelve a su verdadero sentido. Este verdadero sentido es lo que los antiguos llamaban el *étymon* de la palabra. [...] El estilo filosófico de Heidegger –añade Ortega–, tan egregiamente logrado, consiste sobre todo en etimologizar, en acariciar a la palabra en su arcana raíz. [...]. Pone al lector en inmediato contacto con las raíces de la lengua alemana, que son a la vez las raíces del 'alma colectiva' alemana"[57].

---

[55] Véase, del autor, *La sociedad como proyecto.* Editorial Universitaria, Santiago, 1994, cap. I (en especial, p. 23).

[56] Cfr., "El mito del hombre allende la técnica"; en *Meditación de la técnica y otros ensayos sobre ciencia y filosofía,* ed. cit., p. 123. *(O.C.,* IX, p. 636).

[57] *Ibídem,* pp. 123 ss. *(Ibídem,* pp. 636 ss).

En primer lugar, pues, Heidegger toma la palabra *bauen*, construir, y nos sugiere que tenemos que entenderla a partir de "buan", palabra del alto alemán medieval para construir [*bauen*], que significa habitar en el sentido de permanecer, mantenerse, conservando una vecindad o cercanía; esto último está insinuado por la palabra *Nachbar*, vecino –emparentada con las anteriores–, que nos remite a "Nachgebur" y "Nachgebauer", aquel que habita en las cercanías [*Nähe*]". En suma, "construir [*bauen*] quiere decir originariamente habitar [*wohnen*]"[58].

Sumergiendo aún más la palabra *bauen*, construir, en la galaxia semántica correspondiente, Heidegger destaca su vinculación con *"bin"*, soy, en los giros *ich bin*, yo soy, *du bist*, tú eres, y en el imperativo *bis*, sé tú.

Reuniendo este nexo de *bauen*, construir, con el que conducía a *wohnen*, habitar, el filósofo llega a una conclusión de la mayor importancia dentro de su doctrina: "El modo como tú eres y yo soy, la manera según la cual somos los hombres sobre la Tierra, es el *Buan*, el habitar. Ser hombre quiere decir ser como mortal sobre la Tierra, quiere decir: habitar. La vieja palabra bauen [construir] dice que el hombre es en cuanto *habita*"[59]. En síntesis, la esencia del hombre consiste en habitar.

Al profundizar en el examen de la palabra *bauen*, construir –esto es, habitar–, el pensador hace notar que ese *Bauen* (= *Wohnen*) se despliega de dos maneras: a) Como cuidar y cultivar; por ejemplo, las viñas en el campo. b) Como edificar; lo que ocurre en la construcción naval, de templos, puentes y casas.

Pero es posible dar por lo menos un cuarto paso dentro del campo semántico a que pertenece *bauen*, construir-habitar. La palabra gótica "wunian" significa, al igual que la vieja palabra *bauen*, permanecer, mantenerse. Sin embargo, "wunian" permite introducir matices decisivos en *bauen* y, por tanto, en el habitar en que consiste la esencia del hombre. "Wunian" remite a las palabras *Friede*, paz, *Freie*, libre, *freien*, liberar, las que nos conducen, finalmente, a *schonen*, proteger, a través de *einfrieden*, circundar. Heidegger queda así en condiciones de sacar la conclusión de que el *rasgo fundamental del habitar* –esto es, de la esencia del hombre–, es el proteger. No obstante, este proteger tiene que entenderse en forma dinámica: no es un mero no hacer nada contra lo protegido, sino un activo retroalbergar algo en su esencia.

En cuatro proposiciones podemos resumir esta exploración etimológica de la palabra *bauen*.

"1. Construir es propiamente habitar.

2. Habitar es el modo como son los mortales sobre la Tierra.

---

⁵⁸ Cfr., "Construir Habitar Pensar", en *Filosofía, Ciencia y Técnica*, ed. cit, p. 209 ("Bauen Wohnen Denken", ed. cit., pp. 20 s.).

⁵⁹ *Ibídem*, p. 210 (*Ibídem*, p. 21). Remito a lo que indiqué en la nota 16 de este prólogo para destacar, nuevamente, la continuidad entre las primeras obras de Heidegger y las subsecuentes.

3. El construir como habitar se despliega en el construir que cuida, a saber, el crecimiento, y en el construir que edifica construcciones"[60].

4. La característica determinante del habitar, en tanto esencia del hombre, es el proteger, comprendido como el "liberar algo en su propia esencia"[61] –es decir, como salvar *(retten)–,* custodiando su permanencia en ella.

3. La modulación técnico-moderna del habitar

Volviendo a nuestras consideraciones sobre el ser, la verdad y el hombre, preguntamos: ¿de qué manera se da el habitar humano en la época del predominio de la esencia de la técnica moderna? ¿Tal como parece sugerirlo la incursión etimológica por el ámbito semántico de la palabra *bauen,* construir? Ciertamente, no.

Cuando el ser se des-oculta pro-vocantemente al hombre, este –ahora, el animal del trabajo– desencubre todo cuanto hay –inclusive a él mismo–, del mismo modo, esto es, de manera pro-vocante. Hay una consonancia entre la verdad del ser y la verdad del ente. Esto significa, por lo tanto, que las entidades que nos rodean son captadas, *a priori,* en el horizonte de la utilización sin miramientos, a ultranza[62]. Señala Heidegger: "Para este querer [–el suscitado por el ser como *das Ge-stell,* lo dis-puesto, la im-posición, la posición-total–], todo se convierte de antemano, y por lo tanto de manera irrefrenable, en material de la producción que se autoimpone. La tierra y su atmósfera se convierten en materias primas. El hombre se convierte en material humano uncido a las metas propuestas"[63], siendo avaluado según su eficacia, de acuerdo con su rendimiento en el incondicionado proceso de la producción inherente a la era técnica, y conforme a su habilidad como consumidor en el proceso de desgaste correspondiente.

Por cierto, las dimensiones fundamentales del habitar técnico-moderno son congruentes entre ellas, ensamblándose perfectamente unas con otras, manifestándose paladinamente ante nuestra mirada, o filtrándose sutilmente hasta en las más mínimas e insospechadas facetas de la existencia.

El habitar técnico involucra un pensar calculante o computante –entendiendo estas expresiones en su más amplio sentido–, cuya finalidad consiste en operar sobre posibilidades de producción y consumo siempre nuevas, que impliquen en

---

[60]   *Ibídem,* p. 211 *(Ibídem,* p. 22).

[61]   *Ibídem,* p. 214 *(Ibídem,* p. 24).

[62]   Sobre este y otros puntos tratados en el presente Prólogo, véase, de Jorge Acevedo, *Heidegger: existir en la era técnica,* Ediciones de la Universidad Diego Portales, Santiago, 2014.

[63]   Cfr., "¿Y para qué poetas?", en *Caminos de bosque,* ed. cit, p. 260 ["¿Para qué poetas?", en *Sendas perdidas,* Editorial Losada, Buenos Aires, 1960, pp. 241 ss.; trad. de José Rovira Armengol] ("Wozu Dichter?", en *Holzwege,* p. 267).

cada ocasión una mayor eficiencia, y que abaraten los costos cada vez más, no teniendo mayores contemplaciones con nada ni nadie, y no deteniéndose a meditar sobre el sentido del acontecer en que va inserto, y que ayuda a impulsar.

El lenguaje va quedando reducido a instrumento, el instrumento de la comunicación, cuyo objetivo es "educar" a los hombres para transformarlos en competentes productores y consumidores bien preparados. Algo semejante acaece con las bellas artes.

El habitar propio del hombre técnico, en lo que al tiempo se refiere, busca –y consigue– la rapidez, la instantaneidad, la simultaneidad. En algo así como un poema, titulado *Prisa y sorpresa,* Heidegger se refiere a esto en forma breve y sugerente. La prisa la ejercemos, viene a decir. La sorpresa, por el contrario, nos toca. "Aquella se hace en el calcular. / Esta viene desde lo insospechado. / Aquella persigue un plan. / Esta visita una demora"[64]. Y comparando el antiguo *Calendario del Amigo Renano de la Casa,* obra del poeta decimonónico Johann Peter Hebel, con los actuales diarios, alude a lo mismo en otra perspectiva: la del examen de los medios de comunicación de masas y su impacto sobre nuestra experiencia de lo temporal. "Hebel no temía confesar […] –afirma– que todo lo esencial que le es posible crear al hombre –inclusive un calendario– es un don de la victoria en un noble combate. En nuestros días el diario ilustrado ha reemplazado y suprimido al viejo calendario [que, tal vez, deberíamos llamar almanaque]. Este [–el diario con ilustraciones–] dispersa, descompone, sitúa lo esencial y lo inesencial al mismo nivel uniforme de lo superficial, efímeramente ilusorio y ya dejado atrás. Aquel –el calendario [o almanaque]– podía en otros tiempos mostrar lo que hay de permanente en lo poco aparente, y tenía igualmente la virtud de incitar a una lectura y a una meditación renovadas"[65].

Dentro de este contexto, *el espacio habitado por el hombre de la era técnica* merece una minuciosa indagación. No siendo ella posible ni pertinente ahora, me limitaré a algunas consideraciones de Heidegger que nos abran hacia el problema entrañado en ese título.

Su conferencia "Das Ding" ("La cosa"), pronunciada ante la Academia Bávara de Bellas Artes en 1950, comienza así: "Todas las lejanías en el tiempo y en el espacio se encogen. El hombre, mediante aeronaves, llega ahora en una noche hasta donde en otro tiempo solo arribaba tras semanas o meses de camino. El hombre, mediante la radiodifusión se entera hoy y a cada hora de lo que antes tardaba años

---

[64]   Cfr., "Apuntes del Taller", en revista *Estudios Públicos,* N° 28, Santiago 1987, p. 295; trad. de Feliza Lorenz y Breno Onetto ("Aufzeichnungen aus der Werksttat", en *Gesamtausgabe,* vol. 13, p. 153).

[65]   Cfr., "Hebel –el amigo de la casa", en *De la experiencia del pensar y otros escritos afines,* presentación y selección de Jorge Acevedo, Ediciones del Departamento de Filosofía de la Universidad de Chile, cuarta edición, Santiago, 1992, p. 34; trad. de Beate Jaecker con la colaboración de Gerda Schattenberg ("Hebel –der Hausfreund", en *Gesamtausgabe,* vol. 13, p. 136).

o no se enteraba en absoluto. En la película, en unos minutos y a la vista de todos, transcurren la germinación y el desarrollo de las plantas, que permanecen ocultos a lo largo de años. En ella se muestran ciudades lejanas de las más viejas culturas como si subsistieran aún con el tránsito callejero actual […]. La televisión, que pronto atrapará y se enseñoreará de todo el artilugio y tropel de las comunicaciones, llega al colmo en soslayar todas las posibilidades de la lejanía.

"El hombre se echa a la espalda los mayores recorridos en el mínimo tiempo. Arroja tras de sí las distancias más grandes y, de este modo, trae ante sí todo a la más pequeña distancia.

"Mas, el precipitado eliminar todas las distancias no aporta ninguna cercanía, pues la cercanía no consiste en una distancia pequeña. Lo que está mínimamente alejado de nosotros, en lo que se refiere a separación, mediante la imagen fílmica o el sonido radiado, puede quedarnos lejano. Lo que se encuentra tan alejado, en cuanto a separación, que se pierde de vista, puede sernos cercano. Una distancia pequeña no es ya cercanía. Una gran distancia no es aún lejanía".

Y a continuación el filósofo plantea una serie de interrogantes que no tendremos más remedio que dejar como tales: "¿Qué es la cercanía, que falta pese a la reducción de las más largas distancias a separaciones mínimas? ¿Qué es la cercanía, que resulta rechazada por el incesante apartar los alejamientos? ¿Qué es la cercanía, que con su faltar también queda fuera la lejanía? ¿Qué ocurre, que en el esquivar las grandes distancias todo permanece igual de lejano e igual de próximo? ¿Qué es esta uniformidad en la que todo se encuentra ni lejano ni cercano, como sin separación alguna?.

"Todo es arrastrado por la uniforme falta de separación. ¿Cómo? ¿Acaso no es más desazonador el amontonarse todo en la falta de separación que un estallar disgregador de todo?"[66].

No obstante el cúmulo de preguntas enunciadas, podemos inferir esto: el hombre de la era técnica habita un espacio en el que reina la dis-locación, en el que las cercanías y lejanías se trastrocan, configurando un ámbito en que se tiende a la homogeneidad en lo que a ellas se refiere. El hombre de nuestro tiempo ya no experimentaría con nitidez la diferencia entre lo cercano y lo lejano; los planos de su perspectiva vital vacilan y se van difuminando; para ilustrar lo anterior tengamos ante la vista, como un ejemplo más, los espacios virtuales suscitados por la cibernética. El habitar técnico implica un peculiar des-quiciamiento, cuyas consecuencias últimas aún no conocemos bien.

---

[66] Cfr., en este mismo libro, "La cosa", párrafos 1-6 ("Das Ding", en *Vorträge und Aufsätze,* vol. II, pp. 37 s.).

4. El habitar matriz

Sin embargo, el habitar del hombre de la era de la técnica moderna lleva imbricado
–o, tal vez, *entrañado*–, otro tipo de habitar que, a falta de un nombre mejor, lla-
maremos *genuino,* ya que no es ni pre-técnico ni post-técnico, ni menos aún, una
simple proposición que se le ocurrió al filósofo Martin Heidegger. El habitar genuino está pospuesto y aplastado por el habitar técnico; pero, aunque soterrado y
constreñido, está necesariamente ahí, posibilitando su modulación técnica y también, claro está, las presentes reflexiones.

En el habitar genuino (o, simplemente, habitar, a secas, o habitar que merece,
sin restricciones, la denominación de tal) encontramos la matriz de todo otro. En él
–dicho en esbozo– los mortales se mantienen junto a las cosas. La palabra "cosa"
no tiene en Heidegger un sentido peyorativo, como en otras filosofías. La cosifica-
ción es algo que eleva y no un descenso ontológico. Algo –un puente, una jarra, un
vaso de plata para el sacrificio religioso, una casa–, alcanza el rango de cosa cuando reúne al ser entendido como lo cuadrante o la cuaterna (*das Geviert*): Cielo,
Tierra, Mortales y Divinos. Considérese un ejemplo que aparece en la conferencia
"Construir Habitar Pensar": "Pensemos por un rato –dice Heidegger– en una casa
de campo [Hof] de la Selva Negra, la cual construyó todavía el habitar campesino
hace dos siglos. Aquí la in-stancia del poder de dejar introducir en las cosas, *desplegándose unitariamente,* a Tierra y Cielo, los Divinos y los Mortales, ha dirigido
la casa. Ha puesto la casa de campo [Hof] en la ladera de la montaña, protegida de
los vientos, contra el mediodía, entre la pradera, en la cercanía de los manantiales.
Se le ha puesto el tejado con mucho resalte, tejado que soporta con su inclinación
adecuada el peso de la nieve y, llegando muy abajo, protege a los aposentos de las
tormentas de las largas noches invernales. No se ha olvidado el rincón-de-Dios detrás de la mesa común, se ha espaciado el lugar sagrado para el puerperio y el árbol del muerto [Totenbaum] –así se llama allí el ataúd– en los aposentos, y así ha
diseñado a las diferentes edades de la vida, bajo un techo, el cuño de su curso a través del tiempo. Una artesanía, originada en el mismo habitar, que emplea aún sus
herramientas y andamios como cosas, ha construido la casa de campo [Hof] "[67]. El
modo de la verdad en que se manifiesta el ser como lo *cuadrante (das Geviert: la
Cuaternidad)* no es, sin duda, el des-ocultar pro-vocante, ínsito en la voluntad de
poderío inherente a la destinación del ser que caracteriza la época del predominio
de la esencia de la técnica moderna. Así, pues, cuando el hombre habita genuinamente no se ve impelido a des-ocultar *a priori* a los entes –entre los cuales está él
mismo–, en el horizonte de la utilización absoluta y extrema. Por el contrario, en
tal caso el hombre existe de-velando en forma acogedora y respetuosa todo cuan-

---

[67]   Pp. 226 s. ("Bauen Wohnen Denken", p. 35).

to hay, dejándolo ser lo que esencialmente es, y protegiéndolo en su residir en lo que le es más propio.

Por otra parte, los mortales no se reducen a ser el animal del trabajo que busca la mayor eficacia, con el mínimo esfuerzo, a través del pensar computante, que avanza en línea recta hacia sus objetivos, sin mayores miramientos respecto de nada ni nadie. En cuanto custodios de la esencia de la verdad y seres meditativos, ponen en juego un pensar concordante con ello, el pensar meditativo *(besinnliches Nachdenken)*, que, como su nombre lo indica en alemán, persigue el sentido *(Sinn)* de todo cuanto acontece, complementando en forma decisiva el pensar calculante *(rechnendes Denken)*.

Los hombres que habitan genuinamente no se quedan en el lenguaje como simple instrumento de información. Sabiéndolo o no, lo asumen como la casa del ser, la morada de los mortales. ¿Qué quiere decir esto? En mi concepto, un penetrante párrafo de Ortega nos sitúa, por el camino más corto y claro, en el núcleo del asunto. Dilucidando la noción de duda vital, advierte que "en este punto, como en tantos otros referentes a la vida humana, recibimos mayores esclarecimientos del lenguaje vulgar que del pensamiento científico. Los pensadores –agrega–, [...] se han saltado [...] aquella realidad radical, la han dejado a su espalda. En cambio, el hombre no pensador, más atento a lo decisivo, ha echado agudas miradas sobre su propia existencia y ha dejado en el lenguaje vernáculo el precipitado de esas entrevisiones. Olvidamos demasiado que el lenguaje es ya pensamiento, doctrina. Al usarlo como instrumento, para combinaciones ideológicas más complicadas, no tomamos en serio la ideología primaria que él expresa, que él es. Cuando, por un azar, nos despreocupamos de lo que queremos decir nosotros mediante los giros preestablecidos del idioma y atendemos a lo que ellos nos dicen por su propia cuenta, nos sorprende su agudeza, su perspicaz descubrimiento de la realidad"[68].

Y a propósito de esto mismo, creo que no hay que olvidar este decir de Antonio Machado: "Hemos de vivir en un mundo sustentado sobre unas cuantas palabras, y si las destruimos, tendremos que sustituirlas por otras. Ellas son los verdaderos atlas del mundo; si una de ellas nos falta antes de tiempo, nuestro universo se arruina"[69].

En el habitar que estamos bosquejando, tiempo y espacio son vivenciados de una particular manera. La rapidez, la instantaneidad y la simultaneidad perseguidas obsesivamente por el hombre moderno son reemplazadas por el repique de la calma y la serenidad *(die Heiterkeit)*. "En el pensar –señala Heidegger– cada cosa

---

68   Cfr., *Ideas y creencias,* Revista de Occidente en Alianza Editorial, Madrid, 1986, p. 36 (*Obras Completas,* vol. V, Ed. Taurus, Madrid, 2006, p. 670).

69   Cfr., "Juan de Mairena", en *Obras Completas,* de Manuel y de Antonio Machado, Editorial Plenitud, Madrid, quinta edición, 1967, p. 1167. Texto al cuidado de Heliodoro Carpintero.

se torna solitaria y lenta. / En la paciencia, crece la magnanimidad"[70]. Precisando la "vinculación" del ser humano con el tiempo, Francisco Soler escribe al final de su último ensayo: "Así, podríamos proponer como bien para los hombres: que cada cual encuentre su propio ritmo en trama con los prójimos y con la 'Naturaleza'"[71].

Calma y serenidad, lentitud y paciencia, búsqueda del propio ritmo: palabras claves para desentrañar el habitar auténtico en lo que al tiempo atañe.

En un texto referido a su propia persona –"¿Por qué permanecemos en la provincia?"–, Heidegger nos proporciona dos pistas de gran importancia para dilucidar la experiencia del espacio en el habitar genuino. Por un lado, compara el contorno de su cabaña, situada en el valle de Todnau, visto por un turista, con la modalidad en que él lo vivencia. En el párrafo más significativo en relación con el asunto que tenemos entre manos, dice: "Yo mismo nunca miro realmente el paisaje. Siento su transformación continua, de día y de noche, en el gran ir y venir de las estaciones. La pesadez de la montaña y la dureza de la roca primitiva, el contenido crecer de los abetos, la gala luminosa y sencilla de los prados florecientes, el murmullo del arroyo de la montaña en la vasta noche del otoño, la austera sencillez de los llanos totalmente recubiertos de nieve, todo esto se apiña y se agolpa y vibra allá arriba a través de la existencia diaria y, nuevamente, esto no ocurre en los instantes deseados de una sumersión gozosa o de una compenetración artificial, sino, solamente, cuando la propia existencia se encuentra en su trabajo. Solo el trabajo abre el ámbito de la realidad de la montaña. La marcha del trabajo permanece hundida en el acontecer del paisaje"[72].

Por otro lado, se refiere a la peculiar soledad que siente en su cabaña campestre, señalando que "los hombres de la ciudad se maravillan a menudo de este largo y monótono quedarse solo entre los campesinos y las montañas. Sin embargo –aclara–, esto no es ningún quedarse solo; pero sí *soledad*. En verdad –añade–, en las grandes ciudades el hombre puede *quedarse solo* como apenas le es posible en cualquier otra parte. Pero allí nunca puede *estar a solas,* pues la auténtica soledad tiene la fuerza primigenia que no nos *aísla,* sino que *arroja* la existencia humana total en la extensa vecindad de todas las cosas"[73].

---

[70] Cfr., "De la experiencia del pensar", en *De la experiencia del pensar y otros escritos afines,* p. 65; trad. de José María Valverde ("Aus der Erfahrung des Denkens", en *Gesamtausgabe,* vol. 13, p. 81). Joan B. Llinares Chover traduce así la primera parte del texto citado: "Al pensar, cada cosa se convierte en solitaria y pausada". Cfr., *Desde l'experiencia del pensament,* Ediciones Península/Edicions 62, Barcelona, 1986, p. 77 (texto trilingüe; incluye una versión catalana y otra castellana).

[71] Cfr., *Apuntes acerca del pensar de Heidegger,* p. 234.

[72] Cfr., *De la experiencia del pensar y otros escritos afines,* pp. 1 ss.; trad. de Jorge Rodríguez ("Schöpferische Landschaft: Warum bleiben wir in der Provinz? (1933)" en *Gesamtausgabe,* vol. 13, pp. 9 s.).

[73] *Ibídem,* p. 4 (*Ibídem,* p. 11).

El particular ritmo del propio trabajo, y la especial soledad que no aísla sino que nos lanza a la vecindad de las cosas: dos modos del adverar, del des-encubrir, de la *alétheia* –verdad como des-cubrimiento– que nos abren *auténticamente* al espacio del mundo en torno y a los entes intramundanos.

Indudablemente, no hemos llegado a ninguna conclusion de carácter arquitectónico. Pienso que pretender llegar a alguna sería presuntuoso. Solo cabe plantear ciertas cuestiones a partir de lo anterior: ¿puede la teoría de la arquitectura enseñarnos a habitar genuinamente? ¿De qué manera? ¿Puede la arquitectura ayudar a recuperar un auténtico habitar, de tal modo que este deje de estar latente y aherrojado? ¿A qué procedimientos podría recurrirse para lograr algo así? ¿Sería fructífera la reunión de la verdad filosófica con la apertura de mundo propia de la arquitectura para alcanzar un habitar que merezca plenamente el nombre de tal? ¿Cómo podría acontecer esa juntura?

Quizá una "respuesta" muy general a esas preguntas –que necesariamente habría que explicitar y precisar–, está insinuada en un bello artículo de Eugenio Trías –"La plaza y su esencia vacía"–. Declara Trías: "El mundo es pura presencia, puro presente indicativo: en él, en ese presente de indicativo caen, como en un cubo de basura, como en un *container,* todos los pasados [...]. El mundo esta ahí, presto a existir como el vertedero de todos los residuos rurales y urbanos que constituyen lo que se llama Historia Universal, esa Historia escrita siempre por los vencedores, por la ley inexorable del más fuerte, por los triunfadores de la selección natural, por los darwinistas militantes. El filósofo, el poeta, y desde luego el arquitecto, el urbanista, si quieren situarse en la ruptura del nudo gordiano liberado por las enseñanzas socráticas de *Wittgenstein* y de *Heidegger,* aceptará el mundo tal como es, lo recibirá como un dato, como un destino. Pero sabrá responder de él. Sabrá responder al dato y al destino mediante la promoción activa de una interpretación poética que *deja ser* al mundo tal como es, que *deja ser* las cosas del mundo tal como son, pero que, con soberana indiferencia al mundo y a su textura (llena de méritos o de deméritos) se dispone a interpretarlo, se dispone a dar una interpretación (en sentido musical y teatral del término) de ese mundo: una visión iluminadora en virtud de la cual el mundo se muestra en su verdad, despejado, transparente, tal como es, en su esencia"[74].

A partir de estas ideas de patente raigambre heideggeriana, Trías postula algo que parece simplemente ingenioso, pero que es mucho más: trasmutar la conocida frase de Marx que afirma que "hasta ahora los filósofos se han limitado a interpretar de distintos modos el mundo, de lo que se trata es de transformarlo", leyéndola

---

[74] Cfr., *El Croquis* (revista trimestral de arquitectura), n° 28 (año VI), Madrid, abril de 1987, p. 10. He podido recurrir a este artículo de Trías a través de mi amigo Fernando Pérez Oyarzún, decano de la Facultad de Arquitectura de la Pontificia Universidad Católica de Chile, a quien agradezco habérmelo dado a conocer.

de otra manera, y sustituyendo filosofía y filósofos por arquitectura y arquitectos, o por urbanismo y urbanistas. La frase quedaría así: "Hasta ahora los filósofos –los arquitectos y los urbanistas– han querido transformar el mundo. De lo que se trata es de interpretarlo'". En la proposición de Trías tenemos, precisamente, uno de esos vislumbres de la posmodernidad que, hasta este momento, solo se anuncia[75].

JORGE ACEVEDO GUERRA

[75] *Ibídem,* p. 11. En otros términos –muy pertinentes en este contexto–, tal inversión había sido planteada por Kostas Axelos en sus *Tesis sobre Marx* (1958), donde dice: "Los técnicos no hacen sino *transformar* el mundo de diferentes maneras en la indiferencia universalizada; se trata ahora de *pensarlo* y de interpretar las transformaciones en profundidad, captando y *experimentando* la diferencia que une al ser con la nada" (Cfr., *El pensamiento planetario,* Monte Ávila Editores, Caracas, 1969; trad. de Susana Thenon y Sonia Lida). Por otra parte, habría que acotar que la favorable acogida del pensamiento de Heidegger por parte de Trías ha quedado claramente delimitada en la excelente entrevista que le hicieron José Gandolfo y Pedro Gandolfo, publicada bajo el título 'Eugenio Trías: Retorno de lo sagrado como símbolo' (Cfr., "Artes y Letras" de *El Mercurio* de Santiago, 4 de agosto de 1996, pp. E-10 ss.). Al respecto, véase también, de Rafael Argullol y Eugenio Trías, *El cansancio del Occidente,* Ediciones Destino, Barcelona, 1992 (Cap. IX).

39

Prólogo

Con la concisión requerida por el carácter de estas páginas introductorias a Heidegger, intentaremos responder a dos preguntas: 1. ¿Quién es Heidegger? 2. ¿Qué lugar tienen en su obra pensante los dos escritos que siguen?

I. *¿Quién es Heidegger?* Fallecido el año 1976 es, en frase de Ortega, "uno de los más grandes pensadores de todos los tiempos". Por lo que uno entrevé, ser pensador no es flojo asunto, y aunque todo el mundo se mueva y sea en una interpretación pensante de eso que, sin compromiso, podemos llamar "la Realidad", *ser pensador,* esto es, haber traído el ser a presencia en las palabras de la lengua materna, tener ideas de las cuales puedan vivir los prójimos, es, en palabras del propio Heidegger: El Acontecimiento-apropiador, que apropia y destina mutuamente ser y pensar.

De alguna manera, todos vivimos de la 'luz' acogida en Mundo llevada a cabo por el "gran" pensador; de ahí el abuso lingüístico de llamar pensador a cualquier profesor de filosofía que, a lo más, se distrae con sus alumnos. Pero un pensador es el acontecimiento de lo Extraordinario; según el modo de lo Mismo a él asignado, como *el poeta:* Hölderlin. Si tomamos como patrón para medir la grandeza de un pensador parte de lo que el propio Heidegger dice, habría que consignar: "Heráclito y Parménides no fueron aun 'filósofos'. ¿Por qué no? Porque ellos fueron los más grandes pensadores. 'Más grande' no se refiere al cálculo de lo que realizaron, sino que indica hacia otra dimensión del pensar".

El benévolo *lector,* no avezado a estos discreteos filosóficos, ya debe estar alarmado por las cosas que se están diciendo en las pocas líneas escritas, y sorprendido se estará preguntando qué significa lo dicho; incluso puede preguntarse por qué hemos subrayado la palabra 'lector' líneas más arriba. Lo malo sería que el susodicho lector hubiera resbalado sobre lo escrito.

Heráclito y Parménides se mueven en otra dimensión del pensar, otra que la llamada "filosofía". Indicar hacia esa otra dimensión del pensar requiere ingresar en la propia dimensión pensante del pensador Heidegger. Hagámoslo con brevedad y claridad; para ello hay que reiterar un gran círculo en camino al centro.

Las 'cosas' que pueblan el Cielo, la Tierra, el Mundo y el Universo están ordenadas en grandes ámbitos o campos de cosas: naturales, artificiales; reales, fantásticas; vivas, muertas; buenas, malas; minerales, vegetales, animales; hombre y mujer; Oriente y Occidente. A su vez, cada ciencia, cada oficio, tiene su campo de 'objetos' a los que se aplica y un saber mediante el cual los trata. Ordenaciones de las cosas, clasificaciones, localizaciones, modos de espaciar, en suma, un vasto plan de atenimientos *a* y *con* las cosas del mundo, a las que estamos ligados de por vida.

En un cierto momento de la historia del hombre (siglos VI a V, a.C.) y en un cierto lugar (Grecia), de cuyo nombre hay que acordarse, surgió una nueva manera de estar el hombre en el Mundo: pensar lo que las cosas, ellas mismas, son. Dos pensadores de esas fechas del nacimiento de Occidente, Heráclito y Parménides, acogen el brillo que desde la lengua materna se cierne sobre las cosas. El ánimo del hombre se templa en nuevo πάθος –*páthos:* sentir– que *admira* lo más maravilloso: que las cosas *sean* y que sean *lo que son.* En consonancia y correspondencia –ὁμολογεῖν, *homologeîn*– con el nuevo y arcaico aliento del Mundo (Λόγος, *Lógos)* viven esos pensadores. Es el amanecer del pensar occidental, destinado por el Ser, que acoge a la existencia griega a su servicio. Esa mañana del pensar solo fue flor de un día (unos trescientos años, de los que todavía vivimos). Desde la fuente mañanera brota un gran río que llega hasta nosotros, los últimos advenidos, que "llegamos tarde para los dioses y temprano para el Ser". En una serie de transmutaciones, el hombre de Occidente va alejándose y dando la espalda a su Patria. Rápidamente el 'pensar devoto' al servicio del Ser se va a transformar en filosofía, que busca detrás de todos los ruidos de la historia, y pregunta: ¿Qué es ser? Se extiende la noche de los tiempos, en cuya medianoche estamos. Por cierto que este obscurecimiento de la Tierra no se debe solo ni principalmente al hombre; no se trata de una deficiencia del pensar, fácilmente subsanable. Es el Ser Mismo el que se retira y retrae; dicho con una palabra mañanera para el Ser y en dicho de Heráclito: Φύσις κρύπτεσθαι φιλεῖ –*Physis kryptesthai phileî:* Lo más propio del brotar en ser es su quedar retraído.

Volvamos al asunto del Ser con el que, decíamos, nació el pensar, que, con Platón, se transmutaría en filosofía. Si miramos en torno nuestro, podemos ir fijando nuestra mirada en las cosas que hay: Cielo, atardecer, un árbol que eleva su copa al cielo, la noche que se cierne…; se podría encargar a las computadoras que fueran haciendo la lista de todas las cosas que hay, aunque fracasarían, entre otras razones, porque solo pueden registrar lo que hay ahí, fuera de mí, pero no las que se encuentran aquí, dentro de mi dentro, y que si yo no las digo se quedarán por siempre ignoradas.

Sin duda alguna, cada cosa es la cosa que es y no otra; ese árbol es ese árbol y no otra cosa, por ejemplo, un elefante; y así sucesivamente. Pero toda cosa, cualquier cosa, por extraña y rara que sea: esta casa abierta a la luz del sol poniente, el número 4, un casi sueño que tuve anoche; la mirada de mi hija Soledad; mi no estar ya en este mundo una vez que me haya ido de él, a donde ya no hay horizonte;

toda cosa, cualquier cosa es: es la cosa que es, pero *es,* brilla y luce en *su ser hacia nosotros* que la miramos.

Y el pensar atento del hombre puede fijar su mirada en ese 'es' de la cosa e incluso en el *es,* no ya de una cosa particular y concreta, sino en el ES de toda cosa. Un ejemplo: puedo preguntar a alguien: ¿Qué es aquello que se ve encima de la montaña? Respuesta: un árbol. Puedo seguir preguntando: ¿qué es un árbol? Y de ahí saltar a una última pregunta: ¿qué es ES, o SER? Precisamente en las respuestas que se han dado a esta última pregunta consiste la historia de la filosofía.

Pero el asunto tiene un lado más que hay que consignar, para ingresar en el camino pensante del maestro Heidegger: El filósofo tradicional (desde Platón hasta Nietzsche y Bergson) ha considerado el ser *de* la totalidad de las cosas que son, esto es, de los entes. Por cierto, los entes, las cosas, tienen ser, son: mi mano es mi mano, tiene ser, en este caso de mano; si no tuviera ser, no sería, no sería mano. Así, todas las cosas del Mundo tienen ser, cada una a su modo, manera, genio y figura. La filosofía sida hasta ahora ha pensado ese *ser de las cosas,* el ser *de los* entes, ha pensado el ser en esa dimensión, de otro modo no habría sido filosofía, Metafísica.

Pero se puede pensar el Ser, por lo menos, de dos maneras: como ser de los entes, como ser que *las cosas son;* en este caso, el ser sería *en y de* las cosas. Es una manera oblicua de considerar al Ser, según la cual se hace consistir al Ser en su estar radicado en las cosas, en los entes y, así, se reduce el Ser a un ente más: el *Summum Ens;* en este modo de pensamiento se produce una tergiversación (recuérdense los cambios que se han hecho por los filósofos respecto a la *verticalidad* del hombre y cómo han intentado ponerlo del revés: los pies en la cabeza y la cabeza a los pies, y viceversa): se toma a los entes por lo propiamente ser y este queda rebajado a ser un ente más: fundamento, primera causa o primer principio de todo lo que es.

En todo caso, la filosofía sida hasta ahora ha considerado la entidad –*Seiendheit*– de los entes y de ella se han dado diversas interpretaciones: *Idea* platónica, *Enérgeia y entelégeia* aristotélicas, *cogitatio* cartesiana, *Voluntad de poderío* como *Eterno Retorno de lo Igual* nietzscheana, etc. Incluso en el Heidegger de *Ser y Tiempo* hay textos que, de no ser leídos verdaderamente, podrían avalar este modo de pensamiento; por ejemplo: "Lo Ser es en cada caso ser de lo ente"; otro: "Ente *es* independiente de la experiencia, conocimiento y captación, por medio de los cuales es abierto, descubierto y determinado. Pero Ser *"es"* solo en el comprender del ente, a cuyo ser pertenece algo así como comprensión de ser". Pero el *es* aplicado a lo ente, que el propio Heidegger subraya, y el "es" entrecomillado, dan que pensar.

Pero el Ser no es solo ni principalmente *ser de los entes,* de las cosas. Parménides es el primer pensador que acoge, colecta y retiene el *reclamo:* ἔστι γὰρ εἶναι –*ésti gàr eînai:* pues SER es lo que es–. Desde ahí hay que invertir lo pensado hasta ahora; hay que girar; no seguir adelante en el alejamiento de la fuente originaria; tenemos que volvernos con el oído atento hacia lo dicho en el alba del pensar por los pensadores mañaneros. El Ser no es propiedad de lo ente; por el contrario, estos, los entes, son lo que *son en el Ser,* merced y gracias al Ser, que se da, destina, regala en los entes, frutos fruitivos del Ser, quedando este retraído a fin de que en su abierta luz puedan aparecer las cosas de este mundo con brillo propio.

Hay que abrir, pues, una meditación armónica para y hacia el Ser; otra manera de verlo y oírlo que la sida hasta ahora; una meditación temática y expresa del Ser Mismo; hay que liberar al pensar del círculo del mundo de los filósofos y hacerlo retornar a su Elemento: el Ser. "Hasta ahora se ha medido la capacidad del pensar por su permanencia fuera de su elemento, como si midiéramos la capacidad de un pez por su capacidad de permanecer en lo seco".

Como decíamos, la Metafísica, desde una mirada oblicua y previa al Ser, ha tratado el ser de los entes; el pensar abandonó su casa y se convirtió en teoría de los entes; el Ser fue abandonado y olvidado. Precisamente "de la experiencia del olvido del Ser ha surgido mi pensamiento", nos dice el propio Heidegger; es un largo olvido de más de dos milenios. Pero, puestos ya en camino del recuerdo (*Andenken*), hemos de comprender el olvido griegamente ἐπιλανθάνεσθαι –*epilanthánesthai*–, como retirarse de la presencia hacia la ausencia. En ese término griego está la raíz de la palabra clave de la filosofía griega: ᾽Αλήθεια –*Alétheia*–, vertida al latín por *veritas* y nuestra "verdad". Con la traducción al latín de ese y los otros términos claves del pensar griego habría comenzado "la falta de suelo" del pensar occidental. Algún día habrá que meditar lo que se juega en esto del traducir: "De la traducción del término ἐόν –*eón, ente-ser*– pende el destino de Occidente".

᾽Αλήθεια es la palabra que nombra –Φάσις, *Phásis*– la experiencia griega del Ser: el estar abierto, en brillo, luz y esplendor, luciendo cada cosa a su manera; por tanto, lo Abierto (*Lichtung*), lo brillante, luminoso –Φαινόμενον, *phainómenon*–; este es un lado de lo ἐόν, ente-ser. Junto y mismo con ello está la Φύσις –*Physis*–, el brotar en ser, surgir, advenir, lo fuerte y potente, que mantiene y retiene y *da* ser: aspecto, forma, figura y brillo en la propia mismidad (piénsese en las 'pulsaciones' primaverales de las anuales primaveras y en el retraimiento tormentoso del invierno: tenemos que recuperar nuestro mirar y conducirlo a la capacidad de admiración de los 'fenómenos físicos'; las explicaciones de las ciencias nos han arrancado de nuestro lugar en la 'naturaleza natural' y nos han descompuesto en una 'naturaleza técnica domesticada').

En trama con las dos palabras indicadas, *Alétheia* y *Physis*, se da una tercera: Λόγος –*Lógos*–, lo reunidor que trama; lo único 'sabio'. *Lógos* fue traducido al latín por *verbum*, 'palabra'; sería, pues, *la palabra griega* para lo que nosotros comprendemos como lenguaje. Pero carecemos del oído capaz de escuchar griegamente esas palabras. Al respecto, citemos un texto que da que pensar: "Lentamente se disipa la tiniebla, a saber, para nuestra meditación, que la lengua griega no es un simple lenguaje como las lenguas europeas conocidas por nosotros. La lengua griega, y únicamente ella, es Λόγος. De ello tendremos que tratar en nuestro diálogo más penetrantemente. Para empezar baste la indicación que en la lengua griega, lo dicho en ella es, de un modo señalado y al mismo tiempo, lo que lo dicho nombra. Si oímos griegamente una palabra griega, entonces seguimos su λέγειν, su inmediato exponer (*Darlegen*). Lo que ella ex-pone es lo pro-puesto (*Vorliegende*: lo que está puesto ahí delante). Mediante la palabra oída griegamente nosotros estamos inmediatamente junto a la cosa (*Sache*) pro-puesta, no primeramente junto a una mera significación del término".

Los griegos vivieron en el *Lógos* de la *Alétheia*: en la ποίησις –*poíesis*– de lo desvelado, en el traer a arte manifestador lo ya abierto en luz; ese fue el Destino a ellos asignado.

Pero en la *Alétheia* –*Unverborgenheit*, desvelamiento– no pensaron el velamiento: Λήθη, *Léthe*, que es lo dominante en aquella.

Hay que tratar de dar una aclaración a lo últimamente dicho. Dejemos constancia que precisamente el intento (y logro) de pensar la *Léthe* es uno de los lados del pensar heideggeriano y lo que da sentido a su "vuelta al pensar del alba griega".

Así como *Alétheia*, apertura, brillo y esplendor, está emparentada en lo que nombra con *Physis*, brotar en ser, y *Lógos*, acogido en ser y reunido en el propio límite unitario, y si la tomamos como palabra única para designar al Ser, tendríamos que mirar en lo indicado por ella las dimensiones de lo Ser acogidas en las otras dos palabras; así, tendremos ahora, para ingresar en las 'últimas' dimensiones del pensar de Heidegger (según los escritos hasta ahora aparecidos), que destacar con la mirada algunos lados de lo escondido en la *Léthe*.

Partamos de las cosas cercanas de nuestro mundo, tratando de verlas en-ser. El conjunto de todas ellas forma un todo; por muy extraña que fuera una posible y nueva cosa que surgiera en el Universo, tendría que tener el rasgo de 'cosa', sería cosa, o real, o existente; en suma, sería, tendría ser.

Ahora bien, toda cosa, cualquiera que sea, es ella misma, no otra; por ejemplo, la rosa consiste en algo que le da ser y 'hace' que sea rosa; es su τέλος –*télos*–, 'espacio' de ser que ella espacia, la cara-de-ser que ella tiene, una de las figuras que lo Invisible toma y da. Pero ser rosa no es serlo de una vez y para siempre, sino estar siendo rosa; ser es un verbo transitivo y activo; estar siendo rosa en algún momento de su ser: brotando, en plena flor, marchitándose. Otro ejemplo: entre las múltiples cosas que hay figura la noche; hay un modo de ser propio y peculiar de la noche; para (empezar a) verlo basta con mirar el cielo de noche; la noche es una criatura única que, tomada en ella misma, no se parece en nada a ninguna otra, por ejemplo, a una rosa; pero ser-noche es *nochear* y como la noche es cosa grande, de amplio ámbito, cuando ella hace su hacer, muchas criaturas realizan su comportamiento nocturno: flores que se cierran, pajaros que duermen en los árboles, ga-

llinas al gallinero, el murciélago vuela (tal como él, se comporta nuestro ojo con
'lo más visible", según Aristóteles), "el búho de Minerva emprende su vuelo";
como no hay nada más que ver y la televisión también ha terminado, los hombres
se duermen, se vuelven a su mundo privado ('idiota'; "los sueños son el modo de
pensar metafísico de los primitivos", según Ortega); otros hombres aprovechan su
sombra para el merodeo; otros miran a lo lejos con aparatos especiales.

En suma, la noche nochea y el río ría y la rosa rosea y la nada nadea y ὁ Λόγος
λέγει –el *Logos leguea*–, dice Heidegger con su pensar tautológico.

Pero, decíamos, ser noche es estar siendo noche y no de una vez para todas;
por el contrario, cuando mejor y más tranquila está en su ser, ya tiene que empezar a irse y dejar de ser noche: el día comienza a despuntar y paso a paso la va eli-
minando de la faz del Planeta; y tres cuartos de lo mismo le pasa al día: apenas
ha llegado la plena luz del mediodía, cuando ya también empieza a irse y al poco
rato ya está anocheciendo. Así, cabría decir de lo que acontece en la faz del Mundo ¡ya viene, ya viene! ¡Ya se va, ya se va! ¡Las pulsaciones ritmadas, el venir a
luz y el retirarse de ella!

Cada cosa tiene pegada a la espalda de su ser la dimensión propia de su no-
ser; entre ambos podría decirse que hay entablada una lucha a muerte: la noche
nochea *su* no-ser noche y la rosa rosea su no-ser rosa y el hombre hombrea su
no-ser hombre (aunque aquí, en la dimensión del hombre, habría que 'bajar' (o
'subir') a lo estrictamente personal y hablar de 'Solerear', lo que no es de gran
interés para nadie).

Si nos esforzamos por trascender de la cosa individual a la dimensión del
Ser, que liga a cada cosa con ella misma y a todas las cosas unas con otras, tendríamos que decir: Hay el Ser que serea *(sit venia verbo)* los entes, que serea las
cosas, el múltiple esplendor maravilloso de las innúmeras cosas que pueblan y
ornan el mundo. Pero también en el seno mismo del Ser hay entablada la más
fantástica lucha –πόλεμος, *pólemos,* que según Heráclito es el 'Padre de todas
las cosas'–. Recuérdese que al final de *Ser y Tiempo* habla Heidegger de su obra
como afán de circunscribir un ámbito en el que pueda plantearse la polémica en
torno al Ser; aunque en otro lugar nos recuerda que tal polémica no se ha desatado aún (en el ámbito de nuestra lengua castellana está haciendo falta un estudio
que plantee 'la polémica en torno al Ser en Heidegger, Ortega y Zubiri'). El Ser
es lo más polémico, lo más disputable *(Strittige)*, nos dice Heidegger en *Carta
sobre el Humanismo.* Y es que el Ser, él Mismo, no otro Algo, sino el propio Ser
es Nada. Esta última frase requiere punto y aparte.

Eso que venimos llamando "ser de las cosas" no es una cosa o algo más que
cabría enumerar entre las cosas que hay y con lo que se podría tropezar como nos
pasa con un árbol, por ejemplo. Todo lo que hay en torno mío en este momento:
mar allá abajo, cielo ahí arriba, rosa amarilla abierta ahí en el rosal, etc., además de
lo propio de cada una tiene una dimensión 'común', un rasgo o rayo (κεραυνός,

keraynós: rayo del que dice Heráclito que gobierna todas las cosas): su brillar con luz propia en el ámbito de lo luminoso-abierto, al que llamamos Ser. Pero, si trasponemos con la 'mirada' el ámbito de las cosas, hacia el Ser, más allá de este no hay nada. En la distinción de Zubiri solo cabe hablar del "orden de la talidad" (el de *tal* cosa determinada) y el "orden de la trascendentalidad".

Ahora bien, sin lugar a dudas podemos decir, porque es así y no porque lo digamos nosotros, que ese mar que esta ahí, frente a mí, *es*; si tratásemos de decir las señales (σήματα, *sémata,* en palabra de Heráclito y Parménides) de ese "es", habría que consignar: 1. Es *mar;* 2. *está-siendo* mar; 3. es mar desde y en lo abierto que es el Ser mismo; 4. es mar en lo abierto del Ser *(Lichtung des Seins) hacia* el hombre, que mantiene lo abierto y libre y en Ello se mantiene.

Digamos ahora (y con mucha más razón que cuando lo decimos de un ente, el mar, por ejemplo): El *Ser* ES y tratemos también de recoger las señales de ese ES. 1. El sentido más fuerte, quizás, de ese ES: que serea a los entes; no solo *que es en los entes,* sino que (estamos evitando la palabra "hace") "determina" *(bestimmt)* y permite ser *(seinlassen)* a los entes el ente que son. 2. Pero el Ser mismo no es un ente con el que cabría encontrarse; por tanto, 3. Visto desde los entes, el Ser no es, a saber, no es un ente más; si tomamos como medida decisiva de lo que hay y ES a los entes de este mundo, habría que decir que el Ser no es, que es un invento del hombre, o bien, que es lo "in-definido, i-limitado" (ἄπειρον, *ápeiron,* según se dice que dijo Anaximandro de Mileto), o "Lo inmediato indeterminado" (Hegel).

En su camino pensante hacia lo Ser, Heidegger ha tratado y logrado mantener franco y libre el Entre *(Zwiefalt)* que se da entre los entes y el Ser, que se indicaría en las frases: ser *de los* entes, entes *en el* ser; se trata de lo que él ha llamado "la diferencia ontológica", que podemos reunir en la frase: el Ser no es, a saber, no es *ente.* 4. Pero no es lícito tomar a los entes como medida, ya que lo que ellos son, lo son merced y gracias al Ser. Sin el ámbito luminoso en cuya luz pueden mostrarse como lo que son: naturales, artificiales, históricos, materiales, presentes, pasados, venideros, etc., no se podría decir nada de ellos, ni siquiera que son; pero ese 'ámbito luminoso' es el Ser, en cuya comprensión se mueve siempre el hombre y sin la cual, simplemente, no sería hombre.

Vayamos de nuevo en arremetida *a la cosa misma* que hay que pensar: el ES del Ser. Decíamos que cabe acceder a él desde los entes, pero lo que no cabe es pensarlo como un ente más, por muy sumo o supremo que sea.

Si miramos desde los entes hacia el Ser, fijándonos en lo que podríamos llamar: el otro sentido fuerte que la palabra Ser indica, es decir, mirando hacia la *Léthe* dominante en la *Alétheia,* se ve: el modo cómo cada cosa es la cosa que es, es estar-siendo cosa; pero esto implica estar en algún nivel de su desarrollo y este despliegue de la cosa tiene sentido y está determinado por el no-ser de la cosa. Dicho de otra manera, ser hombre concreto (¿hay realmente otro tipo de hombre que el hombre real "de carne y hueso"?) es estar-siendo hombre; pero estar siendo hombre significa estar en tránsito de ser hombre en cualquiera de sus modos (niño, joven, hombre 'maduro', anciano) a no-hombre; es decir, aunque sea al modo concreto que cada cosa realiza, ser tal ente determinado es estar en lucha con el no-ser que, como una espada, atraviesa el propio ser. El ser concreto y real de algo no es un estático yacer de una vez por todas, sino tránsito, ser-en-movimiento, aparición fugaz hacia la desaparición ("cuna en vuelo a sepultura", diría Ortega); en suma, finitud y muerte. Y finitud en doble sentido: a) Cada cosa solamente es ella misma, *no es* las demás cosas: la noche no es el día, el hombre no es la mujer, la Tierra no es el Cielo, el hombre no es el mundo, el rosal no es el pulgón. b) Finitud en sentido temporal: en la lucha a muerte de cada cosa con el no-ser de su ser, el no-ser acaba por triunfar: ya no es la cosa (¡la potencia del no-ser!).

Traslademos ahora nuestra mirada hacia la Nada del Ser; hacia la *Léthe* de la *Alétheia*. Ya señalamos que en el ser de las criaturas de este mundo hay lados negativos y de nada, que también las constituyen; y como sería injusto, quizás, atribuir el 'lado bueno' de las cosas al Ser y las negatividades asignárselas en propiedad a las cosas mismas, como siendo ellas las responsables de lo malo que les pasa, tenemos que pensar que si el Ser determina a los entes, tal determinación es para lo bueno y para lo malo. Por tanto, hemos de pensar en el Ser Mismo la Nada, como una de sus dimensiones.

Para evitar los trastornos lingüísticos que se producen al aplicar el "es" a la nada y al no-ser, con lo que resultan frases como: "la nada es", "el no-ser es" (pero, ¿cómo puede decirse "la nada es"? La nada es nada; o sea, nada. Asuntos como ese son los que desacreditan al gremio filosófico a los ojos del hombre de ciencia y común, y hacen que se ría a mandíbula batiente); para evitar tales trastornos, aunque no solo ni principalmente para eso, Heidegger escribe el 'asunto' así: Ser: Nada: Mismo.

Con ello evitamos predicar, sin más precaución, el "es" al Ser, a la Nada y al Mismo; es decir, está por pensar cómo el Ser 'Es', cómo la Nada 'Es' y cómo ambos 'son' Mismos. Esto implica también que no podemos pensar a ninguno de ellos por separado, sino que hay que pensarlos en trama, los tres en Uno.

Estamos tratando de pensar la Nada del Ser, la *Léthe* de la *Alétheia*. Si consideramos a esta última como *presencia*, la primera sería *ausencia; y* dándoles valor verbal a los términos: *Alétheia* sería presenciación, desvelamiento, y *Léthe* ocultamiento, velamiento, retraimiento. No sería, pues, la *Léthe* solo el *no* de los entes, que abriría el ámbito que media hacia el Ser, que permite que este se luzca como Mismo y otro que los entes; no sería solo el *ámbito de la diferencia ontológica*. No tendríamos solo ese lado de retraimiento y distancia de lo ente, donde el ser puede brillar en lo propio, sino que es algo del Ser Mismo, una cierta manquedad o insuficiencia del Ser; el Ser también es necesitado.

Pero lo que nos parece más digno de ser pensado y dicho es: el 'no', la 'nada' del Ser mismo indican hacia lo pletórico, rico, abundante, sin medida ni tasa posible, propios del Ser. Piense el lector en las infinitas, múltiples, variadísimas cosas; en el limitado pero infinito Universo; en los hombres sidos, que son y serán; en que no hay ninguna cosa que falte en el ámbito de lo que es; hay hasta el 'hueco'; todo está lleno "como un huevo" con infinita variedad de cosas y, por si fuera poco, de cada tipo de cosa hay, a su vez, cuantos ejemplares se quieran, por ejemplo, de espigas de trigo o de hormigas; la cantidad y variedad de hojas de un árbol y de hojas de árboles; la cantidad de estrellas que agujerean de blanco el cielo de la noche; la cantidad de espigas de trigo de un trigal ("Nuestro pensar debe aromar como un campo de trigo en la tarde estival, ¿cuántos tienen hoy olfato para ese aroma?" Nietzsche). Y como muchas de esas cosas que hay se consumen y agotan día a día o año a año, ahí estan de nuevo despuntando y apareciendo renovadas, a la primavera. Serían, pues, tres notas que recogemos: a) Diversidad infinita de las criaturas del mundo; b) Infinita cantidad de esa diversidad; c) Perpetua renovación de lo consumido año tras año.

Ahora bien, lo que hay que tener en cuenta y razón es que todo eso no es porque sí y al buen tuntún, sino que, por el contrario, todo está sostenido, mantenido, retenido, contenido por la 'mano del Ser' –χρή τοῦ ἐόντος, *kré toũ eóntos,* que podría haber dicho Parménides–.

Para terminar con este lado del Ser vamos a consignar un extraño texto de Heidegger: "Im Sein hat sich anfänglich jedes Geschick des Seienden schon vollendet" –En el Ser se ha consumado ya al comienzo todo destino de lo ente– *(Epílogo* a *Was ist Metaphysik? sub fine).*

Intentamos ahora dar un nuevo paso, viendo un lado más en el camino pensante de Heidegger: *Hombre y Ser,* y para ello vamos a partir de un texto del pensador, en el que este se hace una pregunta que el lector también se habrá hecho muchas veces, si es que ha seguido leyendo este escrito hasta este punto, lo que es dudoso. "Pero lo Ser -¿que es lo Ser? Ello es Ello mismo. A experimentar y decir eso, tiene que aprender el pensar venidero. Lo 'Ser' –esto no es Dios ni tampoco fundamento del mundo. Pues lo Ser es más amplio que todo ente, sea este una roca, un animal, una obra de arte, una máquina, sea un ángel o Dios. Lo Ser es lo más cercano. Empero, esta cercanía sigue siendo para el hombre lo más amplio". *(Carta sobre el Humanismo.* Traducción modificada de R. Gutiérrez. Taurus, Madrid. 1966, p. 28).

Se trata del ser del hombre puesto de manifiesto, abierto y traído a lenguaje que Heidegger ha llevado a consumación.

En agosto de 1955 Heidegger abrió el coloquio de Cerisy-La-Salle, Normandía, en torno a *¿Qué es eso –la Filosofía?* con las siguientes observaciones: 1. Hay que olvidar todo lo aprendido. 2. Aquí no hay que razonar ni argumentar, sino abrir bien los ojos y los oídos. 3. Las preguntas más tontas son las mejores. Así, nosotros también ahora tenemos que olvidar todos los supuestos saberes metafísicos sobre el hombre, que siempre parten de una consideración del hombre que lo radica en lo animal, a lo que se añade el alma, espíritu, la razón, etc.; hay que dejar a un lado las antropologías, sicologías y sociologías si queremos sumirnos y asumir la esencia del hombre en su dignidad.

Para desencubrir la esencia o ser del hombre lo que no se puede hacer es considerarlo aislado y aparte, por sí y en sí mismo. Precisamente el pensar metafísico moderno no solo ha hecho eso, sino que, además, ha fundamentado y radicado en el hombre, concebido como *cogitatio,* subjetividad, *ego,* el ser de las demás cosas. La experiencia moderna de lo ente, de las cosas, consistió en *ponerlas* como objetos para y desde un sub-jeto; las cosas, en este modo de pensamiento, son real y efectivamente *presentes* cuando han sido retrotraídas a la *representación,* que las asegura y les da suelo firme; en la certeza de la *conciencia* las cosas adquieren un ser seguro y firme.

Ahora bien, Heidegger desde un principio ya con el nombre con que nombra a la criatura, que tradicionalmente se viene llamando en nuestra lengua "hombre": *Dasein* –ser-ahí, o el ente que es el ahí– lo sitúa de patitas en las calles del Mundo, fuera de la jaula de la conciencia.

El hombre es ser-ahí, ser-en-el-mundo o el ex-sistente. El único privilegiado ente que ex-siste, es decir, que es él mismo en el sentido, verdad, claror (*Lichtung* = calvero; según el Diccionario de la Real Academia, "lugar en el bosque despejado de árboles") del Ser; el hombre es la in-stancia ex-sistente en la verdad y lucimiento del Ser, verdad y lucimiento que son el Ser mismo. El hombre es la criatura que saca o da a luz la que recibe del Ser; está ex-puesto a ser.

Ninguno de los Humanismos sidos hasta ahora ha visto al hombre en la grandeza, dignidad y responsabilidad de su ser. Tal grandeza se mide desde lo grande y Alto: ser el único entre todos los entes que habita en la cercanía del Ser; el hombre es el "vecino del Ser", y a la responsabilidad del pensador está asignado mantener abierta la luz del Ser en medio de los entes. El hombre es "el pastor del Ser". No hay cosa alguna, el hombre ("grosse 'Ding' = gran 'Cosa'") tampoco, que esté separada, aislada y suelta haciendo la guerra por su cuenta en el ámbito ontológico; las diversas cosas con-stituyen Un Todo, están sos-tenidas (o pro-tenidas; sub-stancia, pre-stancia) por lo Ἕν –Hen = Uno– el único Uno aunador que, según Heráclito "está en sí mismo reunido a no-querer y querer el nombre de Zeus".

Reiteramos: Heidegger es el pensador del Ser. No es un filósofo; Ortega tampoco. Ya lo oímos en el texto citado más arriba: "experimentar y decir": El Ser es Ello Mismo. En *Tiempo y Ser* nos dice que se trata de pensar al Ser sin respectividad a los entes: "Desde lo Mismo y hacia lo Mismo, decir lo Mismo".

No es, pues, un filósofo. Oigámosle en un par de textos: "¿Un pensar que no podría ser ni metafísica ni ciencia? ¿Una tarea que desde el comienzo mismo de la filosofía y desde el hecho mismo de su comienzo, estaría cerrada a la filosofía? ¿Y que, a partir de entonces, se habría mantenido encubierta constantemente, cada vez más, en el transcurso del tiempo?

"¿Una tarea del pensar que, en apariencia, implicaría la afirmación de que la filosofía no estaría a la altura de lo que es el asunto propio del pensar, y de que, en consecuencia, no sería más que la historia de una pura y simple decadencia?

"¿No es este el modo de hablar propio de una presunción que pretendería levantarse por encima incluso de lo que fue la grandeza de los pensadores de la filosofía?" ("El final de la filosofía y la tarea del pensar"; en *Kierkegaard vivo*. Alianza editorial. Madrid, p. 136).

No vamos a transcribir la respuesta que sigue en el pasaje citado a tales objeciones; recogemos, más bien, una similar que cuenta J. Beaufret: "No hay filosofía de Heidegger, y si debiera haber algo como tal cosa, yo no me interesaría en tal filosofía". Es el propio Heidegger el que así hablaba, quien continúa: "Mi declaración no es, de ninguna manera, una broma, y, para ser más preciso, no significa solo que hasta ahora yo no he edificado un sistema de filosofía y que no edificaré jamás ninguno. Significa que la cuestión que yo planteo no es una cuestión de la filosofía tradicional. Con eso yo no quiero decir, de ninguna manera, que se trate de una cuestión excepcional y que pretendería reinventar la filosofía, sino de la cuestión que en la *Introducción* a *¿Qué es Metafísica?* se caracteriza como *regreso hasta el fundamento de la metafísica...* En esta problemática está comprendida una posición que, en cierto sentido, sobrepasa la metafísica –sin duda, no en el sentido de que la metafísica sería falsa, sino en la medida en que, en ella, algo queda en retraimiento y fuera de cuestión, en el sentido en el que habla la palabra griega Λήθη".

Heidegger es el pensador del Ser. El Ser se da, dona y destina; en el Ahí –Da– del Ser habita el hombre, en cuanto el re-clamado e inter-pelado por el Ser. El pensar del hombre no manda en el Ser, sino que perteneciendo (*gehört*) al Ser, puede oír (*hört*) la voz del Ser (*Stimme des Seins*), oír que es un (cor)-re*spond*er, que habría que abrir en el sentido de la unión con la e*spos*a en los e*spons*ales, con los cantos o re*spons*os por nuestro ser de "mortales sobre la Tierra".

Pensar no es andar a zarpazos (*Zugriff*) con las cosas cercanas y lejanas; pensar no es meter en jaulas, agarrar, asir, prender, imponer, aplastar (*Begriff*). Ya el Ortega joven había clamado: "¡Salvémonos en las cosas!".

El pensador, peregrino fuera de su patria, movido por la suscitación alentadora (*Zuspruch*) del Ser, emprende el camino de regreso al origen (*Ur-sprung*: salto originario, súbito e imprevisible para todo pensar), que rasga como el rayo la oscuridad de la noche; paso a paso atrás (*Schritt zurück*) va desmontando las capas encubridoras del Ser, instalando preguntas como señales del camino: "¿Por qué hay ente y no más bien nada?". "'¿Es el Ser un humo y un vapor; el último vapor dejado por la realidad al evaporarse', como decía Nietzsche, o constituye el destino espiritual de Occidente?". ¿Cuál es la morada del Ser? *¿Qué es Metafísica? ¿A qué se llama pensar? ¿Qué es eso –la filosofía?*

Ya a esta altura del camino de regreso a la fuente, el pensar, que cada vez se va volviendo más pensante, se ha convertido (*Kehre*) en un pensar devoto

–πρόμος, *prómos,* tramado–, que recuerda (*Andenken*) el olvido de lo permanente ("Lo que permanece lo fundan los poetas") y en un trabajo hermenéutico ἑρμηνεύειν, *hermeneyein*– da anuncios del obscurecimiento del Mundo e im*pre*ca *preg*onando con *preg*untas (*Frage*): "El preguntar es la devoción del pensar".

Valga solo una indicación al último paso en el camino pensante de Heidegger: a lo largo de este largo prólogo nos han aparecido algunas referencias al lenguaje: "Únicamente la lengua griega es *lógos*..."; "El lenguaje es la casa del Ser" –y esto no es "metáfora", sino que, a su juicio, desde la comprensión del Ser como estancia (*Aufenthalt*) y morada del hombre, experimentaremos algún día lo que son *casa y morada*–; "Todos los caminos del pensar conducen, más o menos perceptiblemente y de una manera inhabitual, a través del lenguaje", nos dice en *La pregunta por la técnica.* También nos surgió el traer a Palabra o lenguaje (*zur Sprache bringen*) y "venir a lenguaje" (*zur Sprache kommen*) como tarea del pensar.

Pues bien, en la búsqueda de Heidegger de los 'lugares' del Ser, en el afán de una *Topologie* del Ser, se llega a la sencilla frase, citada más arriba: "El lenguaje es la casa del Ser". "El Ser habla a través de toda lengua", nos dice en *Holzwege*; no es el hombre, sobre todo, quien habla, sino la lengua 'materna' en la que habita (*Die Sprache spricht*). Después de trasponer las teorías corrientes sobre el lenguaje, intenta llevarnos a una *experiencia* del habla.

Impulsado por la interpelación de lo más cercano, ingresa en la "casa del Ser" y Ahí "oye" al Ser que, albergado (*bergen, Entbergung, Unverborgenheit*) en el lenguaje: *Dice*, in*dica*, da in*dici*os (*sagen, Saga, Zeigen, Zeige*). Jean Paul llama a los fenómenos de la Naturaleza "índices espirituales".

Este pensar que ha ingresado en su Elemento y *oye: das Geläut der Stille* (repique de campanas de la calma?), la voz del Ser (*Stimme des Seins*), es el último paso del pensar que está en camino (*unterwegs zu*) hacia (sí y) lo *Mismo.* Se trata del *pensar tautológico;* recuérdese que el dicho de Parménides: "Pues es lo mismo pensar y ser" ha movido todo el pensar occidental, según Heidegger. Respecto a tal pensar, oigamos y meditemos un solo texto: "El pensar que aquí es reclamado, yo lo nombro pensamiento tautológico. Es el sentido originario de la fenomenología. Este género de pensamiento está aún más acá de toda distinción posible entre teoría y praxis. Para comprender esto es necesario que nosotros aprendamos a distinguir entre *camino y método.* En la filosofía no hay sino caminos; en las ciencias, al contrario, solamente métodos, es decir, maneras de proceder.

"Así comprendida, la fenomenología es un camino que conduce allá abajo, ante (*ein Weg der hinführt vor...*); y que se deja mostrar eso ante lo cual es conducida (*und sich zeigen lässt das wovor es geführt wird*). Esta fenomenología es una fenomenología de lo inaparente. Únicamente ahí se vuelve comprensible que en los griegos no hubiera conceptos. En concebir hay, en efecto, el gesto de una captura. El ὁρισμός griego, al contrario, rodea tiernamente lo que la mirada toma en vista; no concibe" (*Questions* IV, 338 s.).

Tratamos de indicar hacia el último paso en el camino-pensar de Heidegger, del pensar que pregunta al pensar que está a la escucha (Cf. Heráclito *Frag.* 50 B): "Todo asentar preguntas se mantiene ya dentro del *reclamo* (*Zusage*) de lo que será puesto en la pregunta. ¿Qué experimentamos si meditamos eso suficientemente? Que el preguntar no es la auténtica apostura (*Gebärde*) del pensar, sino el oír el *reclamo* (*Zusage*: reclamo, suscitación, interpelación) de lo que debe llegar a pesquisa *(Frage)*" *(Unterwegs zur Sprache,* p. 175).

Estamos en lo último, apenas columbrado por nosotros, del pensar de Heidegger. Le hemos llamado 'lo último' para designarlo de alguna manera; podríamos haberlo nombrado también 'lo más alto"; Heidegger lo llama: "lo más inaparente de lo inaparente, lo más simple de lo simple, lo más cercano de lo cercano y lo más lejano de lo lejano, en donde nosotros los mortales nos mantenemos durante nuestra vida".

Se 'trata' de: *das Ereignis* (¿acontecimiento-apropiador?); es lo que *permite-ser* a Ser y Pensar lo propio de cada uno. Al respecto, permítasenos citar un largo texto: "Llegado a este lugar el Seminario emprende la tarea de clarificarse la noción de *Ereignis...*

Siguen preguntas: ¿que relación entretiene el *Ereignis* con la diferencia ontológica? ¿Cómo decir lo *Ereignis?* ¿Cómo se articula con la historia del Ser? ¿Sería el Ser el rostro de lo *Ereignis* para los griegos? ¿Se puede, finalmente, decir: *"Sein ist durch das Ereignis ereignet"* Respuesta: Sí.

Para entrar un poco en estas cuestiones (que son muy difíciles mientras que su comprensión no se haya preparado suficientemente), retengamos primeramente una serie de *indicaciones* susceptibles de preparar vías variadas y convergentes de acceso a la cuestión del *Ereignis.*[…].

–Uno de los buenos caminos para llegar al *Ereignis* sería llevar la mirada hasta la esencia del *Gestell* (disposición), ya que él es un pasaje de la metafísica al otro pensar […] pues lo *Ge-stell* es esencialmente ambiguo.[…].

–El negativo fotográfico, por decirlo así, del *Ereignis* es lo *Gestell.*

–No se podría llegar a pensar lo *Ereignis* con ayuda de los conceptos de ser y de historia del ser; tampoco con ayuda del griego (que se trata precisamente de "sobrepasar").[…].

Con lo *Ereignis,* ello ya no es en absoluto griego; y lo mas fantástico aquí es que lo griego continúa guardando su significación esencial y *a la vez* no llega a hablar más como lengua. La dificultad estaría, quizás, en que la lengua habla demasiado aprisa. De ahí el intento de ir *En camino hacia la palabra.*

–Con lo *Ereignis* no es que la historia del ser esté en su término, sino que ella no aparece *como* historia del ser. No hay épocas para lo *Ereignis. Das Schicken ist aus dem Ereignis* (el envío de la destinación es a partir del acontecimiento- apropiador)" *(Questions* IV, 301 sq.).

Del pletórico darse de lo *Ereignis* es acordado y confiado un "Es gibt" (se da, hay) "del cual también requiere 'lo Ser' para alcanzar, en cuanto presenciar, a lo propiamente suyo.[...]. Lo *Ereignis* confiere a los mortales la morada en su esencia, para que puedan ser los hablantes" *(Unterwegs zur Sprache,* 258 s.).

Ahora, una información: Entre los títulos de los 57 (!) volúmenes previstos de la Edición de Obras Completas de Heidegger, figuran dos volúmenes titulados, respectivamente: *Das Ereignis* I y *Das Ereignis* II; aún nos queda, pues, mucho camino por recorrer.

Atraído por la misma decisión, el pensador Heidegger encuentra en el camino hacia lo Mismo al poeta Hölderlin, también errante "en la noche sagrada como los sacerdotes sagrados del dios del vino". Uno, el pensador en su acercarse discerniendo lo que se cernía concerniéndole, ingresa en la casa del Ser: *Die Sprache* (el habla, la lengua); en su girar en "círculo hermenéutico" ingresa en la Ἀληθείης εὐκυκλέος ἀτρεμὲς ἦτορ –*Aletheíes eykykléos atremès êtor*, verdad bien circular de corazón impertérrito–, en el centro íntimo, corazón de pulso rítmico de lo ἐόν –*eón*, ente-ser-. Ingresar en la casa del Ser cada vez más inicialmente *(anfänglich)* para pensar la posibilidad que nos estaba preservada en el gran comienzo griego de Occidente.

Otro, el poeta, también vuelto, en su viaje por lo extranjero, hacia el destino Griego: "El fuego del Cielo", encuentra lo propio, la Patria:

"Pero, ahora amanece

Que lo Sagrado sea mi palabra".

Como dos árboles que crecen juntos "en montañas las más separadas", aunados en lo *Mismo,* donde pueden diferenciarse (διαφορά = di-ferencia), ambos al servicio del lenguaje: el pensador *dice* el Ser, el poeta *nombra* lo Sagrado.

Es, pues, la Patria del hombre lo que está en juego. Para ser publicado después de su muerte, Heidegger depositó en la revista *Spiegel* un breve artículo titulado: *Solo un dios puede salvarnos todavía.* El Tema (θήμα, *Thésis*) en este momento de la historia de Occidente, quizás, sea: *El ser y lo Sagrado.*

Valgan como signos unos textos de Heidegger:

1. "…La Patria de este habitar histórico es la cercanía al ser.

En esta cercanía se consuma, si es que se consuma, la decisión: si y cómo el Dios y los dioses se rehúsan y continúa la noche, si y cómo alborea el día de lo Sagrado, si y cómo en el advenimiento de lo Sagrado puede comenzar de nuevo un aparecer-brillante del Dios y de los dioses. Pero lo Sagrado, que ante todo solo es el espacio esencial de la Deidad que, a su vez, solo custodia la dimensión para los dioses y el Dios, únicamente puede venir a fulgor si antes y en una larga preparación, el Ser mismo se ha lucido y es experimentado en su verdad. Solo así comienza desde el Ser la superación de la falta de Patria, en la que no solo el hombre, sino la esencia del hombre anda errante" *(Carta sobre el Humanismo,* p. 37).

2. "Que el Dios viva o que siga muerto no se decide mediante la religiosidad de los hombres y menos aún mediante las aspiraciones teológicas de los filósofos

y de los científicos. Que Dios es Dios se acontece-apropia (*ereignet sich*) desde la *Konstellation* del Ser y dentro de ella" *(Die Technik und die Kehre*, 46).

Al respecto, breves indicaciones. Se trata de las 'relaciones' (alguna palabra hay que emplear) entre Ser, Sagrado, Deidad, Dioses, Dios: a) En la *Konstellation* del Ser *'ereignet sich'* el 'es' de Dios; Dios y Ser no son idénticos, dice Heidegger en algún texto, y cita también a Meister Eckehart: *Deum non competit esse* –A Dios no le compete el Ser–; b) lo Sagrado es el 'espacio esencial' de la Deidad; c) la Deidad, a su vez, solo es la custodia de la *Dimensión* del Dios y de los Dioses; d) hay también las palabras (verbos): *alborear* del día de lo Sagrado, "es" aplicado a 'espacio esencial', la Dimensión *custodia y acuerda (gewährt)*, Dios y los dioses *erscheinen* (aparecer-brillante), lo Sagrado *Scheinen kommt* (viene a fulgor), que Dios es Dios *ereignet sich* (se acontece-apropia). Sabemos también, por otros escritos de Heidegger, que el término 'ente' no se le puede aplicar a Dios; tampoco Dios es el Ser; por tanto, lo sagrado, Dios, dioses, no entes, no ser. ¿Cómo dirigirnos a ellos, ya que no podemos preguntar qué *son?* Por tanto: ¿qué (son): reales, imaginarios, entes, qué consistencia tienen? Nada de eso. Habría que abrir 'algo así como una dimensión' más, además de las que ya hay: ser, ente, real, imaginario, etc., para nombrarlos y acercarse a su 'presencia'; por ahora solo cabe decir: Sagrado.

¿Quién es Heidegger? El pensador que en lo arcaico ha abierto el Mundo venidero, un nuevo habitar del hombre sobre esta Tierra. En armonía con ese mundo advenidero, los hombres de hoy tenemos que ir aportando con nuestro pensar de aprendices un nuevo atenimiento a las cosas y una abierta libertad con nuestros prójimos. Con las cosas, dejándolas ser lo que ellas mismas son; permitirles brillar en su belleza (según Platón, "lo mas visible"): día, noche, viento, mar, Cielo, Tierra, esta rosa; abrirnos a su ser acogedoramente y salvarlas en la Palabra. Con los prójimos, no substituirles en su libertad, sino encaminarlos en diálogo hacia la elección de su propio ser.

II. Los escritos: *La pregunta por la técnica* y *Ciencia y meditación.* Son los dos primeros ensayos del libro *Vorträge und Aufsätze –Ensayos y Conferencias–*, editado por Neske. Pfullingen, 1954. Hay una excelente traducción francesa: *Essais et Conférences,* Gallimard, 1958. Trad. de André Préau y Prefacio de Jean Beaufret. Este, junto con F. Fédier y un pequeño grupo de discípulos, son quienes han tomado a Heidegger con la seriedad que hace al caso y continúan pensando, en fiel y libre discipulado, el ámbito pensante abierto por el maestro de Friburgo. Sin duda alguna, los *Dialogue avec Heidegger,* 3 vols., es lo mejor que acerca de Heidegger se ha publicado, junto con los breves trabajos de Fédier (por ejemplo. *Parole-Poème-Sacré.* Rev. *Liberté* de Montreal), prólogos y notas iluminadoras a sus traducciones de Heidegger. ¡Beaufret y Fédier estan pensando en Francia!

El 1 de diciembre de 1949, bajo el título "Einblick in das was ist" –"Mirada en lo que es"–, Heidegger pronunció cuatro conferencias: *Das Ding, Das Gestell, Die*

Gefahr y *Die Kehre.* La segunda de ellas, *Das Gestell,* en versión aumentada, la volvió a pronunciar Heidegger el 18 de noviembre de 1953 en *el Auditorium Maximum* de la Escuela Técnica Superior de Múnich, bajo el título: *Die Frage nach der Technik,* en el marco de la serie de conferencias "Las artes en la época de la técnica", organizada por la Academia Bávara de Bellas Artes. Esta segunda versión es la que nosotros presentamos en traducción española revisada.

Ciencia y meditación es el texto de una conferencia pronunciada ante un pequeño grupo de oyentes en Múnich el 4 de agosto de 1953, como preparación para el ciclo de conferencias mencionado más arriba.

¿De qué se trata en estos escritos? La respuesta forzosamente ha de ser concisa.

Ciencia y Técnica, al servicio mutuamente una de la otra "están hoy en situación de imprimir su cuño específico a la historia del hombre; la energía atómica, descubierta y liberada por las ciencias, suele concebirse como el poder que debe determinar la marcha de la historia". Desde Descartes –"ha llegado el momento en que el hombre sea señor de la tierra"– el hombre moderno se ha puesto en camino hacia el dominio de todo lo que hay: impone sus condiciones a lo real –caos–, domina, aplasta, explota, tritura, transforma, acumula, distribuye; en suma, *produce,* fabrica el mundo. Desde la "Naturaleza divinamente bella / más vieja que los dioses de Oriente y Occidente", de Hölderlin, hasta la "Nature est sotte", de Heisenberg, hay el más largo camino desviado.

La situación peligrosa que hoy se cierne sobre la humanidad toda, que hace que los científicos y tecnólogos, especialistas en especialidades, corran de un país a otro, de congreso en congreso, situación que ha llegado a la primera plana de los diarios ("Un siglo más de lectores de periódicos y hasta el mismo espíritu olerá mal", decía el tremendo Nietzsche) y que se manifiesta, entre otros, en los siguientes hechos: destrucción del Mediterráneo (el *mare nostrum,* cuna de civilizaciones), al que se le asignan 30 años más de vida antes de la contaminación total; el desequilibrio ecológico; la destrucción del mundo vegetal; la alarmante destrucción del ozono de la atmósfera; el crecimiento de los desiertos *("Der Wüste wächst",* "el desierto crece", rugía Nietzsche, y "de ese desierto que crece el del Sahara es un caso particular", comenta Heidegger).

El poderío transformador y destructor ya en manos del hombre: producir desiertos, deshielar los polos, con los anegamientos totales subsecuentes; ya el Informe Pauling hacía notar que las bombas termonucleares almacenadas a esas fechas (1965), podían destruir la Tierra varias veces; y desde entonces el poderío atómico-destructor de las 'Grandes Potencias' ha aumentado desmesuradamente: hoy se calculan en unas quinientas mil por lado y lado; pero no todas las armas destructoras son 'brutales'; la última, a juzgar por las noticias filtradas de lo "top secret" o que atraviesan la "Cortina de Hierro", ya aprobada por un *Congreso* más, la bomba de neutrino, solo va a destruir a los hombres, no a los edificios y construcciones –¡quelle finesse!–. Y, por cierto, las indicadas no son las "armas secretas"; si esas son las conocidas ¡cómo serán las secretas! Algún sádico "Doctor Insólito" debe haber por ahí, en algún Instituto Tecnológico, inventando algún artilugio o bombita para matarnos de la mejor manera: ¡de risa! ¿Por qué no se dedican a inventar cosas para vivir?

"¿Será destruida repentinamente la civilización actual? ¿O bien va a consolidarse para una duración prolongada, sin reposar en lo que permanece, sino estando más bien destinada a organizarse en un cambio continuo, en que lo nuevo deja sitio en cada momento a algo más nuevo todavía?" pregunta Heidegger.

Séanos permitido citar *in extenso* un patético texto de 1935:

"Esta Europa, en atroz ceguera y siempre a punto de apuñalarse a sí misma, yace hoy bajo la gran tenaza formada entre Rusia, por un lado, y América, por el otro: Rusia y América, metafísicamente vistas, son la misma cosa: la misma furia desesperada por el desencadenamiento de la técnica y la organización abstracta del hombre normal. Cuando el más apartado rincón del globo haya sido técnicamente conquistado y económicamente explotado; cuando un suceso cualquiera sea rápidamente accesible en un lugar cualquiera y en un tiempo cualquiera; cuando se puedan 'experimentar', simultáneamente, el atentado a un rey, en Francia, y un concierto sinfónico en Tokio; cuando el tiempo solo sea rapidez, instantaneidad y simultaneidad, mientras que lo temporal, entendido como historia, haya desaparecido de la existencia de todos los pueblos; cuando el boxeador rija como el gran hombre de una nación; cuando en número de millones triunfen las masas reunidas en asambleas populares, entonces, justamente entonces, volverán a atravesar todo este aquelarre, como fantasmas, las preguntas: ¿para qué?, ¿hacia dónde?, ¿y después qué?

"La decadencia espiritual de la Tierra ha ido tan lejos que los pueblos están amenazados de perder la última fuerza del espíritu, la que todavía permitiría ver y apreciar la decadencia como tal (pensada en relación con el destino del 'ser'). Esta simple comprobación no tiene nada que ver con el pesimismo cultural, ni tampoco, como es obvio, con el optimismo. En efecto, el obscurecimiento del mundo, la huida de los dioses, la destrucción de la tierra, la masificación del hombre, la sospecha insidiosa contra todo lo creador y libre, ha alcanzado en todo el planeta tales dimensiones, que categorías tan pueriles como las del pesimismo y del optimismo se convirtieron, desde hace tiempo, en risibles" (*Introducción a la Metafísica*, p. 75).

Y "lo más peligroso" es que el hombre se instale definitivamente en el modo de pensamiento científico-técnico, cerrándose así a la posible experiencia del lugar del hombre sobre la Tierra. Es propio del *pensar representativo*, que *pone* a la Naturaleza como almacén de reservas de materias primas, necesarias para la producción continua e ilimitada, *ponerse* a sí mismo como el único pensar; con ello se ciega y cierra a su proveniencia esencial, el pensar griego mañanero: la ποίησις, que lo ha hecho posible, y también para todo otro pensamiento posible, más allá del mundo técnico.

Ciencia y Técnica no son solo ni principalmente asuntos dependientes del hombre; ambas son un Destino del Ser. Heidegger reconduce el pensar científico-técnico, que interpreta la Naturaleza obligándola a mostrarse en su carácter energético, al suelo donde tiene sus raíces: la Filosofía, cuyo acabamiento es el despliegue de las ciencias. Pero más allá también de la Filosofía, es Parménides quien habla a través de Filosofía y Ciencias y Técnicas: la εὔκυκλος ᾿Αλήθεια.

Con el crecimiento del peligro técnico "crece también lo Salvador". A lo que mantiene reunidas a las diversas posiciones técnicas llama Heidegger *das Gestell* –lo dispuesto–. Pero el destino técnico tiene una doble faz, cabeza de Jano, donde aparece también el destino venidero, lo Salvador: *das Ereignis.* De ese nuevo destino ya hay señales.

"No es preciso ser profeta para ver que las ciencias modernas, en su trabajo de instalación, no van a tardar en ser determinadas y regidas por la nueva ciencia de base, la cibernética. Esta ciencia corresponde a la determinación del hombre como ser cuya esencia es la actividad en un medio social. La cibernética es, en efecto, la teoría que tiene como objeto el manejo de la planificación posible y de la organización del trabajo humano. La cibernética convierte el lenguaje en medio de intercambio de mensajes y, con él, las artes en instrumentos manejados con fines de información".

Para Heidegger, más inquietante aun que la conquista del espacio es la posibilidad ya en marcha de que el hombre, con la biofísica, se produzca él a sí mismo, como un objeto técnico más: con ello se haría saltar en pedazos la intimidad del hombre.

Finalmente, el lenguaje se ha empobrecido y puesto al servicio de la informática y cibernética, con las cuales se decapita a la lengua y se la pone al servicio de la máquina; es decir, se convierte la lengua –"Casa del Ser"– en mero instrumento de información al servicio de una economía, dirigida por una política, que con la ciencia como instrumento de los instrumentos, puesta a su servicio, impone a todo lo que alienta sobre la Tierra su "Voluntad de Poder" total.

"¿Qué consecuencia práctica sacar de este estado de hecho? Dicho de otra manera: ¿qué le queda por hacer al filósofo?

El presente seminario constituye ya una forma de respuesta. 'Y por eso yo estoy aquí, dice Heidegger. Se trata, para algunos, infatigablemente, de trabajar fuera de toda publicidad en mantener vivo un pensamiento atento al ser, sabiendo plenamente que este trabajo debe intentar fundar, en un lejano porvenir, una posibilidad de tradición –bien entendido que no se puede poner a un lado, en diez o veinte años, una herencia bimilenaria". Así hablaba Heidegger el domingo 7 de septiembre de 1969, en el *Seminario de Thor**.

FRANCISCO SOLER GRIMA

---

* Respecto del decisivo problema relativo a los "vínculos" entre *Léthe* y *Alétheia* –nuclear dentro de este "Prólogo"–, véase *Apuntes acerca del pensar de Heidegger,* obra póstuma de Francisco Soler publicada por la Editorial Andrés Bello de Santiago en 1983 (N. del E.).

INTRODUCCIÓN A LA PREGUNTA
POR LA TÉCNICA

I. PLANTEAMIENTO DEL PROBLEMA

En 'La pregunta por la técnica', conferencia del año 1953, distingue Heidegger una determinación correcta de la técnica de su interpretación verdadera. La primera se atiene a lo que podemos constatar como estando ahí delante[1]. La segunda, por el contrario, va más allá, hacia la esencia de lo que aparece ante nuestros ojos[2].

Lo correcto es, en cierto modo, verdadero, mas no lo es plenamente. Es claro, posee también cierta validez, y nadie la discute. Pero, sin embargo, tiene sus límites, y es preciso verlos.

Preguntamos, pues: ¿qué entiende Heidegger por esencia? Como es obvio, no es esta la ocasión para dilucidar con suficiencia el concepto correspondiente. Daremos solo algunas indicaciones, imprescindibles para entender lo que expongo a continuación.

En el parágrafo 7 de *Ser y Tiempo* enuncia Heidegger la máxima de su método fenomenológico: "¡a las cosas mismas!"[3]. En sus escritos posteriores –aun cuando, en rigor, también ya en *Ser y Tiempo*– el lema fenomenológico diría, más explícito, ¡a la esencia de las cosas mismas! Pero, reitero, ¿a qué llama Heidegger esencia?

Por lo pronto, digamos lo que ella no es. Esencia no es lo general, lo común de una clase de objetos[4]. El concepto tradicional de esencia –que la entiende de esa manera– nos remite a una esencia inesencial, dice Heidegger. Eso "general –afirma–, que vale igualmente para todo particular es siempre lo indiferente, aquella 'esencia' que nunca puede ser esencial"[5]. La esencia esencial, frente a la anterior, se caracteriza por los siguientes rasgos, entre otros:

---

[1]   Cfr., de Heidegger, 'La pregunta por la técnica', en *Ciencia y Técnica,* Editorial Universitaria, Santiago, segunda edición, 1993. Trad. de Francisco Soler, p. 75.

[2]   *Ibídem,* p. 73.

[3]   *Ser y Tiempo,* Editorial Universitaria, Santiago, 1997. Trad. de Jorge Eduardo Rivera, p. 51.

[4]   'La pregunta por la técnica', ed. cit, pp. 100 s.

[5]   "Hölderlin y la esencia de la poesía", en *Interpretaciones sobre la poesía de Hölderlin,* Editorial Ariel, Barcelona, 1983. Trad. de José María Valverde, p. 55.

1. Está más allá de lo meramente constatable, esto es, de aquello que pone de manifiesto la determinación correcta de algo[6].

2. Domina el ámbito de lo que se halla ante los ojos. Dice Heidegger: "Si nosotros buscásemos la esencia del árbol, tendríamos que elegir aquello que domina a todo árbol en cuanto árbol, sin ser ello mismo un árbol, que se pueda encontrar entre los restantes árboles. Así, también, la esencia de la técnica no es, en absoluto, algo técnico"[7].

3. A partir de la esencia, por tanto, podemos explicarnos el ámbito de lo simplemente constatable.

4. La esencia no carece, no está exenta de relación con el hombre. Por el contrario, lo esencial de algo es aquello de ese algo que *nos va* decisivamente. La interpretación verdadera tiene que mostrar esa vinculación entre la esencia y nosotros. Esto no significa, empero, que la esencia sea algo subjetivo o meramente intrahumano. En efecto:

5. Alcanzar la esencia de algo –o moverse en su cercanía[8]– es ver su relación con el ser, aquello que determina a todo ente como ente[9], inclusive, claro está, al ente que en cada caso somos nosotros mismos.

   Dicho de manera más explícita: llegar a mostrar la esencia de algo supone haberlo visto como manifestación del ser –lo trascendente por excelencia[10]– o, como modo de develar el ser, develación o verificación que tampoco es subjetiva; en ella predomina un mostrarse (o un sustraerse) del ser mismo[11].

6. En cuanto el ser es histórico[12], la esencia también lo es[13].

7. Que el ser sea histórico no significa que sea historiográficamente determinable[14]. Que la esencia sea histórica no significa que no perdure. Su duración, sin embargo, no la entiende Heidegger a la manera socrático-platónica –que la concibe como lo siempre perdurante de la idea–, ni al modo aristotélico que la funda en eso que Aristóteles llama 'aquello que algo, en cada caso, ya era' (*tò ti ên eînai*). Heidegger, inspirándose en el uso que hace Goethe de las palabras

---

[6]   'La pregunta por la técnica', ed. cit., p. 75.

[7]   *Ibídem,* p. 73.

[8]   *Ibídem,* p. 75.

[9]   *Ser y Tiempo,* p. 29.

[10]   *Ibídem,* p. 61.

[11]   'La pregunta por la técnica', ed. cit, pp. 87 ss.

[12]   En 'La constitucion onto-teo-lógica de la metafísica', dice Heidegger: "Se da el ser solo en cada caso en esta o aquella acuñación destinadora: *Physis, Lógos, Hén, Idea Enérgeia,* Sustancialidad, Objetividad, Subjetividad, Voluntad, Voluntad de Poderío, Voluntad de la Voluntad" (*Revista de Filosofía,* Santiago, 1966, nº 1. Trad. de Luis Hernández, revisada por Francisco Soler, p. 109. También, en *Identidad y diferencia.* Editorial Anthropos, Barcelona, 1988; trad. de H. Cortés y A. Leyte; pp. 142 s).

[13]   'Hölderlin y la esencia de la poesía', ed. cit., p. 67.

[14]   Véase, al respecto, *¿Qué es eso –la filosofía?,* Editorial Sur, Buenos Aires, 1965, trad. de A.P. Carpio, 15, nota 4. También, "La pregunta por la técnica", ed. cit, pp. 83 y 92.

fortwähren (siempre-perdurante) y *fortgewähren* (confiar siempre), nos dice que *"solo lo confiado perdura. Lo perdurante desde el alba inicial es lo confiante [das Gewährende: lo otorgante]"*[15]. Ateniéndonos a la palabra *gewähren*, confiar, caemos en la cuenta de que la esencia perdura *reuniendo* (la sílaba ge- debe tomarse como un prefijo cuyo sentido es el de reunión) y *garantizando* el ser de lo que reúne (*Gewähr* significa, precisamente, fianza, garantía)[16].

8. Se accede a la esencia a través de las indicaciones que nos proporciona el lenguaje, el habla. Las señas que nos hacen las palabras son históricas –como el ser y la esencia– y se descubren (y descubren, así, aquello a lo que apuntan), principalmente, al etimologizar. La fenomenología de Heidegger es, por tanto, histórica o etimológica[17]. La esencia del habla reside, precisamente, en aportar las indicaciones a que se ha aludido. (No es, luego, el lenguaje un simple medio, un hacer del hombre, al servicio de la expresión)[18]. Atender a la esencia del habla, asumirla esencialmente consiste en prestar atención a sus indicaciones acerca de la esencia de lo que hay[19], no reduciéndola, pues –como lo hace la determinación solamente correcta del lenguaje– a "expresión, realizada por los hombres, de los estados de ánimo y de la visión del mundo que los rige"[20].

Retomemos nuestro planteamiento inicial. La determinación correcta de la técnica –que es la usual– la concibe como un medio para un fin y como un hacer del hombre. Por ello la denomina Heidegger concepción instrumental y antropológica. Esta representación es justa, e inclusive, vale para la técnica moderna. Pero no alcanza lo esencial y, de ese modo, no es plenamente verdadera.

La determinación correcta de la técnica le sirve a Heidegger de punto de partida para encaminarse hacia la interpretación verdadera de ella. Atendiendo las señas que hace la palabra *instrumentum* es llevado a un análisis de la causalidad en Aristóteles; al conjugar ese análisis con la etimología de la palabra técnica –que remite a *tékhne*-, llega a la conclusión de que la esencia de la técnica no es nada humano– por tanto, no consiste en un mero instrumento, hecho y manejado a su antojo por el hombre–, sino una manera de destinarse el ser al hombre[21] y, a la vez,

[15]   'La pregunta por la técnica', ed. cit., p. 103 s.

[16]   'La question de la technique", en *Essais et Conférences,* Gallimard, París, 1966. Trad. de André Préau; p. 42, nota del traductor.

[17]   Véase, de Ortega, 'Anejo: En torno al "Coloquio de Darmstadt, 1951", en *Pasado y porvenir para el hombre actual, O.C.* IX, Ed. Revista de Occidente, Madrid, 1965, pp. 635 ss.

[18]   Cfr., de Heidegger, 'El habla', *Revista de Filosofía,* Santiago, 1961, vol. VIII, nº 5 2-3. Trad. de Francisco Soler, p. 131. También, *De camino al habla,* Ediciones del Serbal, Barcelona, 1990. Trad. de Yves Zimmermann, p.17.

[19]   Cfr., de Heidegger, "Construir Habitar Pensar', en este mismo volumen.

[20]   'El habla', p. 131; trad. de Y. Zimmermann, p. 17.

[21]   François Fédier y otros, "Protocolo a 'Seminario de Le Thor'". Edición no comercial para uso universitario del Departamento de Estudios Históricos y Filosóficos de la Universidad de Chile, Sede

un modo de develar lo que hay –luego, una modulación del verificar o estar en la verdad[22].

Ser no es, para Heidegger, el mero objeto, lo contrapuesto a un sujeto. Esto es sabido. No es fácil, sin embargo, pasar, usando pocas palabras, de esa determinación negativa a una positiva, suponiendo que el ser sea determinable. Pero no podemos en este momento arriesgarnos a dejar la palabra *'ser'* como un sonido hueco, vacío. Digamos, pues, algo al respecto, aunque sea mínimo.

Ser es lo que condiciona decisivamente al hombre, su dimensión histórica más radical, su destino, esto es, lo que pone al hombre en un camino del desocultar[23]. El ser se dona, se da o destina al hombre actual –y, así, lo destina– en la figura de la técnica moderna. A partir de esta destinación el hombre devela lo que hay de una manera técnica[24]; está en la verdad (desvelamiento) y, a la par, en la no-verdad (velamiento), técnicamente.

Verdad no es, claro está, la adecuación entre el pensamiento y la cosa. Como también es sabido, Heidegger retrotrae la concepcion de la verdad entendida como rectitud a la interpretación más originaria que la ve como develación –*Alétheia*[25]–. Estar en la verdad técnicamente significa descubrir lo que hay de cierta manera, a saber: de manera provocante. "El desocultar imperante en la técnica moderna –dice nuestro pensador– es un provocar *(Herausfordern)* que pone a la naturaleza en la exigencia de liberar energías, que en cuanto tales puedan ser explotadas *(herausgefördert) y* acumuladas"[26]. Y en otro texto señala que para el hombre de la época técnica "la naturaleza se convierte en una única y gigantesca 'estación de servicio', en fuente de energía para la técnica y la industria modernas"[27].

El desocultar técnico, que hace las exigencias indicadas a lo que hay, devela todo como constante *(Bestand),* y sólo como eso. La palabra 'constante' es preci-

<hr>

Valparaíso. Viña del Mar, 1975. Trad. de María Teresa Poupin, pp. 111 ss. (Cfr., de Heidegger, *Questions IV*, Paris, 1976; pp. 303 ss.).

[22]   'La pregunta por la técnica', ed. cit, pp. 80 s.

[23]   *Ibídem,* pp. 94 ss.

[24]   *Ibídem,* pp. 86 ss.

[25]   'Véase, de Heidegger, "La doctrina de la verdad según Platón", Ediciones de la Facultad de Filosofía y Educación, Universidad de Chile, Santiago, 1953. Trad. de Juan David García Bacca. Véase, también, el parágrafo 44 de *Ser* y *Tiempo* y, del mismo autor, 'De la esencia de la verdad' (en *Ser, verdad y fundamento,* Monte Ávila Editores, Caracas. Trad. de E. García B.).

[26]   La pregunta por la técnica', ed. cit., p. 83. Véase, además, 'Uma carta', en M. Heidegger, *O fim da filosofia* ou A *questão do pensamento,* Livraria Duas Cidades, São Paulo, 1972; trad. de E. Stein; p. 14.

[27]   'Serenidad, revista *Eco,* Bogotá, 1960, tomo I, N° 4. Trad. de Antonio de Zubiaurre, p. 345. El develar técnico es situado por Heidegger en este texto; dice: "Esta relación fundamentalmente técnica del hombre con el universo surgió primero en el siglo XVII, y ello en Europa y solo en Europa. Y permaneció oculta por largo tiempo a las otras partes del globo. Era totalmente ajena a las anteriores edades y destinos de los pueblos" *(Ibídem.).* [Pueden verse, también: a) "Serenidad". En *Revista de la Sociedad Argentina de Filosofia,* año V, N° 3, Córdoba, 1985. Trad. de Elbio Calletti y Adolfo P. Carpio. b) *Serenidad,* Ediciones del Serbal, Barcelona, 1994. Trad. de Yves Zimmermann].

so entenderla en el sentido de 'objetos de encargo", 'existencias' (como cuando en el ámbito comercial se dice 'tenemos existencias' o "las existencias se han agotado'); o, también, en el sentido de *stocks*, reservas, fondos, subsistencias.

En el 'Protocolo al 'Seminario de Le Thor" podemos leer: "Ya hoy día no hay más *objetos, Gegenstände* (el ente en tanto que se tiene de pie ante un sujeto que lo tiene a la vista) –ya no hay más que *Bestände* (el ente que está listo para el consumo); en francés, quizás se podría decir: no hay más *substances* [substancias], sino *subsistences* [subsistencias], en el sentido de 'reservas'. De ahí las políticas de la energía y de l'amenagement [ordenamiento] del territorio, que no se ocupan, efectivamente, con objetos, sino que, dentro de una planificación general, ponen sistemáticamente en orden el espacio, en vistas de la explotación futura. Todo (lo ente en su totalidad) toma lugar de golpe en el horizonte de la utilidad, del comandar [*commandement*] o mejor aun, del *comanditar* [*commanditement*], de lo que es necesario apoderarse. El bosque deja de ser un objeto (lo que era para el hombre científico de los siglos xviii y xix), y se convierte en 'espacio verde' para el hombre desenmascarado finalmente como técnico, es decir, para el hombre que considera a lo ente *a priori* en el horizonte de la utilización. Ya *nada* puede aparecer en la neutralidad objetiva de un cara a cara. Ya no hay *nada* más que *Bestände, stocks*, reservas, fondos.

"La determinación ontológica del *Bestand* (de lo ente como fondos de reserva) no es la *Beständigkeit* (la permanencia constante), sino la *Bestellbarkeit*, la posibilidad constante de ser comandado y comanditado, es decir, el estar permanentemente a disposición. En la *Bestellbarkeit* lo ente es puesto como fundamental y exclusivamente disponible –*disponible* para el consumo en el cálculo global.

"Ahora bien, uno de los momentos esenciales de este modo de ser de lo ente contemporáneo (la disponibilidad para un consumo planificado), es la *Ersetzbarkeit*, el hecho de que cada ente deviene esencialmente reemplazable, en un juego generalizado en el que todo puede tomar el lugar de todo. Esto lo manifiesta empíricamente la industria de productos de 'consumo' y el reino del *Ersatz* [*sustituto*].

"Ser, hoy día, es ser-reemplazable. La idea misma de 'reparación' ha llegado a ser una idea 'anti-económica'. A todo ente de consumo le es esencial que sea *ya* consumido y, de esa manera, llama a su reemplazo. Tenemos ahí uno de los rasgos de la desaparicion de lo tradicional, de lo que se transmite de generación en generación. Aun en el fenómeno de la *moda*, lo esencial no es ya el *adorno* (la moda en tanto que adorno se ha convertido así en algo tan anacrónico como la compostura), sino la reemplazabilidad de los modelos, de estación en estación. La vestimenta no se cambia ya porque y cuando se ha vuelto defectuosa, sino porque ella tiene el carácter esencial de ser 'el vestido del momento esperando el siguiente'.

"Transportado al *tiempo*, este carácter da la *actualidad*. La permanencia no es ya la constancia de lo transmitido, sino lo siempre-nuevo del cambio permanente [...].

63

"Solo la técnica moderna hace posible la producción de todos esos *stocks* explotables. Ella, más que la base de esto es el fondo mismo y así el horizonte. Así, en el caso de las materias sintéticas, que reemplazan más y más a las materias 'naturales'. Ahí también la naturaleza en tanto que naturaleza se retira"[28].

No ocurre solo eso; inclusive lo que podría ser asumido como puro paisaje –un río, por ejemplo– se manifiesta al hombre actual "como objeto de visita establecido por una agencia de viajes, que ha establecido allí una industria para turistas"[29].

El hombre mismo pasa a ser comprendido y tratado como simple mano de obra o como cerebro de obra; en suma, como "material humano"[30]. Curiosamente –señala Heidegger– "en medio de todo esto, el hombre precisamente así amenazado, se pavonea como señor de la Tierra"[31].

Y el mayor peligro reside en lo siguiente: el pensar que no mide, que no calcula técnicamente es echado a un lado y hostilizado; no se le considera genuino pensar ni, por consiguiente, se le toma en serio; se le llama mera poesía o misticismo lleno de vaguedades. El desocultar técnico, que mide y calcula, se erige como el único, excluyendo todos los demás y ni siquiera viendo que él mismo es un desocultar, y solo *un modo* de él –del verificar[32].

Es preciso indicar que hay una nítida diferencia entre la antigua técnica artesanal y la técnica moderna, cuya esencia llama Heidegger dis-posición o im-posición *(Ge-stell)*. La técnica artesanal no se imponía incondicionadamente sobre los entes, los respetaba. Para el hombre actual aparece de otra manera el campo, que el campesino antiguamente labraba, en donde labrar aún quiere decir cuidar y cultivar. El hacer del campesino no provocaba al campo. Al sembrar las simientes, abandonaba él la siembra a las fuerzas del crecimiento y guardaba su germinación. La agricultura es ahora, por el contrario, industria motorizada de la alimentación, esto es, un exigir que pone el campo como algo meramente explotable y que impulsa la mayor utilización de él que sea posible, con el mínimo esfuerzo, y sin tenerle mayores consideraciones[33].

Por cierto, cuando Heidegger habla del destino técnico del hombre actual se refiere a la técnica moderna y a su esencia.

La postura de Heidegger, apretadamente esbozada en lo anterior, implica concluir que la técnica –esencialmente interpretada– no es algo que esté en la

---

[28]   Protocolo a 'Seminario de Le Thor'", ed. cit., pp. 111 ss.

[29]   'La pregunta por la Técnica', ed. cit., p. 85.

[30]   '*Ibídem*, p. 87. "Sin embargo –advierte Heidegger–, precisamente porque el hombre está pro-vocado más originariamente que las energías naturales, al establecer *(Bestellen)*, no llega a ser jamás un mero con*stante (Bestand)*" *(Ibídem*, p. 87). Otra referencia al hombre como material humano la hallamos en la conferencia "¿Y para qué poetas?". Cfr., de Heidegger, *Caminos de bosque,* Editorial Alianza, Madrid, 1995. Trad. de Helena Cortés y Arturo Leyte; pp. 260 s. Puede verse, también, *¿Para qué poetas?*, UNAM, México, 2004, p. 49. Trad. de Peter Storandt.

[31]   *Ibídem,* p. 97.

[32]   *Ibídem,* p. 98 s. Véase también *Serenidad,* ed. cit, pp. 351 s.

[33]   *Ibídem,* pp. 83 s. Véase, además, 'Construir Habitar Pensar'.

mano del hombre, de tal modo que este pueda manejarla a su antojo. "Ningún individuo –afirma nuestro pensador–, ningún grupo humano, ninguna comisión de importantes estadistas, investigadores y técnicos, ninguna conferencia de personalidades directivas de la economía y de la industria es capaz de frenar o de orientar el curso histórico de la era atómica. Ninguna organización exclusivamente humana está en situación de apoderarse del mando de esta época"[34].

Si la esencia de la técnica, además de hacer posible indudables ventajas para el hombre, conlleva o es *el* peligro, este peligro –al que hemos aludido al caracterizar el develar técnico– no puede ser alejado o conjurado por el hombre atenido solo a sí mismo. La esencia de la técnica es una manifestación del ser. Por tanto, escapa al mero arbitrio humano. Sin embargo, en cuanto el ser se da en el hombre –el ahí del ser[35]–, este puede, y 'debe', cooperar en el advenimiento de un nuevo destino, en que 'supere' el peligro.

Tenemos, sin embargo, un problema por resolver: hemos dicho que la esencia es aquello que perdura reuniendo y garantizando el ser lo que reúne; es lo confiante *(das Gewährende:* lo otorgante); ¿sería esencia en este sentido lo *Gestell,* el dispositivo, esto es, la esencia de la técnica?, ¿sería esencia –entendida como lo confiante-otorgante– la imposicion, aquello que constituye el peligro? Tales preguntas –dice Heidegger– parecen ser, evidentemente, un desacierto. "Pues, lo dis-puesto es, según todo lo dicho, un destino que reúne en el desocultamiento provocante. Pro-vocar es todo menos un confiar-otorgar"[36].

Antes de habérnoslas con esta objeción que se hace Heidegger a sí mismo, destaquemos el ámbito en el que la imposición reúne, y algunos de sus rasgos. "Lo que ahora es –escribe Heidegger– está acuñado por el señorío de la esencia de la técnica moderna, señorío que se presenta ya en todos los dominios de la vida a través de rasgos denominables de múltiples maneras, tales como funcionalización, perfección, automatización, burocratización, información"[37].

Pero, ¿en qué sentido la im-posición constituye una fianza o garantía otorgante de aquello que reúne los diferentes dominios de la vida? Responde el pensador: "también el provocar en el establecer lo real como lo constante, sigue siendo todavía un destino, que lleva al hombre a un camino del desocultar"[38]. Mas, "puede

---

34 *Serenidad,* ed. cit, p. 348. Véase, además, 'Entrevista de *Der Spiegel* con Martin Heidegger', revista *Escritos de Teoría,* Santiago, 1977, N° II. Trad. de Pablo Oyarzún; pp. 183 ss.

35 Véase, de Heidegger, 'Carta al señor Beaufret, en *Revista de Filosofía,* vol. XVII, N° 1; Santiago, 1979. Trad. de Jorge Acevedo.

36 'La pregunta por la técnica', ed. cit, p. 103.

37 'La constitución onto-teo-lógica de la metafísica', ed. cit., p. 100. *Identidad y Diferencia,* ed. cit., pp. 114 ss. Encontramos una interesante referencia al concepto de información en la conferencia "El principio de razón'. Cfr., de Heidegger, *¿Qué es filosofía?,* Editorial Narcea, Madrid, 1978; trad. de J.L. Molinuevo; pp. 84 s. Véase también *La proposición del fundamento,* Ediciones del Serbal, Barcelona, 1991; trad. de Félix Duque y Jorge Pérez de Tudela; p. 193.

38 'La pregunta por la técnica', ed. cit., p. 103.

aún llamarse a este destinar un confiar-otorgar? Cierta y completamente, siempre que en este destino deba crecer lo salvador"[39].

"La esencia de la técnica es ambigua en un sentido elevado"[40], agrega Heidegger. Por una parte, constituye el peligro. Por otra, en ella aparece lo salvador. En efecto:

"De un lado, lo dis-puesto provoca a lo violento del establecer, que disloca toda mirada para el acontecimiento del desocultamiento y, de esa manera, pone en peligro, desde el fundamento, el ligamen con la esencia de la verdad"[41].

De otro lado, lo dispuesto acontece en lo confiador-otorgante, lo que permite al hombre perdurar en su papel de custodio de la esencia de la verdad. Así aparece el nacimiento de lo salvador.

El hombre no es, pues, para Heidegger, el animal de trabajo[42] —así ha llegado a develar la época técnica al animal racional—, sino, sobre todo, el que custodia la esencia de la verdad, del desocultamiento.

Esta dimensión de lo humano es lo ocultado por la esencia de la técnica al erigirse como único modo de develamiento, no viéndose siquiera como tal —un develar—. Así constituye *el* peligro. Pero es también esa la dimensión del hombre que asume, expresa, y vigorosamente, Heidegger al pensar sobre la técnica y su esencia de la manera que describimos. De este modo, dentro del peligro emerge una manifestación de lo salvador.

Es el momento de salir al paso de una posible mala interpretación de la postura de Heidegger. Sus tesis no implican postular la vuelta hacia una etapa pretécnica. Ese retorno, además de ser imposible, sería absurdo. ("Lo peligroso no es la técnica —advierte Heidegger—. No hay ningún demonio de la técnica, sino, por el contrario, el misterio de su esencia. La esencia de la técnica es, en cuanto un destino del desocultar, el peligro"[43]). Lo que sucede, más bien, es que Heidegger ve los límites de la postura técnica y llama la atención sobre el carácter excluyente de esa actitud, que le impide ver esos, sus propios límites, y que obstaculiza todo intento de cooperar en el advenimiento de un nuevo destino, en que se acoja lo técnico sin dejarse avasallar por el imperar de su esencia.

De ahí que Heidegger postule la serenidad ante las cosas y la apertura al secreto, como temples de ánimo o actitudes acordes con la técnica. Así describe el pen-

---

[39]   *Ibídem.*

[40]   *Ibídem.* p. 105.

[41]   *Ibídem.*

[42]   Véase, de Heidegger, 'Superación de la metafísica', en *Vorträge und Aufsätze,* Neske, Pfullingen, 1967, vol. I. En *Conferencia y artículos,* Ediciones del Serbal, Barcelona, 1994. Trad. de Eustaquio Barjau; p. 64.

[43]   'La pregunta por la técnica', ed. cit., pp. 98 s. Lo que está en juego y en cuestión no es lo técnico, a lo que "pertenece todo lo que nosotros conocemos como varillajes, rodamientos, andamios, y demás componentes de lo que se llama montaje"; el problema es la esencia de la técnica (*Ibídem.* p. 90). Véase, también, de Richard Wisser, 'Martin Heidegger: Entrevista', revista *Eco,* 1974, n° 165. Trad. de Freddy Téllez; pp. 229 s. Además, *Responsabilidad y cambio histórico,* Editorial Sudamericana, Buenos Aires, 1970. Trad. de Mario A. Presas.

sador la serenidad *(Gelassenheit):* 'Para todos nosotros son hoy insustituibles las instalaciones, aparatos y máquinas del mundo técnico; lo son para unos en mayor medida que para otros. Sería necio marchar ciegamente contra el mundo técnico. Sería miope querer condenar el mundo técnico como obra del diablo. Dependemos de los objetos técnicos, estos nos están desafiando, incluso, a una constante mejora. Sin darnos cuenta, hemos quedado tan firmemente fundidos a los objetos técnicos, que hemos venido a dar en su servidumbre.

"Pero podemos hacer también otra cosa. Podemos, ciertamente, servirnos de los objetos técnicos y, no obstante y pese a su conveniente utilización, mantenernos tan libres de ellos que queden siempre en desasimiento de nosotros. Al usar los objetos técnicos, podemos tomarlos como deben ser tomados. Mas al propio tiempo podemos dejar a esos objetos residir en sí mismos como algo que no nos atañe en lo más íntimo y propio. Podemos dar el *sí* a la ineludible utilización de los objetos técnicos, y podemos a la vez decir *no* en cuanto les prohibimos que exclusivamente nos planteen exigencias, nos deformen, nos confundan, y por último, nos devasten.

"Pero si de ese modo decimos simultáneamente *sí* y *no* a los objetos de la técnica, ¿nuestra relación con el mundo técnico no quedará entonces escindida e insegura? Todo lo contrario. De una extraña manera nuestra relación con el mundo técnico se hace sencilla y tranquila. Permitimos que los objetos técnicos penetren en nuestro mundo cotidiano, y al mismo tiempo los dejamos fuera, o sea, los hacemos consistir en cosas que no son nada absoluto, sino que se hallan dependientes de algo superior. Quiero nombrar esta actitud del simultáneo sí y no al mundo técnico con unas viejas palabras: *la serenidad ante las cosas*"[44].

Este talante y actitud ante las cosas puede conducirnos hacia la apertura al secreto. En efecto, en la serenidad "no vemos ya las cosas desde el solo aspecto técnico. El mirar se nos agudiza y notamos que la construcción y utilización de las máquinas nos requieren a otra distinta relación con las cosas, relación que a su vez tampoco está desprovista de sentido. Así, por ejemplo, agricultura y agronomía se convierten en industria motorizada de la alimentación. Es cosa cierta que aquí como en otros terrenos se está verificando una profunda transformación en la relación humana con la naturaleza y con el mundo. Pero qué sentido gobierna en esa transformación es algo que permanece en la oscuridad"[45].

La serenidad ante las cosas nos hace patente, por tanto, el hecho de que "no sabemos lo que el dominio de la técnica atómica, que progresa hasta lo inquietante, tiene como propósito"; la serenidad nos permite ver que *"el sentido del mundo técnico se oculta"*[46].

---

[44]   *Serenidad,* ed. cit, pp. 349 s.
[45]   *Ibídem,* p. 350.
[46]   *Ibídem.*

Pues bien, "la actitud en virtud de la cual nos mantenemos abiertos al sentido oculto en el mundo técnico" es denominada por Heidegger *apertura al secreto*[47].

"La serenidad ante las cosas y la apertura al secreto –concluye Heidegger– van juntas. Ellas nos conceden la posibilidad de permanecer en el mundo de un modo por entero diferente. Ellas prometen un nuevo suelo sobre el que, en medio del mundo técnico, podamos estar y perdurar fuera de peligro"[48].

Si alguien dijera: todo eso está muy bien pero, para mí un bosque, por ejemplo, es ante todo un bello paisaje y no reservas de *stocks* de la industria de la celulosa o de la madera; ¿no es mi caso una refutación viviente de las tesis de Heidegger sobre la esencia de la técnica y su dominio? A este imaginario objetante habría que responderle, por lo menos, que el imperar del develar técnico tiene el carácter de una vigencia[49] social –más aún, ultrasocial, destinal– y que, por tanto, su presunto estar al margen de su dominio no quita un quilate de realidad a su imperar, ya que este para actuar, e inclusive aplastarnos, no necesita de la adhesión consciente de uno o varios hombres; opera en estratos más radicales que los de la voluntad personal –o de grupo– y la autoconciencia.

Me parece oportuno señalar que a la ecología le sería fecundo tener presente esta interpretación de la técnica. Los problemas a los que esta disciplina se aboca son, sin duda alguna, derivados de la manifestación del ser como dis-posición o, lo que es lo mismo, del adverar provocante.

También a la prospectiva le sería provechoso saber que el actual proyecto de Occidente, en su dimensión más radical, está condicionado por la esencia de la técnica moderna[50]. Y en cuanto este proyecto adquiere un alcance planetario, el señorío de esa esencia se extiende a toda la Tierra e, inclusive, al espacio cósmico[51].

II. EXCURSUS: PLANTEAMIENTO DE ORTEGA EN RELACIÓN CON EL DE HEIDEGGER

Si para Heidegger saber esencialmente lo que algo es consiste en retrotraerlo al ámbito del ser –y, por lo tanto, al de la verdad–, para Ortega, consiste en ver cómo aquello de que se trata aparece, surge, brota en el ámbito de la realidad radical, la vida humana[52].

---

[47]   *Ibídem*, p. 351. *Offenheit für das Geheimnis.*

[48]   *Ibídem.*

[49]   Sobre el concepto de vigencia, véase, de Ortega, *Historia como sistema*, O.C. VI, cap. III.

[50]   A partir de ese saber, *quizás* se podría suavizar el juicio que le merece a Heidegger la prospectiva (véase "Protocolo a 'Seminario de Le Thor'", ed. cit, p. 103).

[51]   Véase, *Serenidad*, ed. cit., p. 345; también, de Jorge Acevedo, *La sociedad como proyecto*, Editorial Universitaria, Santiago, 1994; en especial, el apartado "Intranación, Supranación y Destino" (cap. XI); además, "Protocolo a 'Seminario de Le Thor'", ed. cit., p. 76.

[52]   Cfr., de Ortega, *El hombre y la gente*, O.C. VII, Editorial Revista de Occidente, Madrid. Ciertamente, se trata solo del 'primer' paso –bien que decisivo– del "proceso cognoscente".

Vida, para Ortega, no es el conjunto de fenómenos orgánicos estudiados por la ciencia biologica. La vida humana es entendida por él en un sentido biográfico –no biológico o, más bien, no zoológico–. En tal sentido, la vida es una extraña, patética, dramática combinación metafísica consistente en que dos entes heterogéneos –el hombre y el mundo– se ven obligados a unificarse, de modo que uno de ellos, el hombre, logre insertar su ser extramundano en el otro[53], que es precisamente el mundo[54].

El ser extramundano del hombre –lo que el hombre es–, consiste en un determinado proyecto o programa de existencia[55]. De ahí que la vida no sea sino, por lo pronto, el afán de realizar ese proyecto en el mundo[56].

El mundo, por otra parte, es una intrincada red, tanto de facilidades como de dificultades[57], se entiende, facilidades y dificultades relativas al proyecto de que se trate[58].

A diferencia de todo lo demás, pues, "el hombre, al existir, tiene que hacerse su existencia, tiene que resolver el problema práctico de realizar el programa en que, por lo pronto, consiste. De ahí que nuestra vida sea pura tarea e inexorable quehacer. La vida de cada uno de nosotros es algo que no nos es dado hecho, regalado, sino algo que hay que hacer. La vida da mucho que hacer; pero además, no es sino ese quehacer que da a cada cual[59]. En suma, la vida se da como fabricándose a sí misma.

¿Cómo se inserta en la vida, así caracterizada, la técnica? Responde Ortega: "Todas las actividades humanas que especialmente han recibido o merecen el nombre de técnica, no son más que especificaciones, concreciones de ese carácter general de autofabricación propio de nuestro vivir"[60].

Las actividades técnicas tienen la función de conceder al hombre cierta holgura que va a constituir el alvéolo donde pueda alojar su excéntrico ser[61].

Dicho más explícitamente: actos técnicos son aquellos en que nos esforzamos por inventar y luego ejecutar un plan de actividad que nos permita:

"1° Asegurar la satisfacción de las necesidades, por lo pronto, elementales.

2° Lograr esa satisfacción con el mínimo esfuerzo.

3° Crearnos posibilidades completamente nuevas produciendo objetos que no hay en la naturaleza del hombre. Así el navegar, el volar, el hablar con el antípoda mediante el telégrafo o la radiotelefonía"[62].

---

[53]   Véase, de Ortega, *Vives-Goethe. O.C.* IX, pp. 511 ss.

[54]   Cfr., de Ortega, *Meditación de la Técnica, O.C.* V, p. 343.

[55]   *Ibídem*, p. 338.

[56]   *Ibídem.*

[57]   *Ibídem*, p. 337.

[58]   *Ibídem*, pp. 339 s.

[59]   *Ibídem*, p. 341.

[60]   *Ibídem*, p. 343.

[61]   *Ibídem*, p. 342.

[62]   *Ibídem*, p. 333.

Dejando de lado el tercer punto, notemos lo que indican los dos primeros: "la técnica es, por lo pronto, el esfuerzo para ahorrar el esfuerzo o, dicho en otra forma, es lo que hacemos para evitar por completo, o en parte, los quehaceres que la circunstancia primaria nos impone"[63].

Esa determinación de la técnica nos plantea este problema: "¿A dónde va a parar ese esfuerzo ahorrado y que queda vacante?"[64]. Ortega contesta: ese esfuerzo es empleado en la realización de quehaceres que no le son impuestos al hombre por la naturaleza, que él se inventa a sí mismo. Estos quehaceres inventados –inventados como se hace con una novela, o una obra de teatro– constituyen aquello que el hombre llama vida *humana* (subrayando lo de *humana),* bienestar[65].

En otras palabras, la misión inicial de la técnica es "dar franquía al hombre para poder vacar a ser sí mismo"[66].

Ello nos señala que la técnica está supeditada a ese ser sí mismo del hombre, a su programa vital *propiamente humano* (lo que no significa, como espero se entrevea más adelante, puramente intrahumano), a su proyecto de existencia *inventado*[67], a lo que él considera su bienestar. La técnica "va a lograr, claro está, en una u otra limitada medida, hacer que el programa humano se realice. Pero ella por sí no define el programa; quiero decir que a la técnica le es prefijada la finalidad que ella debe conseguir. El programa vital es pre-técnico"[68].

Somos remitidos, de esta manera, a otra interrogante y a su correspondiente 'respuesta': "¿Qué en el hombre, o qué clase de hombres son los especialistas del programa vital? ¿El poeta, el filósofo, el fundador de religion, el político, el descubridor de valores? No lo decidamos; baste con advertir que el técnico los supone y que esto explica una diferencia de rango que siempre ha habido y contra la cual es en vano protestar"[69]. De ahí, concluye Ortega, "la enorme improbabilidad de que se constituya una 'tecnocracia'. Por definición, el técnico no puede mandar, dirigir en última instancia. Su papel es magnífico, venerable, pero irremediablemente de segundo plano"[70].

Pero lo que interesa hacer resaltar es esto: al meditar sobre la técnica hemos sido conducidos dialécticamente por la "cosa" misma hacia el proyecto vital –entendido como proyecto social o coletivo y como programa individual de vida– y hacia los especialistas en él, aquellos hombres que Heidegger llamaría

---

[63]   *Ibídem.*

[64]   *Ibídem,* p. 334.

[65]   *Ibídem,* p. 335.

[66]   *Ibídem,* p. 342.

[67]   Inventado en el sentido que señalábamos anteriormente.

[68]   *O.C.* V, p. 343.

[69]   *Ibídem,* pp. 344 s.

[70]   *Ibídem,* p. 345.

creadores de mundo[71]: el poeta, el pensador, el fundador de religión, el hombre de Estado.

¿Es ese programa de existencia y la tarea que en relación con él les cabe a los creadores de mundo algo puramente intrahumano? En la perspectiva de Ortega, no parece que ello sea así. Al final de su discurso conmemorativo del cuarto centenario de la Universidad de Granada –leído en 1932– dice Ortega, refiriéndose al hombre por venir: "Yo sospecho que […] el hombre descubrirá, otra vez –¡por fin!–, que no está solo, que hay en torno de él poderes extraños y distintos de él con quienes tiene que contar, y que hay sobre él poderes superiores bajo cuya mano, pura y simplemente, está"[72].

La reflexión sobre la técnica es llevada –al pensar dialécticamente– a un ámbito pre-técnico, desde el que ella quedaría radicalmente explicada y que no es puramente intrahumano.

Quiero insinuar, así, que la postura de Ortega ante la técnica no se limita a fundarse en el esquema mental "medio-fin", ni es una mera determinación instrumental y antropológica de ella.

Ciertamente, en el camino que lleva al ámbito que trasciende lo intrahumano –ámbito desde el cual se explica *en última instancia* la técnica (y no solo ella)–, destaca Ortega, frente a Heidegger, el lado puramente humano de la técnica. Pero no queda preso, a mi entender, en un estrecho "humanismo" que pondría al hombre y solo a él como centro del Universo e instancia decisiva de todo lo que hay. La vida humana –el asunto del pensar de Ortega, aquello en relación con lo cual hay que entender la técnica y toda otra realidad– no es solo el hombre; es más que el hombre, lo trasciende, e "incluye dentro de sí", como realidades que tienen que *aparecer* en ella –puesto que es la realidad radical[73]– aquellos poderes extraños y distintos de él, esos poderes superiores bajo cuya mano, pura y simplemente, está. Dios y el destino –que no es algo puramente humano[74], así como tampoco lo es el ser, para Heidegger– forman parte de la más radical dimensión de la técnica[75].

JORGE ACEVEDO GUERRA

---

[71] Cfr., de Heidegger, *Introducción a la metafísica,* Editorial Nova, Buenos Aires, 1959. Trad. de E. Estiú; p. 101.

[72] *O.C.*, V, p. 474. Veanse, también, por ejemplo, ciertos sugerentes pasajes de la lección VI de *¿Qué es filosofía?* (*O.C*, VII, pp. 347 s.).

[73] Véase, del autor, *Hombre y mundo,* Editorial Universitaria, Santiago, 1992 (tercera edición).

[74] En cuanto que no depende del arbitrio del hombre. Cfr., de Ortega, *Prólogo para alemanes, O.C.*, VIII, p. 28.

[75] En lo que atañe a Dios, Ortega ha afirmado en sus *Meditaciones del Quijote* algo semejante a lo que decimos, solo que en relación con otra realidad. Sin embargo, lo que allí expresa puede ser referido a toda realidad y, claro es, también a la técnica (Cfr., *O.C.*, I, p. 336).

LA PREGUNTA POR LA TÉCNICA

LA PREGUNTA POR LA TÉCNICA

En lo que sigue nosotros *preguntamos* por la técnica. El preguntar abre un camino. Por eso es prudente prestar atención ante todo al camino y no permanecer apegados a frases y títulos aislados. El camino es un camino del pensar. Todos los caminos del pensar conducen, más o menos perceptiblemente y de una manera inhabitual, a través del lenguaje. Preguntamos por la *técnica* y con ello quisiéramos preparar una relación libre con ella. Libre es la relación cuando abre nuestro ser-ahí [*Dasein*] a la esencia de la técnica. Si nosotros correspondemos a tal esencia, entonces podremos experimentar la técnica en su delimitación.

La técnica no es igual que la esencia de la técnica. Si nosotros buscásemos la esencia del árbol tendríamos que elegir aquello que domina a través de todo árbol en cuanto árbol, sin ser ello mismo un árbol, que se pudiera encontrar entre los restantes árboles.

Así también, la esencia de la técnica no es, en absoluto, algo técnico. Por eso, nunca experimentaremos nuestra relación con la esencia de la técnica, mientras nos representemos y dediquemos solo a lo técnico, para apegarnos a ello o para rechazarlo. Por todas partes permanecemos presos, encadenados a la técnica, aunque apasionadamente la afirmemos o neguemos. Más duramente estamos entregados a la técnica cuando la consideramos como algo neutral; pues esta concepción, que tiene hoy día gran aceptación, nos vuelve completamente ciegos para la esencia de la técnica.

Como la esencia de algo vale, según vieja teoría, *lo que* algo es. Nosotros preguntamos por la técnica cuando preguntamos por lo que ella sea. Todo el mundo ha oído las dos frases con las que se responde a nuestra pregunta. Una dice: la técnica es un medio para un fin. La otra dice: técnica es un hacer del hombre. Ambas determinaciones de la técnica se copertenecen. Pues poner fines, disponer y utilizar medios para ellos, es un hacer del hombre. A lo que la técnica es pertenece el elaborar y utilizar instrumentos, aparatos y máquinas, pertenece lo elaborado y utilizado mismo, pertenecen las necesidades y fines a los que sirven. El total de estos dispositivos es la técnica. Ella misma es un dispositivo; dicho en latín: un *instrumentum*.

La concepción corriente de la técnica, según la cual la técnica es un medio y un hacer del hombre, puede, por eso, llamarse la determinación instrumental y antropológica de la técnica.

¿Quién negaría que tal concepción es correcta? Se ajusta evidentemente a lo que está ante la vista cuando se habla de la técnica. La determinación instrumental de la técnica es tan desazonadoramente correcta, que también es verdad para la técnica moderna, aunque se afirme además, con cierto derecho, que frente a la vieja técnica artesana, ella es algo completamente distinto y, por eso, nueva. La central eléctrica con sus turbinas y generadores es también un medio preparado para un fin puesto por el hombre. También el avión a reacción, también la máquina de alta frecuencia, son medios para fines. Naturalmente, una estación de radar es menos simple que una veleta. Naturalmente, necesita la preparación de una máquina de alta frecuencia la compulsion de diferentes aspectos del trabajo de la producción técnico-industrial. Naturalmente, un aserradero perdido en un valle de la Selva Negra es un medio primitivo en comparación con la central hidroeléctrica en el Rhin.

Es correcto: también la técnica moderna es un medio para un fin. Por eso, la concepción instrumental de la técnica determina todos los esfuerzos para llevar al hombre a la recta relación con la técnica. Todo estriba en manejar la técnica, en cuanto medio, de la manera adecuada. Se quiere, como se suele decir, "tener espiritualmente en el puño" a la técnica. Se la quiere dominar. El querer dominarla se hace tanto más urgente cuanto más amenaza la técnica con escapar al control del hombre.

Pero, suponiendo que la técnica no sea ningún simple medio, ¿qué pasa entonces con el querer dominarla? Pero nosotros dijimos que la determinación instrumental de la técnica es correcta. Ciertamente. Lo correcto constata siempre en lo que está delante de nosotros algo acertado. La constatación no necesita, en absoluto, para ser correcta, desocultar en su esencia a lo que está delante. Solo allí donde acontece tal desocultar acontece lo verdadero. Por eso, lo meramente correcto no es aún lo verdadero. Ante todo, porque este nos lleva a una libre referencia con lo que nos atañe desde su esencia. Según eso, la correcta determinación instrumental de la técnica no nos muestra aún su esencia. Para lograrla o, al menos, para que nos movamos en su cercanía, debemos buscar, a través de lo correcto, lo verdadero. Debemos preguntar: lo instrumental mismo ¿qué es? ¿A dónde pertenecen cosas tales como un medio y un fin? Un medio es aquello por lo que algo es hecho y, así obtenido. Lo que tiene por consecuencia un efecto se llama causa. Sin embargo, no solo es causa aquello por medio de lo cual algo es hecho. También el fin, con arreglo al cual se determina la clase de los medios, vale como causa. Donde se persiguen fines y se aplican medios, donde domina lo instrumental, allí impera la causalidad.

La filosofía enseña desde hace siglos que hay cuatro causas: 1. la *causa materialis*, el material, la materia, con la que se prepara, por ejemplo, una copa de plata; 2. la *causa formalis*, la forma, la figura, en la que se introduce la materia; 3. la *causa finalis*, el fin, por ejemplo, el sacrificio, por el cual la copa requerida es determinada según materia y forma, y 4. la *causa efficiens*, que produce el efecto, la copa real hecha, el platero. Lo que sea la técnica, concebida como medio, se hará patente si retrotraemos lo instrumental a la cuádruple causalidad.

Pero, ¿cómo si lo que sea, por su parte, la causalidad está encubierta en lo oscuro? Es cierto que desde hace siglos se toma la teoría de las cuatro causas como una verdad caída del cielo, tan clara como el sol. Entretanto, ha llegado la hora de preguntar: ¿por qué hay precisamente cuatro causas? ¿Qué quiere decir, propiamente, en referencia a las mentadas cuatro, "causa"? ¿De dónde sacan el carácter de causa las cuatro causas y tan unitariamente, que se copertenecen?

Mientras no nos introduzcamos en este preguntar, permanecerá oscura y sin fundamento la causalidad y con ella lo instrumental y con este la determinación corriente de la técnica.

Desde hace tiempo se suele concebir la causa como lo que efectúa. Actuar, efectuar, significa, por eso: obtener resultados, obtener efectos. La *causa efficiens*, que es una de las cuatro causas, determina de manera decisiva toda causalidad. Esto llega a tal punto que, en general, no se considera más como causalidad a la *causa finalis*, a la finalidad. *Causa, casus*, pertenecen al verbo *cadere*, caer, y significa aquello que hace que en los resultados algo resulte de una manera o de otra. La teoría de las cuatro causas se remonta a Aristóteles. Sin embargo, en el ámbito del pensar griego, este no tiene nada que ver con actuar y efectuar, que es todo lo que la posteridad ha buscado en los griegos bajo la concepcion y título de causalidad. Lo que los alemanes llaman *Ursache,* los romanos y nosotros *causa,* se dice en griego αἴτιον, lo que es responsable de algo. Las cuatro causas son los modos de ser-responsable-de, que se copertenecen entre sí. Un ejemplo puede aclarar esto.

La plata es aquello de lo que está hecha la copa de plata. Es, en cuanto esta materia (ὕλη), co-responsable de la copa. Esta adeuda, esto es, tiene que agradecer a la plata aquello en lo que consiste. Pero el útil para el sacrificio no está en deuda solo con la plata. En cuanto copa aparece esto que está en deuda con la plata con el aspecto de copa y no con el de brazalete o el de anillo. Así, el útil para el sacrificio está adeudado al mismo tiempo con el aspecto (εἶδος) de lo coposo. La plata, en la que el aspecto en cuanto copa es introducido, el aspecto en el que la plata aparece, son ambos, cada uno a su manera, co-responsables del útil para el sacrificio.

Sin embargo, en deuda en tercer lugar está, sobre todo, con esto: aquello que de antemano circunscribe a la copa al ámbito de la consagración y de la ofrenda. A través de ello es delimitada como útil para el sacrificio. Lo delimitante finaliza a la cosa. Con este fin no acaba la cosa, sino que desde él comienza lo que será después de la producción. Lo finalizante, completante, en este sentido, se dice en griego τέλος, que suele traducirse demasiado frecuentemente por "meta" y "fin" y con ello se lo malinterpreta. El τέλος es responsable de lo que como materia y de lo que como aspecto es co-responsable de la copa sacrificial.

Finalmente, hay un cuarto co-responsable en el estar ahí delante, dispuesta y preparada la copa sacrificial: el orfebre; pero, de ninguna manera, porque él obrando efectúe la copa dispuesta para el sacrificio como efecto de un hacer, como *causa efficiens*.

La teoría de Aristóteles no conoció causa designada con esa palabra, ni usó un nombre griego que le correspondiera.

El orfebre, sobreponiéndose, reúne a los otros tres modos citados del ser-responsable-de. Sobreponer se dice en griego λέγειν, λόγος. Este reposa en el ἀποφάινεσθαι, en el traer a aparecer. El orfebre es co-responsable como aquel desde quien el pro-ducir y el descansar en sí de la copa, toma y obtiene su primer surgir. Los tres modos del ser-responsable-de, mencionados en primer lugar, tienen que agradecer a la sobreposición reunidora del orfebre, que aparezcan y entren en juego para la producción de la copa sacrificial y cómo entren y aparezcan.

En la copa sacrificial, preparada y lista, coimperan cuatro modos del ser-responsable-de. Son diferentes entre sí y, sin embargo, se copertenecen. ¿Qué los unifica de antemano? ¿En dónde se juega el juego conjunto de los cuatro modos del ser-responsable-de? ¿De dónde surge la unidad de las cuatro causas? ¿Qué mienta, pensado a la manera griega, este ser-responsable-de?

Nosotros, gentes de hoy, estamos muy inclinados a comprender el ser-responsable-de, moralmente como una falta, o a entenderlo como un modo de actuar. En ambos casos erramos el camino hacia el sentido de lo que más tarde se llamó causalidad. Mientras este camino no se abra no veremos tampoco lo que propiamente es lo instrumental, que reposa en lo causal.

Para defendernos de las malas interpretaciones del ser-responsable-de, aclaremos sus cuatro modos desde lo que son responsables. Según el ejemplo, ellos responden-de el estar preparada y del estar puesta la copa de plata como útil para el sacrificio. Estar puesta y estar preparada (ὑποκεῖσθαι) caracterizan la pr*esencia* de algo pr*esente*. Los cuatro modos del ser-responsable-de traen algo a aparecer. Le permiten pro-venir a la pr*esencia*. Lo liberan en ella y así le permiten avanzar hacia, a saber, su completa llegada. El ser-responsable-de tiene el rasgo fundamental de este permitir-avanzar hacia la llegada. En el sentido de tal permitir-avanzar, es el ser-responsable-de lo que da-lugar-a. Con la mirada puesta en lo que los griegos experimentaron en el ser-responsable-de, en la αἰτία, damos nosotros ahora a la palabra "dar-lugar-a" un sentido más amplio, de modo que la palabra designe la esencia de la causalidad pensada por los griegos. La significación usual y restringida de la palabra ocasionar significa, por el contrario, solo algo así como empuje inicial y desatar, y mienta una clase de causa secundaria en el todo de la causalidad.

Pero, ¿en dónde tiene lugar el juego conjunto de los cuatro modos del dar-lugar-a [*Ver-an-lassen*]? Ellos dejan venir lo todavía no pr*esente* a la pr*esencia*. Según eso, están imperados unitariamente por un traer, traer haciendo aparecer lo pr*esente*. Lo que este traer sea, nos lo dice Platón en una frase del "Symposium" (205 b): ἡ γάρ τοι ἐκ τοῦ μὴ ὄντος εἰς τὸ ὂν ἰόντι ὁτῳοῦν αἰτία πᾶσά ἐστι ποίησις.

"Todo dar-lugar-a que algo (cualquiera que sea) vaya y proceda desde lo *no*-pr*esente* a la pr*esencia,* es ποίησις, es pro-ducir".

Todo estriba en que nosotros pensemos el pro-ducir [Her-vor-bringen: traer-ahí-delante] en su completo alcance y, al mismo tiempo, en el sentido de los griegos. Pro-ducir, ποίησις es no solo la hechura artesana, no solo el traer a forma y figura artístico-poético. También la φύσις, el emerger-desde-sí, es un pro-ducir, es ποίησις. La φύσις incluso es ποίησις en el más elevado sentido. Pues lo pr*esente* φύσει tiene en sí mismo (ἐν ἑαυτῷ) el brotar en el pro-ducir; por ejemplo, el brotar de las flores en el florecer. Por el contrario, lo pro-ducido artesana y artísticamente, por ejemplo la copa de plata, tiene el brotar en el pro-ducir no en sí mismo, sino en otro (ἐν ἄλλῳ), en el artesano y en el artista.

Los modos del dar-lugar-a, las cuatro causas, se juegan, por consiguiente, dentro del pro-ducir. Por este llega a aparecer, respectivamente, tanto lo que crece naturalmente, como también lo que tiene hechura artesana o artística. Pero, ¿cómo acontece el pro-ducir, ya sea en la naturaleza, ya en la artesanía o en el arte? ¿Qué es el pro-ducir, en el que juega el cuádruple modo del dar-lugar-a? El dar-lugar-a atañe a la pr*esencia* de lo que aparece en el producir, en cada caso. El pro-ducir pro-duce desde el velamiento al desvelamiento. El pro-ducir acontece solamente cuando llega lo velado a lo desvelado. Este llegar se mueve y descansa en lo que nosotros llamamos desocultar. Para designarlo los griegos tenían la palabra ἀλήθεια. Los romanos la tradujeron por *veritas.* Nosotros decimos "verdad", y la entendemos comúnmente como rectitud del concebir [representar: *Vorstellen*].

¿En dónde nos hemos extraviado? Preguntamos por la técnica y hemos llegado ahora a la ἀλήθεια, al deso-cultar. ¿Qué tiene que ver la técnica con el desocultar? Respuesta: Todo. Pues en el desocultar se funda todo pro-ducir. Pero este reúne en sí los cuatro modos del dar-lugar-a –la causalidad– y los domina. A su ámbito pertenecen fin y medio, pertenece lo instrumental. Este vale como el rasgo fundamental de la técnica. Preguntamos paso a paso lo que sea propiamente la técnica, concebida como medio, y llegamos al desocultar. En él descansa la posibilidad de toda fabricación productora.

La técnica no es, pues, simplemente un medio. La técnica es un modo del desocultar. Si prestamos atención a eso, entonces se nos abriría un ámbito distinto para la esencia de la técnica. Es el ámbito del desocultamiento, esto es, de la verdad.

Este aspecto nos sorprende. Debe sorprendernos el mayor tiempo posible y así presionarnos a que, finalmente, tomemos en serio y de una buena vez la más sencilla pregunta por lo que dice el nombre "técnica". La palabra proviene de la lengua griega. Τεχνικόν mienta lo que pertenece a la τέχνη. Con respecto a la significación de esta palabra, debemos observar dos cosas: de una parte, τέχνη no es solo el nombre para el hacer y saber artesanos, sino que también lo es para el arte más elevado y para las bellas artes. La τέχνη pertenece al pro-ducir, a la ποίησις; ella es algo poiético.

La otra cosa que, con respecto a la palabra τέχνη hay que meditar, es aún más importante. La palabra τέχνη está unida, desde los comienzos hasta el pensar de Platón, a la palabra ἐπιστήμη. Ambas palabras son nombres para el conocer, en el más amplio sentido. Mientan el entender de algo, el ser experto en algo. El conocer abre. En cuanto abriente, es un desocultar. Aristóteles distingue en una consideración especial. *(Et. Nic.* VI, c. 3 y 4) la ἐπιστήμη y la τέχνη y, ciertamente, desde el punto de vista de lo que desocultan y cómo lo desocultan. La τέχνη es un modo del ἀληθεύειν. Ella mienta lo que por sí mismo no se produce, ni está aún ahí delante de nosotros, por lo que puede tener-lugar ya de una manera, ya de otra. Quien construye una casa o un barco o forja una copa sacrificial, desoculta lo que hay que pro-ducir según los respectos de los cuatro modos del dar-lugar-a. Este desocultar reúne de antemano el aspecto y la materia de barco y de casa sobre la cosa intuida, acabada y lista, y determina desde ahí el modo de la confección. Por consiguiente, lo decisivo de la τέχνη no estriba, de ninguna manera, en el hacer y manipular; tampoco en aplicar medios, sino en el citado desocultar. Como desocultar, no como confeccionar, es la τέχνη un producir.

Así, con la alusión a lo que la palabra τέχνη dice y a cómo la determinaron los griegos, llegamos a la misma conexión que se nos abrió cuando perseguíamos la pregunta por lo que sea, en verdad, lo instrumental en cuanto tal.

La técnica es un modo del desocultar. La técnica presencia en el ámbito en el que acontece desocultar y desvelamiento, ἀλήθεια, verdad.

Frente a esta determinación del ámbito esencial de la técnica, se puede objetar que vale, ciertamente, para el pensar griego y que conviene, en el mejor de los casos, a la técnica manual, pero que no puede aplicarse a la moderna técnica de máquinas. Y precisamente, solamente ella es la que nos perturba y mueve a preguntar por "la" técnica. Se dice que la técnica moderna es incomparable con todas las anteriores, porque se apoya en la ciencia moderna, natural y exacta. Entretanto, se reconoce claramente que vale también lo inverso: la física moderna, en cuanto experimental, está referida a los aparatos técnicos y al progreso en la construcción de aparatos. La constatación de esta interrelación entre técnica y física es justa. Pero es una simple constatación historiográfica de hechos, que no dice nada sobre aquello en que se funda esta interrelación. La pregunta decisiva sigue siendo: ¿de qué esencia es la técnica moderna para que pueda ocurrir que aplique la ciencia natural?

¿Qué es la técnica moderna? Es también un desocultar. Si nosotros clavamos la mirada sobre todo en este rasgo fundamental, se nos mostrará lo nuevo de la técnica moderna.

Ahora bien, el desocultar que domina a la técnica moderna no se despliega en un pro-ducir en el sentido de ποίησις. El desocultar imperante en la técnica moderna es un provocar que pone a la naturaleza en la exigencia de liberar energías, que *en cuanto tales* puedan ser explotadas y acumuladas. Pero, ¿no vale esto también para el viejo molino de viento? No. Sus aspas giran, ciertamente, en el viento, a cuyo soplar quedan inmediatamente entregadas. Pero el molino de viento no abre las energías de las corrientes de aire para acumularlas.

Por el contrario, una región es provocada a la extracción de carbón y minerales. La tierra se desoculta ahora como región carbonífera, el suelo como lugar de yacimiento de minerales. De otra manera aparece el campo, que el campesino antiguamente labraba, en donde labrar aún quiere decir: cuidar y cultivar. El hacer del campesino no provoca al campo. En el sembrar las simientes, abandona él la siembra a las fuerzas del crecimiento y cuida su germinación. Entretanto, la labranza del campo ha caído en la resaca de otro modo de labrar, que *pone* [*stellt: emplaza*] a la naturaleza. La pone en el sentido de provocación. El campo es ahora industria motorizada de la alimentación. El aire es puesto dentro de la entrega de nitrógeno, el suelo por los minerales; minerales, por ejemplo, el uranio, este por la energía atómica, que puede ser desintegrada para destrucción o para usos pacíficos.

El poner [*Stellen*], que provoca las energías naturales, es un exigir en un doble sentido. Exige en cuanto abre y expone [*herausstellen*]. Sin embargo, este exigir está subpuesto [*abstellen*] de antemano a lo otro que se exige, esto es, impulsar la utilización mayor que sea posible con el mínimo esfuerzo. El carbón extraído en una región carbonífera no se pone solo para que, en general, esté ante la vista en alguna parte. Yace, esto es, es el sitio de la distribución del calor solar en él acumulado. Este es transformado en calor, que es distribuido por el vapor liberado, cuya presión empuja el engranaje por el cual una fábrica permanece en explotación.

La central hidroeléctrica está puesta en el Rhin. Y lo dispone hacia su presión hidráulica, dispuesta para las turbinas, que, girando, impulsan las máquinas, cuyo engranaje produce la corriente eléctrica, que es distribuida a través de las centrales interurbanas y su red eléctrica, que conduce la corriente. En el ámbito de esta serie de consecuencias, mutuamente relacionadas, de la distribución de la energía eléctrica, la corriente del Rhin aparece también como algo distribuido. La central hidroeléctrica no está construida en la corriente del Rhin como los viejos puentes de madera, que, desde hace siglos, unen una orilla con la otra. Más bien, está el río construido [obstruido: *verbaut*] en la central. Es, lo que ahora es como corriente, esto es, proveedor de presión hidráulica, desde la esencia de la central eléctrica. Prestemos atención a lo desazonador que impera allí, aunque sea para medir desde lejos y por un instante, la contraposición que se expresa en estos dos títulos: 'El Rhin', construido [obstruido: *verbaut*] en la central de energía eléctrica, y 'El Rhin', nombrado desde la obra de *arte* del himno sinónimo de Hölderlin. Pero, se responde, el Rhin es de todas maneras un río de la comarca. Pudiera ser, pero ¿cómo? No de otra manera que como objeto de visita establecido por una agencia de viajes, que ha establecido allí una industria para turistas.

El desocultar que domina a la técnica moderna tiene el carácter de poner en el sentido de la pro-vocación. Esta acontece de tal manera que se descubren las energías ocultas en la naturaleza; lo descubierto es transformado; lo transformado, acumulado; lo acumulado, a su vez, repartido, y lo repartido se renueva cambiado. Descubrir, transformar, acumular, repartir, cambiar, son modos del desocultar. Sin embargo, esto no transcurre sencillamente. Tampoco se extravía en lo indeterminado. El desocultar desoculta a él mismo sus propios, múltiples y ensamblados carriles, a través de los cuales él dirige. La dirección misma es asegurada por todas partes. Dirección y aseguramiento llegan a ser, incluso, los rasgos capitales del desocultar pro-vocante.

¿Qué clase de desvelamiento es propio de aquello que se realiza por medio del desocultar pro-vocante? Por doquiera se establece que tiene que estar en todas partes, lugar por lugar, y estar, ciertamente, para que sea establecible para un establecer ulterior más amplio. Lo establecido de esta manera tiene su propio estado [*Stand*]. Nosotros lo llamamos lo con*stante* [*Bestand*: existencias en tanto *stocks*, reservas, fondos]. La palabra mienta aquí algo más y más esencial que mero constar de. La palabra *"con*stante*"* se mueve ahora en el rango de un título. Caracteriza nada menos que el modo cómo está presente todo lo que se refiere al desocultar pro-vocante. Lo que está en el sentido de lo con*stante* no se contrapone a nosotros más como ob-*stante* [*Gegenstand*: objeto].

Pero un avión que está en la pista de despegue es, aún, un objeto. Ciertamente. Podemos concebir la máquina de esa manera. Pero entonces se oculta en lo que es y cómo lo es. Está desoculto en la pista de transporte como con*stante*, solo en cuanto que él está establecido a asegurar la posibilidad del transporte. Para eso tiene que ser él mismo, en su total construcción, con todos sus componentes, apto para ser establecido, esto es, estar preparado para salir. (Este sería el lugar para dilucidar la determinación de la máquina por Hegel como instrumento independiente. Vista desde el instrumento artesanal, su caracterización es justa. Pero, pensada desde la esencia de la técnica, a la que pertenece, la máquina no es precisamente así. Vista desde lo con*stante,* la máquina es, en absoluto, no-independiente, pues ella recibe su estado únicamente del establecer de lo establecible).

Que ahora, cuando intentamos mostrar la técnica moderna como un desocultar pro-vocante, nos acosen las palabras "poner" [*stellen*], "establecer" [*bestellen*: encargar, requerir, poner a disposición], "con*stante*" [*Bestand*], y que se amontonen de una manera seca, uniforme y, por eso, enojosa, tiene su fundamento en lo que llega a lenguaje.

¿Quién realiza el poner pro-vocante, por el cual es desocultado lo que se llama lo real, en cuanto con*stante*? Evidentemente, el hombre. ¿Hasta qué punto puede el hombre con tal desocultar? El hombre puede, ciertamente, concebir, formar e impulsar, esto o aquello, de una manera o de otra. Pero del desvelamiento, en el que, en cada caso, lo real se muestra o se retrae, no dispone el hombre. Que desde

Platón se muestre lo real a la luz de las ideas, no lo hizo Platón. El pensador solo ha correspondido [*entsprechen*] a lo que le interpelaba [*zusprechen*].

Solo en cuanto que el hombre, por su parte, está pro-vocado ya a pro-vocar las energías de la naturaleza, puede acontecer este desocultar establecedor. Si el hombre está pro-vocado y establecido para eso, entonces ¿no pertenece el hombre, más originariamente aun que la naturaleza, a lo con*stante?* El hablar corrientemente de material humano y de material enfermo de una clínica, habla en su favor. El guarda-bosque que en el bosque mide la madera talada y que, al parecer, recorre como su abuelo y de igual manera, los caminos del bosque, está hoy establecido, sépalo o no, en la industria de la utilización de la madera. Está establecido en la productibilidad de celulosa que, a su vez, viene pro-vocada por la necesidad de papel, que se distribuye a los diarios y revistas ilustradas. Pero estos predisponen a la opinión pública a que devore lo impreso, para que pueda llegar a establecerse una opinión dominante, que hay que establecer. Sin embargo, precisamente porque el hombre está pro-vocado más originariamente que las energías naturales, a saber, al establecer, no llega a ser jamás un mero con*stante.* Impulsando el hombre la técnica, participa en el establecer en cuanto un modo del desocultar. Pero, el desvelamiento mismo, en medio del cual se despliega el establecer, no es nunca un hecho humano, así como tampoco lo es el ámbito que atraviesa el hombre cuando como sujeto se refiere a un objeto.

¿Dónde y cómo acontece el desocultar, si no es ningún simple hecho del hombre? No necesitamos buscar demasiado lejos. Solo es necesario captar con imparcialidad aquello que siempre ha reclamado al hombre y tan decisivamente que él solo puede ser hombre como lo reclamado en cada caso. Siempre que el hombre abre sus ojos y oídos, que franquea su corazón, que se da libremente en sus afanes y esfuerzos, en su formar y obrar, en sus ruegos y agradecimientos, se encuentra ya, por doquiera, llevado en lo desvelado. Cuyo desvelamiento ya se ha acontecido-apropiadoramente, tan frecuentemente como invoca al hombre al modo del desocultar que le corresponde. Cuando el hombre, a su manera, dentro del desvelamiento, desoculta lo pr*esente,* entonces él no hace sino corresponder a la llamada del desvelamiento, aun cuando la contradiga. Así, pues, cuando el hombre que investiga y considera pone la naturaleza como recinto de su concebir, entonces está ya reclamado por un modo del desocultar, que le pro-voca a considerar la naturaleza como un objeto de investigación, hasta que el objeto desaparece también en lo sin-objeto de lo con*stante.*

De esta manera, la técnica moderna, como el deso-cultar estableciendo, no es un simple hacer humano. Por eso debemos tomar, tal y como se muestra, el pro-vocar que dispone al hombre a tomar lo real como con*stante.* Este pro-vocar reúne al hombre en el establecer. Esto reuniente concentra al hombre a establecer lo real como con*stante.*

Lo que despliega originariamente los rasgos montañosos de las montañas [*Berge*] y así las atraviesa en su plegado estar unas con otras, es lo que reúne, que nosotros llamamos serranía [*Gebirg*].

Nosotros llamamos a aquello que reúne originariamente, sobre lo que se despliegan los modos según los cuales nos sentimos animados [*zumute*] de una manera o de otra, el ánimo [*Gemüt*].

Nosotros llamamos ahora aquella interpelación provocante, que reúne al hombre en ella a establecer lo desocultado como con*stante*, lo *dis-puesto* [das *Ge-stell*].

Nos arriesgamos a emplear esta palabra en un sentido hasta ahora completamente insólito.

Según la significación habitual mienta la palabra *"Gestell"* un útil, por ejemplo, un estante para libros. *Gestell* significa también [en alemán] un esqueleto. Y tan horrible como esqueleto parece ser el uso de la palabra "Gestell" ["dis-puesto"], que ahora proponemos, para no hablar de la arbitrariedad con que se maltrata el desarrollo del lenguaje con palabras como esa. ¿Se puede impulsar aún más lo estrambótico? Ciertamente, no. Pero esto estrambótico es viejo uso del pensar. Y, por cierto, se traman a él los pensadores, precisamente allí donde hay que pensar lo más elevado. Nosotros, tardíamente nacidos, no estamos ya más en situación de columbrar lo que significa que Platón se atreviese a usar para lo que esencia [*west*] en todo y en cada caso [*in allem und jedem*], la palabra εἶδος. Pues εἶδος significa en el lenguaje cotidiano, el aspecto que una cosa sensible ofrece a nuestro sentido de la vista. Sin embargo Platón propone esta palabra para designar, lo que era totalmente insólito, aquello que, precisamente, nunca jamás puede ser perceptible con el sentido de la vista. Pero ni siquiera eso es suficiente para lo insólito. Pues ἰδέα nombra no solo el aspecto no-sensible de lo visible sensitivamente. Aspecto, ἰδέα, significa y es también lo que en lo audible, tangible, sensible, en lo que de la manera que sea nos es accesible, constituye la esencia. Frente a lo que Platón ha exigido al lenguaje y al pensar, en este y otros casos, es casi anodino el presente y atrevido uso de la palabra "dis-puesto", como nombre de la esencia de la técnica moderna. No obstante, el uso lingüístico pedido queda como presuntuoso y es mal entendido.

Dis-puesto significa lo reunidor de aquel poner, que pone al hombre, esto es, lo pro-voca, a desocultar, en el modo del establecer, lo real en cuanto lo con*stante*. Dis-puesto significa el modo del desocultar que impera en la esencia de la técnica moderna y que él mismo no es nada técnico. A lo técnico, por el contrario, pertenece todo lo que nosotros conocemos como varillajes, rodamientos, andamios, y demás componentes de lo que se llama montaje. Sin embargo, este cae, junto con los mencionados componentes, en el recinto del trabajo técnico, que siempre y solo corresponde a la pro-vocación de lo dis-puesto, pero que nunca constituye o hace a este mismo.

La palabra "poner" [*stellen*] mienta en el título dis-puesto [*Ge-stell*] no solo el pro-vocar; debe guardar al mismo tiempo la resonancia de otro "poner", del que deriva; a saber, de aquel re-poner [*Her-stellen*] y ex-poner [*Dar-stellen*] que deja aparecer, en el sentido de la ποίησις, lo pr*esente* en el desvelamiento. Este re-poner pro-ducente, por ejemplo, el erigir [*Aufstellen*] una estatua en el recinto del templo, y el ahora meditado establecer pro-vocante son, por cierto, fundamentalmente distintos y, sin embargo, estan emparentados en la esencia. Ambos son modos del desocultar, de la ἀλήϑεια. En lo dis-puesto acontece-apropiadoramente el desvelamiento, conforme al cual el trabajo de la técnica moderna desoculta lo real como con*stante*. Por eso, no es solo ni un hacer humano, ni mucho menos un simple medio dentro de tal hacer. La determinación únicamente instrumental y antropológica de la técnica llega a ser, en principio, algo caduco y no se la puede completar por medio de una dilucidación religiosa o metafísica, solo intercalada.

Realmente es verdad que el hombre de la era técnica está pro-vocado de un modo especial y sobresaliente al desocultar. Este concierne inmediatamente a la naturaleza como al principal almacén de existencias de energías. Conforme a esto, el comportamiento establecedor del hombre se muestra ante todo en la aparición de la moderna ciencia natural exacta. La manera de concebir de esta pone a la naturaleza como una conexión calculable de fuerzas. La física moderna no es física experimental porque en sus pesquisas acerca de la naturaleza aplique aparatos, sino que, inversamente, porque la física, y por cierto, como pura teoría, pone a la naturaleza como lo que hay que concebir en cuanto conexión de fuerzas, previamente calculable, es por lo que se establece el experimento; esto es, para indagación de si la naturaleza, puesta de esa manera, se anunciará y cómo lo hará.

Pero podría objetarse que la ciencia físico-matemática ha surgido casi dos siglos antes que la técnica moderna. ¿Como podría entonces estar ya al servicio de la técnica moderna? Los hechos atestiguan lo contrario. ¿No progresó la técnica moderna cuando pudo apoyarse en la ciencia exacta de la naturaleza? Historiográficamente calculada, la objeción es correcta. Históricamente pensada, no encuentra lo verdadero.

La teoría física moderna de la naturaleza es la que prepara el camino no solo de la técnica, sino también de la esencia de la técnica moderna. Pues el reunir pro-vocante en el desocultar establecedor impera ya en la física. Pero en ella aún no aparece propiamente. La física moderna es la precursora, desconocida aún en sus orígenes, de lo dis-puesto. La esencia de la técnica moderna se oculta desde hace bastante tiempo también ahí, donde se han inventado máquinas motrices y se ha puesto en vía la electrotecnia y en marcha la técnica atómica.

Todo lo esencial, y no solo de la técnica moderna, se mantiene velado por todas partes y desde hace mucho tiempo. Sin embargo, con respecto a su imperar permanece como lo que a todo precede: lo más antiguo. De ello supieron los pensadores griegos cuando dijeron: aquello que, con respecto al surgir imperante, es más antiguo, se hace evidente a nosotros los hombres tardíamente. Lo antiguo principial no se muestra al hombre sino últimamente. Por eso, en el ámbito del pensar hay que esforzarse para repensar lo pensado al comienzo aún más inicialmente, no con la absurda voluntad de renovar el pasado, sino con la sobria disposición de ánimo de admirarse ante lo venidero de lo antiguo.

Según la cronología historiográfica, el comienzo de la ciencia natural moderna está en el siglo XVII. Por el contrario, la técnica de máquinas se desarrolla especialmente en la segunda mitad del siglo XVIII. Pero lo más tardío según la constatación historiográfica, la técnica moderna, es, con respecto a la esencia dominante en ella, históricamente más antiguo.

Que la física moderna tenga que resignarse en medida creciente a que su ámbito de representación quede inintuido no le viene dictado por ninguna comisión de investigadores. Viene pro-vocado por el imperar de lo dis-puesto, que exige el establecimiento de la naturaleza como con*stante*. Por eso, aunque la física se aleje del modo de concebir únicamente vertido hacia objetos (modo, hasta hace poco el único que contaba), no obstante, no puede renunciar jamás a esto: que la naturaleza se anuncia, en cualquier modo, mediante el cálculo establecible, y que ella sigue siendo establecible como un sistema de informaciones. Este sistema se determina entonces desde una concepción de la causalidad, modificada a su vez. Esta no muestra ahora ni el carácter del pro-ducente dar-lugar-a, ni el modo de la *causa efficiens* o, pues, de la *causa formalis*. Parecería que la causalidad se reduce a un anunciar pro-vocado, que pone en seguridad a todos los con*stantes*, simultánea o sucesivamente. A esto correspondería el proceso del creciente renunciar, que relata de manera impresionante la conferencia de Heisenberg. (W. Heisenberg, 'La imagen de la naturaleza en la física actual', en *Las artes en la era técnica,* München, 1954, pp. 43 ss.).

Porque la esencia de la técnica moderna reposa en lo dis-puesto, tiene que aplicar la ciencia natural exacta. De eso surge el engañoso parecer que la técnica moderna es ciencia natural aplicada. Este parecer puede mantenerse mientras no se haya indagado suficientemente ni el origen esencial de la ciencia moderna, ni la esencia de la técnica moderna.

Nosotros preguntamos por la técnica para traer a luz nuestra relación con su esencia. La esencia de la técnica moderna se muestra en lo que nosotros llamamos lo dis-puesto. Pero la alusión a eso no es, de ninguna manera, la respuesta a la pregunta por la técnica, si responder significa: corresponder, esto es, a la esencia de aquello por lo que se pregunta.

¿Donde nos veremos llevados si nosotros ahora, en torno a un nuevo paso, perseguimos más ampliamente lo que sea lo dis-puesto mismo en cuanto tal? Ello no es nada técnico, nada de tipo de máquina. Es el modo según el cual lo real se desoculta como con*stante*. De nuevo preguntamos: ¿Acontece este desocultar en algún lugar más allá de toda actividad humana? No. Pero tampoco acontece solo *en el* hombre y decisivamente *por* él.

Lo dis-puesto es lo que reúne a aquel poner, que pone al hombre a desocultar lo real en el modo del establecer como con*stante*. El hombre, en cuanto provocado de esa manera, está en el ámbito esencial de lo dis-puesto. Él no puede, en absoluto, asumir posteriormente una relación con él. Por eso, la pregunta cómo podremos alcanzar una relación con la esencia de la técnica, ocurre, de esta manera, siempre demasiado tarde. Pero la pregunta no ocurre demasiado tarde si nosotros nos experimentamos propiamente como aquellos cuyo hacer y omitir, ya abiertamente, ya encubiertamente, está pro-vocado por todas partes por lo dis-puesto. Pero especialmente jamás ocurre la pregunta demasiado tarde si nosotros nos introducimos, y nos introducimos propiamente, en donde lo dis-puesto mismo se esencia.

La esencia de la técnica moderna lleva al hombre al camino de aquel desocultar, por el que lo real deviene por todas partes y de una manera más o menos perceptible, con*stante.* Poner en un camino quiere decir en alemán *schicken* (destinar, enviar). Nosotros llamamos al destino que reúne, que pone al hombre en un camino del desocultar, el *destino* [*Geschick*]. Desde aquí se determina la esencia de toda historia, que no es solo ni el objeto de la Historiografía, ni solo la realización de la actividad humana. Esta llega a ser histórica ante todo como algo destinado (Cfr. *De la esencia de la verdad,* 1930; primera edición, 1943, p. 16 s.). Y especialmente, el destino, en el representar objetivante, hace accesible lo histórico para la Historiografía; esto es, una ciencia, y desde ahí hace posible la usual equiparación de lo histórico con lo historiográfico.

Lo dis-puesto, en cuanto pro-vocación en el establecer, destina en un modo del desocultar. Lo dis-puesto es una destinación del destino, como toda manera de desocultar. Destino, en el sentido mencionado, es también el producir, la ποίησις.

El desvelamiento de lo que es siempre va sobre un camino del desocultar. Siempre impera al hombre el destino del desocultamiento. Pero no es jamás la fatalidad de una coacción. Pues precisamente el hombre llega a ser libre en tanto que pertenece al ámbito del destino y, así, llega a ser un oyente, no un esclavo.

La esencia de la libertad está *originariamente* ordenada no a la voluntad ni a la causalidad del querer humano.

La libertad gobierna lo libre en el sentido de lo iluminado, esto es, de lo desocultado. El acontecimiento del desocultar, esto es, de la verdad, es lo que está en el más próximo e íntimo parentesco con la libertad. Todo desocultar pertenece a un albergar y velar. Pero velado está y siempre velándose, lo que liberta, el misterio. Todo desocultar viene de lo libre, va a lo libre y lleva a lo libre. La libertad de lo libre no consiste ni en lo disoluto de la arbitrariedad, ni en la sujeción a simples leyes. La libertad es lo iluminante velante, en cuya luz se corre aquel velo que emboza lo esencial de toda verdad y deja aparecer al velo como lo que emboza. La libertad es el ámbito del destino; lo que lleva, en cada caso, a un desocultamiento a su camino.

La esencia de la técnica moderna reposa en lo dis-puesto. Este pertenece al destino del desocultamiento. Las frases anteriores dicen otra cosa que lo que se dice frecuentemente: que la técnica es el destino de nuestra época; donde destino mienta: lo fatal de un curso inalterable.

Sin embargo, si nosotros meditamos la esencia de la técnica, entonces experimentamos lo dis-puesto como un destino del desocultamiento. Así, nos mantenemos ya en lo libre del destino, que, de ninguna manera, nos confina en una sofocante coacción, para dedicarnos ciegamente a la técnica o, lo que es lo mismo, para rebelarnos sin amparo contra ella y condenarla como obra del diablo. Por el contrario: cuando nosotros nos abrimos propiamente a la *esencia* de la técnica, nos encontramos tomados inesperadamente por un reclamo liberador.

La esencia de la técnica reposa en lo dis-puesto. Su imperar pertenece al destino. Porque este lleva, en cada caso, al hombre a un camino del desocultar, el hombre en camino está continuamente al borde de la posibilidad de perseguir y activar solo lo desocultado en el establecer y tomarlo como medida de todo. Con ello se cierra la otra posibilidad: que el hombre se entregue más bien, más y siempre más principialmente, a la esencia de lo desvelado y de su desvelamiento, para experimentar como su esencia la fructuosa pertenencia al desocultar.

Emplazado entre estas posibilidades, el hombre, desde el destino, está en peligro. El destino del desocultamiento es en cuanto tal y en todos sus modos, y por eso necesariamente, *peligro.*

En cualquiera de los modos en que pueda imperar el destino del desocultamiento, el desvelamiento, en el que todo lo que es se muestra en cada caso, oculta el peligro de que el hombre se equivoque en lo desvelado y lo malinterprete. Así, cuando todo lo presente se concibe a la luz de la conexión causa-efecto, incluso Dios puede perder todo lo sagrado y alto, puede perder su lejanía plena de misterio. Dios puede, a la luz de la causalidad, decaer en una causa, la *causa efficiens.* Entonces, incluso dentro de la teología, Él llega a ser el Dios de los filósofos; esto es, de aquellos que determinan lo desvelado y velado según la causalidad del hacer, sin meditar jamás en ello la proveniencia de la esencia de esta causalidad.

De igual manera, el desvelamiento según el cual la naturaleza se concibe como una conexión de efectos de fuerzas calculables, puede permitir, ciertamente, constataciones exactas; pero, precisamente, a través de estos resultados persiste el peligro de que en todo lo exacto se retraiga lo verdadero.

El destino del desocultamiento no es en sí un peligro cualquiera, sino *el* peligro.

Pero cuanto impera el destino en el modo de lo dis-puesto, entonces hay el peligro supremo. Esto se nos atestigua por dos respectos. Tan pronto como lo desvelado no concierne al hombre ni siquiera como objeto, sino exclusivamente como con*stante,* y el hombre en medio de lo sin-objeto no es más que el constanciador de lo con*stante,* va el hombre sobre el borde más escarpado del precipicio; esto es, va hacia un punto en que él mismo no podrá ser tomado sino como con*stante.* En medio de todo esto, el hombre precisamente así amenazado se pavonea como señor de la Tierra. Así se extiende la mera apariencia de que todo lo que encontramos solo es consistente por ser un producto del hombre. Esta falsa apariencia alimenta una última apariencia engañosa. Según ella, parece que el hombre encuentra por todas partes solo a sí mismo. Heisenberg ha insistido con toda razón, que así se le tiene que presentar lo real al hombre actual (*loc. cit.,* pp. 60 ss.). *Entretanto, el*

*hombre ya no encuentra más, ni en parte alguna, precisamente a sí mismo, es de-
cir, a su esencia.* El hombre está tan decisivamente metido en las consecuencias
de la pro-vocación de lo dis-puesto, que no lo percibe como una interpelación y se
pasa por alto a sí mismo como lo interpelado y con eso desoye también todos los
modos que le indicarían hasta qué punto el ec-siste desde su esencia en el ámbito
de una llamada [*Zuspruch*] y que *jamás* por eso *puede* encontrar solo a sí mismo.

Pero lo dis-puesto no solo amenaza al hombre en su referencia consigo mismo
y con todo lo que es. En cuanto destino remite al desocultar del tipo del establecer.
Donde este domina, expulsa todas las otras posibilidades de desocultamiento. Lo
dis-puesto vela especialmente aquel desocultar que hace que se pro-duzca el apa-
recimiento de lo pr*esente* en el sentido de la ποίησις. En comparación con este, el
poder pro-vocante constriñe a todo lo que es a la relación exactamente contraria.
Cuando impera lo dis-puesto, gobierno y aseguramiento de lo cons*tante* acuñan a
todo desocultar. Incluso no le dejan aparecer más en su rasgo fundamental; esto es,
en cuanto tal determinado desocultar.

Así pues, lo dis-puesto pro-vocante no solo vela un modo anterior del desocultar, el pro-ductor, sino que vela el desocultar en cuanto tal y con él, aquello en lo
que el desvelamiento, esto es, la verdad, acontece-apropiadoramente [*ereignet*].

Lo dis-puesto disloca [*verstellen*] el aparecer y dominar de la verdad. El destino que destina en el establecer es, según esto, el más extremado peligro. Lo peligroso no es la técnica. No hay ningún demonio de la técnica, sino, por el contrario,
el misterio de su esencia. La esencia de la técnica es, en cuanto un destino del desocultar, el peligro. La significación modificada de la palabra "dis-puesto", se nos
hace ahora quizás más familiar, si pensamos dis-puesto [*Ge-stell*] en el sentido de
destino [*Geschick*] y peligro [*Gefahr*].

La amenaza no le viene al hombre principalmente de que las máquinas y aparatos de la técnica puedan actuar quizás de modo mortífero. La más peculiar amenaza se ha introducido ya en la esencia del hombre. El dominio de lo dis-puesto
amenaza con la posibilidad de que el hombre pueda rehusarse a retrotraerse a un
desocultar más originario y así negarse a experimentar el aliento [*Zuspruch*: lla-
mada] de una verdad más inicial.

Así, pues, donde domina lo dis-puesto, hay, en el sentido más elevado, *peligro*.

"Pero, donde hay peligro
crece también lo salvador".

Meditemos cuidadosamente la palabra de Hölderlin. ¿Qué quiere decir "salvar"? Comúnmente opinamos que solo significa: atrapar precisamente a lo amenazado de destrucción para asegurarlo en su persistencia anterior. Pero "salvar"
quiere decir algo más. "Salvar" es: reconducir hacia la esencia para, de esta manera, traer ante todo a la esencia a su propio brillar. Si la esencia de la técnica,

lo dis-puesto, es el peligro más extremado, y si al mismo tiempo la palabra de Hölderlin dice la verdad, entonces no puede agotarse el señorío de lo dis-puesto solo en dislocar todo iluminar de todo desocultamiento, todo brillar de la verdad. Más bien, precisamente la esencia de la técnica tiene que albergar en sí el crecimiento de lo salvador. Pero, ¿no bastaría entonces una mirada suficiente en lo que lo dis-puesto es como un destino del desocultar, para hacer lucir a lo salvador en su surgir?

¿Hasta qué punto crece allí donde hay peligro también lo salvador? Donde algo crece, se enraíza y, desde allí, se desarrolla. Ambos acontecen callada y tranquilamente y a su tiempo. Pero, por las palabras del poeta no podemos precisamente esperar que allí donde hay peligro podamos captar lo salvador inmediatamente y sin preparación. Por eso, ahora tenemos que meditar en primer lugar hasta qué punto en lo que es el supremo peligro, en el imperar de lo dis-puesto, está enraizado lo salvador, incluso hasta lo más profundo, y desde allí se desarrolla. Para meditar sobre tal cosa es necesario, a través de un último paso de nuestro camino, que miremos al peligro aun con más claros ojos. Consecuentemente, tenemos que preguntar, una vez más, por la técnica. Pues, según lo dicho, en su esencia está enraizado y crece lo salvador.

Sin embargo, ¿cómo podremos ver lo salvador en la esencia de la técnica, mientras no meditemos en qué sentido de "esencia" lo dis-puesto es propiamente la esencia de la técnica?

Hasta ahora hemos entendido la palabra "esencia" en su significación corriente. En el lenguaje escolar de la filosofía, "esencia" quiere decir lo que algo es, en latín: *quid.* La *quidditas,* la quididad, da respuesta a la pregunta por la esencia. Lo que conviene, por ejemplo, a toda clase de árboles, roble, haya, abedul, abeto, es lo arbóreo mismo. Bajo este en cuanto género común, lo "universal", caen los árboles reales y posibles. ¿Es entonces la esencia de la técnica, lo dis-puesto, el género común de todo lo técnico? Si así fuera, entonces, por ejemplo, una turbina a presión, una emisora, un ciclotrón, serían algo dis-puesto. Pero la palabra dis-puesto no mienta ahora ningún artefacto, ningún tipo de aparatos. Ni mucho menos el concepto general de tales con*stantes.* Las máquinas y aparatos son tan poco casos y tipos de lo dis-puesto, como el hombre en el tablero de control, o el ingeniero en la oficina de la construcción. Todo esto pertenece, ciertamente, en cuanto componentes, en cuanto con*stantes,* en cuanto establecedores, en cada caso a su manera, a lo dis-puesto; pero este no es jamás la esencia de la técnica en el sentido de un género. Lo dis-puesto es un modo destinal del desocultar, a saber, el pro-vocador. Un tal modo destinal es también el pro-ducente desocultar, la ποίησις. Pero estos modos no son especies que puedan ser ordenadas unas junto a otras bajo el concepto de desocultar. El desocultamiento es aquel destino que se reparte en cada caso, repentina e inexplicablemente para todo pensar, en el desocultar pro-ducente y en el pro-vocante, y que se entrega al hombre. El desocultar pro-vocante tiene en el pro-ducente su proveniencia destinal. Pero, al mismo tiempo, lo dis-puesto disloca destinalmente a la ποίησις.

Así, pues, lo dis-puesto como un destino del desocultamiento es, ciertamente, la esencia de la técnica; pero nunca esencia en el sentido de género y de *essentia*. Si observamos atentamente esto, encontraremos algo sorprendente: la técnica es lo que exige de nosotros que pensemos en otro sentido lo que se comprende comúnmente por "esencia". Pero, ¿en cuál?

Ya cuando decimos "Hauswesen" [asuntos de la casa], "Staatswesen" [asuntos del estado], no mentamos lo general de un género, sino el modo cómo casa y estado imperan, se administran, despliegan y decaen. Es el modo como ellos son esencialmente. J.P. Hebel usó en un poema, que Goethe amó especialmente, "Espectro en la calle Kanderer", la vieja palabra "Die Weserei". La palabra significa municipalidad, en cuanto se reúne allí la vida en común y mantiene "en juego", esto es, esencia, a la existencia aldeana. Del verbo esenciar [*wesen*] deriva en primer lugar el sustantivo. "Esenciar" [*wesen*], entendido verbalmente es lo mismo que durar [*währen*]; no solo desde el punto de vista de la significación, sino también en la formación fonética de la palabra. Ya Sócrates y Platón pensaron la esencia de algo como lo esente en el sentido de durante. Sin embargo, ellos pensaron lo durante como lo perdurante (ἀεὶ ὄν). Pero lo que perdura lo encontraron en lo que se mantiene permanente en todo lo que sucede. Esto permanente, a su vez, lo descubrieron en el aspecto (εἶδος, ἰδέα), por ejemplo, en la idea "casa".

En ella se muestra todo lo que es de ese tipo. Por el contrario, las casas singulares, reales y posibles, son cambiantes y transitorias derivaciones de la "idea" y pertenecen, por tanto, a lo no duradero.

Pero en ninguna parte está fundamentado que lo que perdura única y solamente pueda reposar en lo que Platón piensa como ἰδέα, Aristóteles como τὸ τί ἦν εἶναι (lo que algo, en cada caso, ya era) y en lo que la metafísica piensa, en distintas interpretaciones, como *essentia*.

Todo lo esente dura. Pero, ¿lo duradero es lo que siempre perdura? ¿Perdura la esencia de la técnica en el sentido de lo perdurante de una idea, que flota sobre todo lo técnico, de tal manera que de ahí surja la apariencia de que el nombre "la técnica" miente un mítico *abstractum?* Cómo se esencie la técnica solo se podrá ver a partir de aquello siempre perdurante, en lo que acontece lo dis-puesto como un destino del des-ocultar. Goethe empleó en cierta ocasión *(Afinidades electivas,* II parte. Cap. X, en la novela corta *Los extraños hijos del vecino)*, en lugar de *fortwähren* [siempre-perdurante], la misteriosa palabra *fortgewähren* [confiar-otorgar siempre]. Su oído percibe ahí "währen" y "gewähren", perdurar y confiar-otorgar, en una inefable armonía. Ahora bien, si meditamos más pensativamente que hasta ahora lo que propiamente, y quizás únicamente, dura, entonces tenemos que decir: *solo lo confiado-otorgado perdura. Lo perdurante desde el alba inicial es lo confiante [das Gewährende: lo otorgante].*

En cuanto lo esente de la técnica, es lo dis-puesto lo que dura. ¿Domina entonces este en el sentido de lo confiante-otorgante? Incluso la pregunta parece ser, evidentemente, un desacierto. Pues lo dis-puesto es, según todo lo dicho, un destino que reúne en el desocultamiento pro-vocante. Pro-vocar es todo menos un confiar-otorgar. Parecerá así mientras nosotros no prestemos atención a que también el pro-vocar en el establecer lo real como con*stante,* sigue siendo todavía un destino, que lleva al hombre a un camino del desocultar. La esencia de la técnica en cuanto este destino introduce al hombre en lo que él mismo y por sí mismo ni puede inventar ni, mucho menos, hacer; pues, algo así como un hombre que sea hombre única y solamente por sí mismo, no lo hay.

Pero si este destino, lo dis-puesto, es el más extremado peligro, no solo para la esencia del hombre, sino también para todo desocultar en cuanto tal, ¿puede aún llamarse a este destinar un confiar [*ein Gewähren*: un otorgar]? Cierta y completamente, siempre que en este destino deba crecer lo salvador. Todo destino de un desocultar acontece-apropiadoramente desde el confiar-otorgar y en cuanto tal. Pues este lleva al hombre ante todo a que participe en el desocultar, participación que necesita el advenimiento del desocultamiento. En cuanto necesitado de esa manera es el hombre apropiado al advenimiento de la verdad. Lo confiador-otorgante que destina de una manera o de otra en el desocultamiento es, en cuanto tal, lo salvador. Pues este permite al hombre intuir la más elevada dignidad de su esencia e ingresar a ella. Dignidad que consiste en custodiar el desvelamiento y con él el previo velamiento de todo ser sobre esta Tierra. Precisamente en lo dis-puesto, que amenaza arrastrar al hombre al establecer, como modo pretendidamente único de desocultamiento y así empuja al hombre al peligro del abandono de su libre ser, precisamente en este peligro, el más extremado, aparece la pertenencia más íntima e indestructible del hombre a lo confiador-otorgante, en el supuesto de que nosotros, por nuestra parte, comencemos a prestar atención a la esencia de la técnica.

Así pues, lo esente de la técnica alberga en sí lo que nosotros menos presumiríamos, el posible surgimiento de lo salvador.

Todo estriba en que meditemos el surgimiento y lo custodiemos conmemoradoramente. ¿Cómo acontece esto? Ante todo si consideramos lo que esencia en la técnica, en lugar de permanecer embelesados solo en lo técnico. Mientras concibamos la técnica como instrumento, vamos a permanecer apegados a querer dominarla y omitiremos la esencia de la técnica.

Si entretanto preguntamos cómo esencia lo instrumental, en cuanto un modo de lo causal, entonces experimentamos eso esente como un destino del desocultar.

Si meditamos en último lugar que lo esencial de la esencia acontece en lo confiador-otorgante, que apropia al hombre a que participe en el desocultar, entonces se nos muestra:

La esencia de la técnica es ambigua en un sentido elevado. Tal ambigüedad se indica en lo misterioso de todo desocultamiento, esto es, de la verdad.

De un lado, lo dis-puesto provoca a lo violento del establecer, que disloca toda mirada para el acontecimiento del desocultamiento y, de esa manera, pone en peligro, desde el fundamento, el ligamen con la esencia de la verdad.

De otro lado, lo dis-puesto acontece, por su parte, en lo acordador y confiador [*im Gewährenden*] que permite al hombre persistir en ser –inexperimentado hasta ahora, pero más experimentable quizás en lo venidero– lo necesitado para la custodia [*Wahrnis*] de la esencia de la verdad [*Wahrheit*]. Así aparece el surgimiento de lo salvador.

Lo irresistible del establecer y lo retenido de lo salvador pasan el uno delante del otro, como en el curso de los astros, la trayectoria de dos estrellas. Pero este, su respectivo evitarse es lo velado de su cercanía.

Si nosotros miramos la ambigua esencia de la técnica, entonces veremos la constelación, la marcha estelar de lo misterioso.

La pregunta por la técnica es la pregunta por la constelación, en la que acontece desocultamiento y ocultamiento, en la que acontece apropiadoramente lo esente de la verdad.

Sin embargo, ¿qué nos ayuda la mirada a la constelación de la verdad? Miramos el peligro y vimos el crecimiento de lo salvador.

Con eso no estamos ya salvados. Pero estamos reclamados a esperar en la creciente luz de lo salvador. ¿Cómo puede acontecer esto? Aquí y ahora y en lo humilde, de tal manera que cuidemos lo salvador en su crecimiento. Esto implica que mantengamos siempre ante la vista el peligro más extremado.

Lo esente de la técnica amenaza al desocultar, amenaza con la posibilidad de que todo desocultar vaya a parar al establecer y que todo se conciba únicamente en el desvelamiento de lo con*stante*. El hacer humano jamás puede enfrentar este peligro inmediatamente. El esfuerzo humano no puede por sí solo conjurar el peligro. Sin embargo, la reflexión humana puede meditar que todo lo salvador tiene que ser una esencia más elevada, aunque emparentada al mismo tiempo con lo amenazado por el peligro.

¿Sería posible entonces que se nos otorgase un desocultar más primigenio, que aportara los primeros brillos de lo salvador en medio del peligro, que en la era atómica más bien se oculta que se muestra?

En otros tiempos no solo la técnica llevó el nombre τέχνη. En otro tiempo se llamó τέχνη también a todo desocultar que pro-duce la verdad en el brillo de lo que aparece.

En otro tiempo se llamó τέχνη también al producir de lo verdadero en lo bello. Τέχνη se llamó también a la ποίησις de las bellas artes.

Al comienzo del destino occidental se alzaron las artes en Grecia a la más elevada altura del desocultar a ellas confiado y otorgado. Hicieron resplandecer la presencia de los dioses y el diálogo de los destinados divina y humanamente. Y el arte se llamó solo τέχνη. Ella fue un único desocultar de muchas maneras. Fue devota, πρόμος, esto es, obediente al imperar y custodiar de la verdad.

Las artes no surgieron de lo artístico. Las obras de arte no fueron gozadas estéticamente. Las artes no fueron sector de la producción cultural.

¿Qué fue el arte? ¿Quizás solo por breve pero elevado tiempo? ¿Por qué llevaron el sencillo nombre τέχνη? Porque fue un desocultar que aportaba y producía y por eso pertenecía a la ποίησις. Este nombre recibió en último lugar y como nombre propio, aquel desocultar que impera a todo arte de lo bello, la poesía, lo poético.

El mismo poeta de quien oímos las palabras:

"Pero, donde hay peligro
crece también lo salvador"

nos dice:

"…poéticamente habita el hombre sobre esta Tierra".

Lo poético trae a lo verdadero el brillo de lo que Platón llama en el "Fedro" τὸ ἐκφανέστατον, lo que más puramente resplandece. Lo poético trasesencia [*durchwest*: penetra] a todo arte, a todo desocultamiento de lo esente en lo bello.

¿Deben ser convocadas las bellas artes al desocultar poético? ¿Debe el desocultamiento interpelarlas más primigeniamente, para que así protejan por su parte el crecimiento de lo salvador, para que despierten y funden de nuevo la mirada y la familiaridad con lo confiante acordador [*Gewährende*: otorgante]?

Que al arte le esté confiada y otorgada esta, la más alta posibilidad de su esencia en medio del peligro más extremado, nadie puede saberlo. Sin embargo, nosotros podemos admirarnos. ¿De qué? De la otra posibilidad, de que por todas partes se establezca el frenesí de la técnica, hasta que un día, por entre todo lo técnico, la esencia de la técnica esencie en el advenimiento [*Ereignis*] de la verdad.

Porque la esencia de la técnica no es nada técnico, la reflexión sobre la técnica y la contraposición decisiva con ella, tiene que tener lugar en un ámbito que, de un lado, está emparentado con la esencia de la técnica y que, de otro, es, sin embargo, fundamentalmente distinto.

Tal ámbito es el arte. Por cierto, siempre y cuando la reflexión artística, por su parte, no se cierre a la constelación de la verdad, tras la cual *vamos* [*fragen:* preguntamos].

Así pues, preguntando testificamos la precaria situación de que no experimentamos todavía, frente a tanta técnica, la esencia de la técnica; que nosotros, frente a tanta estética, no preservamos más la esencia del arte. Sin embargo, cuanto más interrogadoramente meditemos sobre la esencia de la técnica, tanto más plena de misterio se nos vuelve la esencia del arte.

Cuanto más nos acerquemos al peligro, tanto más claramente comienza a destellar el camino hacia lo salvador, tanto más preguntadores llegamos a ser. Pues el preguntar es la devoción del pensar*.

CIENCIA Y MEDITACIÓN

CIENCIA Y MEDITACIÓN

Según una concepción corriente, se designa con el nombre de "Cultura" al ámbito en el que tiene lugar la actividad espiritual y creadora del hombre. En la Cultura también se computa a la ciencia, su ejercicio y organización. Así, la ciencia está colocada entre los valores que el hombre aprecia, valores hacia los cuales orienta su interés por motivos diversos.

Sin embargo, mientras tomemos la ciencia solo en este sentido cultural no columbraremos el alcance de su esencia. Lo mismo vale para el arte. Hasta hoy día se siguen empleando con gusto, juntos, los nombres de Arte y Ciencia. El arte también se deja concebir como un sector de los asuntos culturales. Pero entonces no se experimenta nada de su esencia. Visto desde esta, el arte es una consagración y un refugio, donde lo real obsequia al hombre, siempre de nuevo, su brillo hasta ahora oculto, a fin de que en un tal claror él vea más puramente y oiga más claramente lo que alienta en su esencia.

La ciencia, lo mismo que el arte, no es solo una actividad cultural del hombre. La ciencia es un modo, y por cierto decisivo, en el que se nos expone todo lo que es.

Por eso, tenemos que decir: la realidad, en medio de la cual el hombre de hoy se mueve y trata de mantenerse, está codeterminada, según sus rasgos fundamentales y en medida creciente, por lo que se denomina ciencia europeo-occidental.

Si meditamos este proceso, entonces se muestra que la ciencia, en el orbe de Occidente y en las eras de su historia, ha desplegado un poder que no se encuentra en ninguna otra parte de la Tierra y que, finalmente, está cerca de poner ese poder por sobre el globo terráqueo.

Ahora bien, ¿la ciencia es solo un producto humano que ha alcanzado un elevado predominio, de manera que se podría opinar que también algún día y por voluntad humana, por el acuerdo de una comisión, se la podría de nuevo abandonar? ¿O impera aquí un destino más grande? ¿Domina en la ciencia algo distinto a un mero deseo de saber de parte del hombre? Así es de hecho. Algo distinto impera. Pero esto distinto se nos ocultará mientras sigamos apegados a las concepciones habituales sobre la ciencia.

Esto distinto es un estado de cosas que impera a través de todas las ciencias, aunque a ellas les queda oculto. Para que este estado de cosas venga a nuestra mirada tiene que haber suficiente claridad sobre lo que la ciencia es. ¿Como podríamos experimentarlo? Lo más seguro, al parecer, sería que nosotros describiéramos el ejercicio actual de la ciencia. Tal exposición mostraría cómo las ciencias, desde hace mucho tiempo, se engranan cada vez más resuelta e inadvertidamente en todas las formas de organización de la vida moderna: en la industria, en la economía, en la enseñanza, en la política, en la estrategia, en la publicidad de todo tipo. Es importante conocer este engranaje. Sin embargo, para que pudiéramos exponerlo, tendríamos que haber experimentado previamente en qué reposa la esencia de la ciencia. Esto se puede decir en una frase concisa, que dice: *La ciencia es la teoría de lo real.*

La frase no pretende proporcionar una definición acabada ni una fórmula de fácil manejo. La frase contiene acalladas preguntas, que emergen cuando la frase es aclarada. Antes tenemos que observar que el nombre "ciencia", en la frase "la ciencia es la teoría de lo real", se refiere siempre y solo a la ciencia moderna y contemporánea. La frase "la ciencia es la teoría de lo real" no vale ni para la ciencia de la Edad Media ni para la ciencia de la Antigüedad. La *doctrina* medieval es esencialmente diferente de una teoría de lo real, como también lo es aquella, a su vez, frente a la antigua ἐπιστήμη. A pesar de todo, la esencia de la ciencia moderna, que entretanto como europea ha llegado a ser planetaria, se funda en el pensar de los griegos, que desde Platón se llama Filosofía.

Con esa indicación no pretendemos debilitar de ningún modo el carácter revolucionario de la manera moderna del saber; todo lo contrario: lo característico del saber moderno consiste en la decidida elaboración de un rasgo que aún permanecía oculto en la esencia del saber griegamente experimentado y en utilizar precisamente el saber griego para, frente a él, llegar a ser otro saber.

Quien hoy se aventure, preguntando, considerando, y así, ya cooperando, en corresponder a la profundidad de la conmoción mundial que experimentamos a toda hora, no tiene que observar solo que nuestro mundo actual está gobernado por la voluntad de saber de la ciencia, sino que también y ante todo tiene que reflexionar en que toda meditación sobre lo que ahora es, solo puede brotar y prosperar si pone sus raíces en el suelo de nuestra existencia histórica a través de un diálogo con los pensadores griegos y su lengua. Tal diálogo espera aún su iniciación. Apenas está preparado y sigue siendo para nosotros la condición previa para el inevitable diálogo con el mundo asiático-oriental.

Sin embargo, el diálogo con los pensadores griegos, y esto quiere decir al mismo tiempo con los poetas, no alude a ningún renacimiento de los antiguos. Tampoco se refiere a una curiosidad historiográfica por algo que, aunque pasado hace mucho tiempo, no obstante podría servir para aclararnos historiográficamente en su nacimiento algunos rasgos del mundo moderno.

Lo pensado y poetizado en la alborada de la antigüedad griega está todavía presente; tan presente que su esencia, aún cerrada para ella misma, nos enfrenta por todas partes y cae sobre nosotros, sobre todo allí donde menos podríamos presumirlo, a saber, en el dominio de la técnica moderna, enteramente ajena a la antigua, pero en la cual, no obstante, tiene su proveniencia esencial.

Para experimentar este presente de la historia tenemos que desligarnos de la concepcion historiográfica de la historia, todavía dominante. El concebir historiográfico toma a la historia como un objeto, donde transcurre un acontecer que, al mismo tiempo, perece en su transitoriedad.

En la frase "la ciencia es la teoría de lo real" sigue estando presente lo pensado mañaneramente y lo destinado mañaneramente.

Aclaremos ahora la frase según dos respectos. Preguntamos en primer lugar: ¿Qué significa "lo real"? Preguntamos en segundo lugar: ¿Qué significa "la teoría"? La aclaración mostrará, al mismo tiempo, cómo ambos, lo real y la teoría, se aproximan mutuamente desde su esencia.

Para esclarecer lo que el nombre "lo real" mienta en la frase "la ciencia es la teoría de lo real", nos atenemos a la palabra. Lo real [*das Wirkliche*] llena el ámbito de lo actuante, de lo que actúa. ¿Qué significa "actuar" ["*wirken*": "obrar"]? La respuesta a la pregunta tiene que atenerse a la etimología. Empero, sigue siendo decisivo cómo tal cosa sucede. La mera constatación de la significación antigua de las palabras, que frecuentemente no evoca nada, el valerse de esa significación con la intención de emplearla en un nuevo uso lingüístico, no conduce a nada, como no sea a la arbitrariedad. Ateniéndonos a la temprana significación de la palabra y a su cambio, se trata más bien de columbrar el ámbito de asuntos dentro del cual habla la palabra. Se trata de repensar ese ámbito esencial como aquel dentro del cual se mueve el asunto nombrado por la palabra. Solo así habla la palabra y, por cierto, en conexión de significaciones, en las cuales se despliega el asunto nombrado por ellas a través de la historia del pensar y poetizar.

"Actuar" significa "hacer" ["*tun*"]. ¿A qué se llama "hacer"? La palabra pertenece a la raíz indogermánica dhē; en ella está entroncada también la griega θέσις: posición, sitio, lugar. Pero este hacer no es entendido solo como actividad humana, especialmente, no como actividad en el sentido de acción y ejecución. También crecimiento, imperar de la naturaleza (φύσις) es un hacer, y, ciertamente, en el preciso sentido de θέσις. Los términos φύσις y θέσις solo tardíamente llegaron a contraponerse, lo que, a su vez, fue posible solo porque ellos están determinados por lo mismo. Φύσις es θέσις: presentar algo desde ello mismo, pro-ponerlo, ex-traerlo y a-portarlo, esto es, en el p*resenciar.* Lo agente en tal sentido es lo actuante, lo p*resenciante* en su p*resenciar.* La palabra *wirken* [actuar], así comprendida, esto es, el ex-traer y a-portar, nombra, por consiguiente, un modo como lo presente presencia. Actuar es ex-traer y a-portar, ya sea que algo se aporte en el presenciar por sí y desde sí mismo, o bien que el hombre realice el extraer y el aportar de algo. La palabra alemana "wirken" significa todavía en la Edad Media producir casas, útiles, cuadros. Más tarde se restringe la significación de "wirken" al producir en el sentido de coser, bordar, hilar.

Lo real [*das Wirkliche*] es lo actuante [*das Wirkende*] y lo actuado: lo pro-ductor y pro-ducido en el pr*esenciar*. "Realidad", pensada suficiente y ampliamente, mienta entonces: el pre-estar pro-ducido en el presenciar, la presencia consumada en sí misma de lo-que-se-produce. "Wirken" pertenece a la raíz indogermánica *uerg,* de donde proviene la palabra alemana "Werk" [obra] y la griega ἔργον. Pero no se ha podido advertir con suficiente frecuencia que: el rasgo fundamental de actuar y de obra no reside en el *efficere* y *effectus,* sino en que algo llega a estar y permanecer en lo desoculto. Pero cuando los griegos, a saber, Aristóteles, hablaban de lo que los latinos nombraban *causa efficiens,* jamás se referían a realizar un efecto. Lo que se consuma en el ἔργον es lo-que-se-produce en plena presencia; ἔργον es lo que pr*esencia* en el más propio y elevado sentido. Por eso y solo por eso denomina Aristóteles a la presencia de lo propiamente presente ἐνέργεια o también ἐντελέχεια: el mantener-se-en-la-consumación (a saber, de la presencia). Estos nombres acuñados por Aristóteles para el propio presenciar de lo presente están separados, en lo que ellos dicen, por un abismo de la significación moderna y tardía que interpreta ἐνέργεια en el sentido de "energía" y ἐντελέχεια en el sentido de "entelequia", como disposición para obrar y capacidad para obrar.

La palabra aristotélica fundamental para la presencia, ἐνέργεια, solo es traducida correctamente por nuestra palabra "realidad" siempre que, por nuestra parte, pensemos al mismo tiempo griegamente el "actuar", en el sentido de: *ex*-traer-en lo desvelado, y *a*-portar-en la presencia. *Wesen* [esencia] es la misma palabra que *währen* [perdurar], permanecer. Presencia la pensamos nosotros como el perdurar de aquello que llega al desocultamiento y ahí demora. Sin embargo, esta significación de ἐνέργεια: perdurar-en-obra, fue sepultada desde el tiempo de Aristóteles en favor de otra. Los romanos traducen, esto es, piensan ἔργον desde la *operatio* en cuanto *actio,* y en lugar de ἐνέργεια dicen *actus,* que es una palabra completamente diferente con un campo de significación por completo diferente. Lo ex-traído y a-portado aparece ahora como lo que resulta de una *operatio.* El resultado es lo que sigue desde y a una *actio:* la consecuencia. Lo real es ahora lo consiguiente. La consecuencia es producida por una cosa [*Sache*] que la produce, por una protocosa [*Ursache*: causa], *causa.* Lo real aparece ahora a la luz de la causalidad de la *causa efficiens.* El mismo Dios es concebido en la Teología, no en la fe, como *causa prima,* como la primera causa. Finalmente, también se apresura a entrar en el primer plano de la relación causa-efecto lo sucesivo, y, con ello, el transcurso temporal. Kant reconoce la causalidad como una regla del curso del tiempo. En los trabajos más recientes de W. Heisenberg el problema causal es un problema puramente matemático de medición de tiempo. Mas, con este giro de la realidad de lo real está enlazado otro no menos esencial. Lo efectuado, en el sentido de lo conseguido, se muestra como cosa producida en un hacer, es decir, ahora, en un ejecutar y trabajar. Lo conseguido en el hecho de tal hacer es lo efectivo. La palabra "efectivo" se emplea hoy en el sentido de asegurar y significa tanto como "cierto y seguro". En vez de "es ciertamente así", decimos "es efectivamente así", "es realmente así". Ahora bien, que la palabra "real" signifique desde el comienzo de la época moderna, desde el siglo XVII, tanto como "cierto", no es ni una casualidad ni un inocuo capricho del cambio de significación de meras palabras.

Lo "real" en el sentido de lo efectivo se configura en contraposición a lo que no tiene una posición firme y que es concebido como simple apariencia o mera opinión. Mas, incluso en esta significación múltiplemente transformada, lo real contiene todavía, aunque ahora menos o de otra manera, el rasgo fundamental, primigeniamente surgido, de lo presente, a saber, lo que se ex-pone desde sí mismo.

Pero ahora se manifiesta en el conseguir. La consecuencia hace que lo presente llegue, a través de ella, a un estado más seguro, y como tal estado hace frente. Lo real se muestra ahora como lo contra-stado [*Gegen-Stand*: ob-jeto].

La palabra alemana "Gegenstand" [objeto] surgió solo en el siglo XVIII y por cierto como traducción de la latina *obiectum*. Hay profundas razones de por qué las palabras "objeto" y "objetividad" [*Gegenständlichkeit*] tenían para Goethe una especial importancia. Pero ni el pensar medieval ni el griego concibieron lo pre*sente* como objeto. Nosotros denominamos ahora el modo de la presencialidad *de lo* presente, que en la época moderna aparece como objeto, la *objetidad* [*Gegens tändigkeit: obstancia*].

Ella es ante todo un carácter de lo pr*esente* mismo.

Sin embargo, cómo aparece la objetidad de lo presente y cómo se convierte lo presente en objeto para un representar, solo puede aparecernos si preguntamos: ¿qué es lo real con respecto a la teoría y, por tanto, en cierto modo, con y mediante esta? Dicho de otra manera, preguntamos ahora: ¿qué significa la palabra "teoría" en la frase "la ciencia es la teoría de lo real"? El nombre "teoría" proviene del verbo griego θεωρεῖν. El sustantivo pertinente suena θεωρία. Es propia de estas palabras una significación elevada y llena de secreto. El verbo θεωρεῖν surgió de dos raíces: θέα y ὁράω. Θέα (Cf. teatro) es la cara, el aspecto en el que algo se muestra, la vista en la que se ofrece. Platón nombra a tal aspecto, en donde lo presente muestra lo que es, εἶδος. Haber visto este aspecto, εἰδέναι, es saber. La segunda raíz de θεωρεῖν, el ὁράω, significa: mirar algo, tenerlo bajo la vista, inspeccionarlo. Así resulta: θεωρεῖν es θέαν ὁρᾶν, mirar el aspecto en el que lo presente aparece; demorarse en él viéndolo mediante tal visión.

El modo de vida (βίος) que recibe su determinación del θεωρεῖν y a él se dedica, lo denominan los griegos βίος θεωρητικός, el modo de vida del espectador, que aspecta el puro lucir de lo pr*esente*. En distinción frente a este, el βίος πρακτικός es el modo de vida que se dedica al tratar y producir. Sin embargo, en esta distinción siempre tenemos que hacer constar que: para los griegos es el βίος θεωρητικός, la vida espectadora, en su forma más pura como pensar, a su vez, el supremo hacer. La θεωρία es en sí, y no solo por una utilidad añadida, la forma perfecta de la existencia humana. Pues la θεωρία es el puro vínculo con los aspectos de lo pr*esente*, los cuales, a través de su lucir, conciernen a los hombres, haciendo ellos re-lucir lo pr*esente* de los dioses. La caracterización más amplia del θεωρεῖν, que trae los ἀρχαί y αἰτίαι de lo pr*esente* ante el percibir y manifestar, no puede ser dada aquí, porque esto exigiría una meditación acerca de lo que la experiencia griega comprendió por lo que nosotros concebimos desde hace tiempo como *principium* y *causa,* fundamento y causa (Cf. Aristóteles. *Et. Nic.* VI c. 2, 1139 a sq.).

Al alto rango de la θεωρία va anejo, dentro del βίος griego, que los griegos (quienes de una manera peculiar pensaron desde su lengua, es decir, recibieron de ella su existencia) en la palabra θεωρία escuchaban aún otra cosa. Ambas raíces, θεα y οραω, pueden sonar con otro acento: θεά y ὥρα. Θεά es la diosa. Como diosa aparece a Parménides, pensador mañanero, la ᾽Αλήθεια, el desvelamiento, desde el cual y en la cual se presencia lo presente. Se traduce ἀλήθεια por la palabra latina "veritas" y por la alemana "Wahrheit" [verdad].

La palabra griega ὥρα significa la consideración que tenemos, la honra y atención que brindamos. Si pensamos ahora la palabra θεωρία desde su última significación citada, entonces θεωρία es el admirador prestar atención al desvelamiento de lo presente. La teoría en sentido antiguo, esto es, mañanero y de ninguna manera caduco, es el *auspiciar cuidadoso a la verdad.* La palabra del alto alemán medieval *wara* (de donde las palabras alemanas "wahr" [verdadero], "wahren" [guardar] y "Wahrheit" [verdad]) remite a la misma raíz griega de ὁράω, ὥρα: Fορα.

La alta esencia, múltiple y según todos los aspectos, de la teoría griegamente pensada, queda oscurecida cuando hablamos hoy en Física de la Teoría de la Relatividad, en la Biología de Teoría de la Evolución, en la Historiografía de Teoría de los Ciclos, en la Jurisprudencia de Teoría del Derecho Natural. No obstante, todavía sigue arrastrando la "teoría", modernamente pensada, la sombra de la temprana θεωρία. Aquella vive de esta y, por cierto, no solo en el sentido, superficialmente constatable, de una dependencia histórica. Lo que aquí se acontece se hace claro si nosotros preguntamos ahora: ¿qué es, en distinción a la temprana θεωρία, "la teoría" a la que se alude en la frase: "La ciencia moderna es la teoría de lo real"?

Respondemos con la brevedad necesaria, eligiendo un camino aparentemente externo. Nosotros prestamos atención a cómo fueron traducidas las *palabras* griegas θεωρεῖν y θεωρία en las lenguas latina y alemana. Hemos subrayado el término "palabras" para indicar que en la esencia e imperar del lenguaje cada vez se decide un destino.

Los romanos tradujeron θεωρεῖν por *contemplari,* θεωρία por *contemplatio.* Esta traducción que viene del espíritu de la lengua romana y, esto es, del existir romano, hace que desaparezca de un golpe lo esencial de lo que dicen las palabras griegas. Pues *contemplari* significa: dividir algo en trozos y cercarlo allí. *Templum* es el griego τέμενος, que surge de una experiencia completamente distinta que el θεωρεῖν. Τέμενος significa: cortar, separar. Lo inseparable es lo ἄτμητον, ἄ–τομον, átomo.

El latino *templum* significa originariamente el trozo separado en el cielo y sobre la tierra, el punto cardinal, la región celeste según el curso del Sol. Dentro de él, los augures efectuaban sus observaciones y predecían el futuro por el vuelo, los gritos, y el devorar de las aves (Cf. Ernout-Meillet, *Dictionaire étymologique de la langue latine*, 3ª Edic., 1951, p. 1202: contemplari dictum est a templo, i. e. loco qui ab onmi *parte aspici*, vel ex quo omnis *pars videri* potest, quem antiqui templum nominabant).

En la θεωρία convertida en *contemplatio* se anuncia el momento, ya copreparado en el pensar griego, del observar modelador y acotador. El carácter del proceder divisor y asidor, por oposición a lo que debe ser captado por la vista, se hace valer en el conocer. Pero también aquí sigue siendo distinta la *vita contemplativa* de la *vita activa*.

En la lengua de la religiosidad y de la teología cristiano-medieval la distinción citada adquiere, a su vez, otro sentido. En este se destaca la vida contemplativa monacal frente a la mundano-activa.

La traducción alemana de *contemplatio* es *Betrachtung* [contemplación, observación]. El θεωρεῖν griego, el mirar el aspecto de lo presente, aparece ahora como *Betrachtung*. La teoría es la contemplación de lo real. Pero, ¿qué significa contemplación? Se habla de contemplación en el sentido de meditación [*Meditation*] y abandono religiosos. Esta forma de contemplación pertenece al ámbito de la *vita contemplativa*, citada más arriba. Hablamos también de contemplación de un cuadro, en cuya vista nos liberamos. En tal uso del término, la palabra "contemplación" está cerca de inspección y parecería referirse a lo mismo que la temprana θεωρία de los griegos. Mas "la teoría" ["die Theorie"], con la cual se muestra la ciencia moderna, es algo esencialmente diferente de la griega θεωρία. Por eso, si traducimos *Theorie* por "contemplación", entonces damos a la palabra "contemplación" otra significación, no arbitrariamente inventada, sino la originariamente enraizada en ella. Si tomamos en serio lo que nombra la palabra alemana *Betrachtung* [contemplación], entonces reconocemos lo nuevo en la esencia de la ciencia moderna en cuanto teoría de lo real.

¿Qué significa *Betrachtung* [contemplación]? *Trachten* [tratar] es el latino *tractare*, obrar, elaborar. Tratar algo significa: ocuparse *de* algo, perseguirlo, ajustarlo para tenerlo seguro. Según eso, la *Theorie* como *Betrachtung* sería el reelaborar ajustador y asegurador de lo real. Pero esta caracterización de la ciencia sería notoriamente contraria a su esencia. Pues la ciencia es en cuanto *Theorie*, precisamente "teorética". Ella se abstiene de elaborar lo real. Toda su intención la pone en captar puramente lo real. No interviene en lo real para cambiarlo. La ciencia pura, se proclama, es "inútil".

Y, sin embargo: la ciencia moderna es en cuanto teoría, en el sentido de *Be-trachten* [con-templación], una reelaboración inquietante e interventora de lo real. Precisamente por esta reelaboración corresponde a un rasgo fundamental de lo real mismo. Lo real es lo presente autoproducente. Entretanto, este se muestra modernamente de modo que su presencia llega a estar en la objetidad. A este imperar objetivador de la presencia corresponde la ciencia en tanto que ella, por su parte y a propósito, en cuanto teoría, provoca lo real hacia su objetidad. La ciencia pone lo real. Lo pone de manera tal que se presente lo real en cada caso como efecto, a saber, de apreciables [supervisables] consecuencias de determinadas causas. Así llega a ser lo real alcanzable y apreciable [supervisable] en sus consecuencias. Lo real es asegurado en su objetidad. De esto resultan campos de objetos, a cada uno de los cuales puede ajustar el tratar científico y según su manera. El representar ajustador, que asegura todo lo real en su alcanzable objetidad, es el rasgo fundamental del representar, por medio del cual la ciencia moderna corresponde a lo real. Ahora bien, el trabajo, totalmente decisivo, que ejecuta tal representar en cada ciencia, es aquella reelaboración de lo real, que, en general, realza lo real, ante todo y propiamente, en una objetidad, por medio de la cual todo lo real es recompuesto de antemano en una diversidad de objetos para el aseguramiento ajustador.

Que lo presente, por ejemplo, la Naturaleza, el Hombre, la Historia, la Lengua, se exponga como lo real en su objetidad y que, a unas con ello, la ciencia llegue a ser teoría que ajusta lo real y lo asegura en lo objetivo, sería tan extraño para el hombre medieval como chocante para el pensar griego.

Por eso, la ciencia, en cuanto teoría de lo real, no es nada comprensible de suyo. Ella no es ni un mero producto del hombre, ni ha sido forzada por lo real. Bien por el contrario, la esencia de la ciencia ha sido requerida por la presencia de lo presente, desde el momento en que expone la presencia en la objetidad de lo real. Este momento, como cualquiera de su clase, sigue estando pleno de secreto. No solo los más grandes pensamientos llegan como sobre pies de paloma, sino que, con mucha más razón y en todo caso previamente, la mutación de la presencia de todo lo presente.

La teoría asegura en cada caso una región de lo real como su campo de objetos. El carácter de campo de la objetidad se muestra en que él acota de antemano las posibilidades de poner preguntas. Cada nuevo fenómeno que surge dentro de un ámbito científico es reelaborado hasta que se adecua en la conexión normativa y objetiva de la teoría. Con ello esta misma es, a veces, modificada. Sin embargo, la objetidad en cuanto tal sigue invariable en sus rasgos fundamentales. El fundamento determinante, concebido de antemano, de una manera de comportarse y proceder es, según un concepto rigurosamente pensado, la esencia de lo que se llama "fin". Cuando algo queda determinado en sí mediante un fin, entonces hay pura teoría. Esta es determinada por la objetidad de lo presente. Si esta fuera abandonada, entonces sería negada la esencia de la ciencia. Este es, por ejemplo, el sentido de la frase que dice: la moderna física atómica no invalida de ninguna manera la física clásica de Galileo y Newton, sino que solo la acota en su dominio de validez. Mas, esta limitación es, al mismo tiempo, la confirmación de la objetidad normativa para la teoría de la naturaleza, objetidad según la cual la naturaleza representa para el concebir un sistema espacio-temporal de movimientos de alguna manera precalculables.

Porque la ciencia moderna es teoría en el sentido caracterizado, por eso tiene la preeminencia decisiva en todo su contemplar [*Be-trachten*], el modo de su tratar [*Trachten*], es decir, el modo del proceder ejecutivo-asegurador, es decir, el método. Una frase, citada a menudo, de Max Planck dice: "Es real lo que se deja medir". Esto significa: lo que decide qué debe valer en la ciencia, en este caso en la Física, como conocimiento seguro, es la mensurabilidad puesta en la objetidad de la naturaleza y, de acuerdo con ello, en las posibilidades del proceder mensurante. Pero la frase de Max Planck es verdadera solo porque expresa algo que pertenece a la esencia de la ciencia moderna y no solo a la ciencia de la naturaleza. El proceder asegurador-ajustador de toda teoría de lo real es calcular. Por cierto que nosotros no debemos comprender ese término en el sentido estrecho de operar con números. Calcular, en sentido amplio y esencial, significa: esperar una cosa, es decir, tenerla en consideración, contar con algo, esto es, poner nuestra expectativa en ello. De ese modo, toda objetivación de lo real es calcular, ya sea persiguiendo los efectos de las causas, que aclara causalmente, ya haciéndose imágenes morfológicamente sobre los objetos, ya asegurando en sus fundamentos conexiones de secuencia y de orden. La Matemática tampoco es un calcular en el sentido de operar con números para establecimiento de resultados cuantitativos, sino que, más bien, es el calcular que ha puesto sus expectativas por todas partes en la armonización de relaciones de orden, por medio de ecuaciones, y por eso "cuenta" de antemano con una ecuación fundamental para todo orden solo posible.

Porque la ciencia moderna en cuanto teoría de lo real reposa en la primacía del método tiene, en tanto asegura dominios de objetos, que delimitar estos recíprocamente y lo delimitado distribuirlo en compartimentos, esto es, compartimentarlo. La teoría de lo real es, necesariamente, ciencia compartimentada.

La exploración de un ámbito de objetos tiene, en el curso de su trabajo, que entrar en la índole, en cada caso particular, de los objetos del caso. Tal entrar en lo particular convierte el proceder de la ciencia compartimentada en investigación especial. Por eso la especialización no es, de ninguna manera, ciega especialización y, menos aún, signo decadente de la ciencia moderna. La especialización tampoco es una desgracia que habría que evitar. Es una consecuencia necesaria y positiva de la esencia de la ciencia moderna.

La delimitación de campos de objetos, la distribución en zonas especiales no separa las ciencias unas de otras, sino que solo produce un trato fronterizo entre ellas, allí donde se marcan las zonas fronterizas. En estas se halla enraizado un impulso propio que libera nuevos problemas, frecuentemente decisivos. Se tiene noticias de ese hecho. Su fundamento sigue siendo enigmático, tanto como la esencia total de la ciencia moderna.

Ciertamente que nosotros hemos caracterizado ahora esta esencia cuando explicamos la frase "la ciencia es la teoría de lo real", según los dos títulos principales. Esto se ha hecho como preparación para nuestro segundo paso, en que preguntamos: ¿qué asunto latente se oculta en la esencia de la ciencia?

Notaremos el asunto tan pronto como, tomando como ejemplo a algunas ciencias, prestemos atención propiamente para ver cómo se ha establecido en cada caso la objetidad de los campos de objetos de las ciencias. La Física, donde ahora, sumariamente hablando, están incluidas la Macrofísica y Física Atómica, Astrofísica y Química, contempla a la naturaleza (φύσις), en tanto esta se manifiesta como sin vida. En tal objetidad la naturaleza se muestra como el sistema de movimientos de cuerpos materiales. El rasgo fundamental de lo corpóreo es la impenetrabilidad que, a su vez, se presenta como una clase de sistema de movimientos de objetos elementales. Estos mismos y su sistema son representados en la Física Clásica como puntos geométricos, y en la Física actual mediante los títulos "núcleo" y "campo". En consecuencia, para la Física Clásica todo estado de movimiento de los cuerpos que llenan el espacio, tanto respecto del lugar como de la magnitud del movimiento, es en todo momento determinable, esto es, inequívocamente precalculable. Por el contrario, en la Física Atómica un estado de movimiento se puede determinar, fundamentalmente, solo según su lugar o según la magnitud de movimiento. En virtud de esto, la Física Clásica sostiene que la naturaleza se puede precalcular inequívoca y totalmente, contra lo cual la Física Atómica admite solo un aseguramiento de conexiones de objetos, que tiene carácter estadístico.

La objetidad de la naturaleza material muestra en la Física Atómica moderna *rasgos fundamentales completamente distintos* que en la Física Clásica. Esta, la Física Clásica, puede ser incorporada en aquella, pero no a la inversa. La Física nuclear no se puede reducir ni remitir más a la Física Clasica. Y, sin embargo, la moderna Física del núcleo y de campo sigue siendo *todavía* Física, esto es, Ciencia, esto es, Teoría, la cual ajusta los objetos de lo real en su objetidad para asegurarlos en la unidad de la objetidad. Para la Física moderna también vale el asegurar a aquellos objetos elementales de que constan los otros objetos del dominio entero. También el representar de la Física moderna permanece abocado a "poder escribir una única ecuación fundamental, de la cual se desprendan las propiedades de todas las partículas elementales, y, con ello, el comportamiento de la materia en general" (Heisenberg, *Los problemas fundamentales de la Física Atómica contemporánea. Cf. Cambios sobrevenidos en los fundamentos de la ciencia de la naturaleza,* 8ª Edic., 1948, p. 98).

Esta sumaria indicación sobre las diferencias de las épocas dentro de la Física actual aclara dónde tiene lugar el cambio de una a otra: en la experiencia y determinación de la objetidad en las que se ex-pone la naturaleza. Sin embargo, lo que *no* se cambia en ese cambio de la Física geométrica a la Física del núcleo y de campo es: que la naturaleza, de antemano, se ha puesto hacia el asegurar ajustador, que consuma la ciencia como teoría. Sin embargo, el problema de hasta qué punto, en la fase más reciente de la Física Atómica, desaparece *incluso* el *objeto* y, de esa manera, logra la primacía ante todo la relación-sujeto-objeto, en cuanto simple relación; primacía *frente* al objeto y al sujeto, que habría que asegurar como con*stante* [*Bestand*], tal problema no puede ser dilucidado detalladamente en este lugar.

[La objetidad se transforma en la permanencia constante de los con*stantes* [*Beständigkeit des Bestandes*], determinada por lo dispuesto-reunidor [*Ge-Stell*] (Cf. *La pregunta por la técnica*). La relación-sujeto-objeto logra así por primera vez su puro "carácter de relación", esto es, su carácter de co-misión, en el cual son absorbidos, en cuanto con*stantes* [*Bestände*], tanto el objeto como el sujeto. Esto no quiere decir que la relación-sujeto-objeto desaparezca, sino que, por el contrario: ella alcanza ahora su más extremado poderío, predeterminado por lo dispuesto-reunidor. Ella se convierte en un con*stante* a disponer].

Prestemos atención ahora a la situación latente que yace en el imperar de la objetidad.

La teoría establece lo real en *un* campo de objetos; en el caso de la Física, la naturaleza inanimada. Entretanto, la naturaleza se presenta siempre ya desde sí misma. La objetivación, por su parte, sigue referida a la naturaleza presenciante. Incluso cuando la teoría, por razones esenciales, llega a ser necesariamente inintuible, como en la moderna Física Atómica, la teoría sigue estando consignada a que el átomo se ex-ponga en una percepción sensible, aunque este ex-ponerse de las partículas elementales ocurre también de una manera muy indirecta y técnicamente llena de intermediarios (Cf. Cámara de Wilson, contador Geiger, el vuelo de balones libres para la fijación de mesones). La teoría no pasa de largo nunca frente a la ya presenciada naturaleza y, en este sentido, nunca la abarca. La Física puede concebir la más general y universal legalidad de la naturaleza desde la identidad de materia y energía; esto físicamente concebido es, por cierto, la naturaleza misma, aunque, innegablemente es solo la naturaleza como campo de objetos, cuya objetidad se determina solo por la reelaboración física y, propiamente, solo por ella es producida. Ciencia de la naturaleza es solo *un* modo como lo presente, que desde antaño es nombrado φύσις, se patentiza y es puesto por el trabajo científico. Aunque el campo de objetos de la Física sea en sí unitario y cerrado, tampoco esta objetidad abarcaría nunca la plenitud esencial de la naturaleza. El concebir científico no podrá nunca cercar la esencia de la naturaleza, porque la objetidad de la naturaleza es ya y de antemano solo *un* modo en el que se ex-pone la naturaleza. Así, la naturaleza sigue siendo para la ciencia Física lo inabarcable. La palabra mienta aquí dos cosas. Primeramente, la naturaleza es inabarcable por cuanto la teoría no pasa nunca de largo frente a lo presente, sino que está referida a ello. En segundo lugar, la naturaleza no es abarcable por cuanto la objetidad en cuanto tal impide que su correspondiente concebir y asegurar nunca pueda disponer de la plenitud esencial de la naturaleza. Esto es lo que en el fondo atormentaba a Goethe en su desgraciada controversia con la física newtoniana. Goethe no podía ver aún que su concepción intuitiva de la naturaleza se movía también en el medio de la objetidad, en la relación-sujeto-objeto y por eso no es fundamentalmente distinta de la Física, y que metafísicamente sigue siendo lo mismo que esta. El concebir científico, por su parte, no puede nunca decidir si la naturaleza a través de la objetidad más bien se retrae que hace aparecer su escondida plenitud esencial. La ciencia no puede ni siquiera plantearse ese problema, porque en cuanto teoría está ya establecida en el ámbito limitado por la objetidad.

En la objetidad de la naturaleza, a la cual corresponde la Física en cuanto objetivación, impera lo inabarcable en un doble sentido. Tan pronto como divisemos una vez más eso inabarcable en una ciencia, por ligeramente que lo consideremos, lo veremos fácilmente en todas las otras.

La Psiquiatría trata de la vida psíquica humana en sus manifestaciones patológicas y, por tanto, sanas. Ella concibe esto desde la objetidad de la unidad corporal-espiritual-psíquica de todo el hombre. En la objetidad de la Psiquiatría se ex-pone en cada caso la existencia [*Dasein*] humana ya presente. El ser-ahí [*Dasein*] en donde ec-siste el hombre en cuanto hombre, queda como lo inabarcable para la Psiquiatría.

La Historiografía, que cada vez se despliega más briosamente hacia la Historiografía Universal, realiza su aseguramiento ajustador en el campo que, como historia, se ofrece a su teoría. La palabra "historiografía" (ἱστορεῖν) significa: informar y hacer visible y, por eso, nombra un modo de concebir. Por el contrario, la palabra "historia" significa lo que sucede, en tanto está preparado y encargado de tal y tal manera, es decir, dispuesto y destinado. Historiografía [*Historie*] es la exploración informativa de la historia [*Geschichte*]. Pero el tratar historiográfico no crea la historia misma. Todo lo historiográfico, todo lo concebido y fijado a la manera de la Historiografía, es histórico, fundado sobre lo destinado en el acontecer. Pero la historia no es nunca necesariamente historiográfica.

Que la historia se patentice en su esencia por y para la Historiografía, o que la historia se encubra más bien por la objetivación historiográfica, esto no puede decidirlo la ciencia histórica. Pero sí está decidido: en la teoría de la Historiografía impera la historia como lo inabarcable.

La Filología hace de la literatura de las naciones y pueblos objeto del aclarar e interpretar. Lo escrito de la literatura en cada caso habla de una lengua. Cuando la Filología trata de una lengua, la reelabora según los puntos de vista objetivos, fijados por la Gramática, Etimología, Historiografía comparada de las lenguas, Estilística y Poética.

Sin embargo, la lengua habla sin que ella llegue a ser literatura y sin cuidarse ni siquiera de si la literatura, por su parte, alcanza la objetidad a que corresponden las fijaciones de una ciencia de la literatura. En la teoría de la Filología impera la lengua como lo inabarcable.

Naturaleza, hombre, historia y lengua siguen siendo, para las ciencias nombradas, lo inabarcable ya imperante en el interior de su objetidad, a lo cual en cada caso están referidas y a lo que, a pesar de concebir, ellas nunca pueden *disponer* en su plenitud esencial. Esta imposibilidad de las ciencias no se fundamenta en que su asegurar acechador nunca llegue a término, sino que, en principio, la objetidad, en que se manifiestan en cada caso naturaleza, hombre, historia y lengua, ella misma sigue siendo siempre solo *un* modo del pr*esenciar* en que puede aparecer por cierto lo presente ya nombrado, pero que nunca tiene necesariamente que aparecer.

Lo inabarcable así caracterizado impera en la esencia de cada ciencia. Entonces, ¿es esto inabarcable la situación latente que queríamos traer ante la mirada? Sí y no. Sí, en cuanto lo inabarcable pertenece a la aludida situación; no, en cuanto lo inabarcable citado, por sí mismo y solo, tampoco constituye la situación. Esto se muestra ya en que lo inabarcable mismo suscita aún una pregunta esencial.

Lo inabarcable impera en la esencia de la ciencia. Según esto, se esperaría que la ciencia misma encontrara lo inabarcable en sí misma y que pudiera determinarlo como tal. Mas, precisamente eso no pasa y, en verdad, porque algo semejante es esencialmente imposible. ¿En qué podemos reconocer esto? Si las ciencias, por sí mismas, pudieran encontrar en sí mismas lo inabarcable citado, tendrían ante todo que estar en condiciones de concebir su propia esencia. Pero ellas no están nunca en condición de hacerlo.

La Física en cuanto Física no puede hacer ninguna afirmación sobre la Física. Todas las afirmaciones de la Física hablan físicamente. La Física misma no es un objeto de posibles experimentos físicos. Lo mismo vale para la Filología. En cuanto teoría de la lengua y de la literatura no es nunca un objeto posible que pueda ser tratado filológicamente. Lo dicho vale para toda ciencia.

Pero podría hacerse una objeción: la Historiografía en cuanto ciencia, al igual que las restantes ciencias, tiene una historia. Entonces, la ciencia histórica puede tratarse a sí misma, en el sentido de su temática y de su método. Ciertamente. La Historiografía abarca por medio de tal tratamiento la ciencia que ella es. Solo que la Historiografía no abarca nunca con eso su esencia en cuanto Historiografía, es decir, en cuanto ciencia. Si se quiere afirmar algo sobre la Matemática en cuanto teoría, entonces se tiene que abandonar el campo de objetos de la Matemática y su modo de concebir. No se puede nunca establecer por medio de un cálculo matemático qué sea la Matemática en sí misma.

Quede establecido: las ciencias no están en condiciones, con el medio y el modo de proceder de su teoría, de concebirse nunca a sí mismas como ciencias.

Si a la ciencia, en general, le está negado el abordar científicamente su propia esencia, entonces y con mayor razón le está impedido a la ciencia el acceder a lo inabarcable que impera en su esencia.

Se muestra de ese modo algo irritante. Lo inabarcable en cada caso en las ciencias, la naturaleza, el hombre, la historia, la lengua, es, *en cuanto tal* inabarcable, inaccesible por y para las ciencias.

Solo si con-sideramos esta inaccesibilidad de lo inabarcable se hace visible la situación que impera en la esencia de la ciencia.

Pero, ¿por qué llamamos a lo inabarcable inaccesible la "situación latente"? Lo latente no llama la atención. Podría ser visto, aunque sin ser propiamente observado. ¿Permanece inobservada acaso la situación indicada en la esencia de la ciencia solo porque se considera rara vez y poco la esencia de la ciencia? Nadie podría afirmar esto último fundadamente. Por el contrario, hay muchos testimonios de que hoy, no solo por la Física sino por todas las ciencias, pasa una extraña inquietud. Sin embargo, antes, en los pasados siglos de la historia occidental del espíritu y de las ciencias, se hicieron reiterados ensayos para delimitar la esencia de las ciencias. El vehemente e incesante esfuerzo en esto es, sobre todo, un rasgo fundamental de la Edad Moderna. Entonces ¿cómo pudo quedar inobservada aquella situación? Se habla hoy de una "crisis de fundamentos" de las ciencias. Ella solo concierne de manera especial a los conceptos fundamentales de las ciencias particulares. No es, de ninguna manera, una crisis de la ciencia en cuanto tal. Esta lleva hoy un andar más seguro que nunca.

Lo inabarcable inaccesible que impera en las ciencias y que, de esa manera, empuja su esencia a lo enigmático, sin embargo, es mucho más; a saber, algo esencialmente distinto que una simple inseguridad en la fijación de los conceptos fundamentales, mediante los cuales es compuesto el dominio de cada una de las ciencias. Así, la inquietud en las ciencias se prolonga más allá de la mera inseguridad de sus conceptos fundamentales. Se está inquieto en las ciencias y, sin embargo, no se puede decir dónde y por qué, a pesar de las múltiples dilucidaciones sobre las ciencias. Desde diferentes perspectivas se filosofa hoy sobre la ciencia. Junto a tales esfuerzos de parte de la filosofía, uno tropieza con exposiciones directas intentadas en todas partes por las ciencias mismas, en forma de bosquejos sintéticos o de narraciones de historia de las ciencias.

Y, sin embargo, lo inabarcable inaccesible continúa estando en lo latente. Por eso, la latencia de la situación no puede residir solo en que esta no *nos* sorprenda ni en que *nosotros* no la consideremos. Lo latente de la situación se funda más bien en que esta no aparece por sí misma. En lo inabarcable inaccesible en cuanto tal yace el que se le pase continuamente por alto. En tanto que lo latente es un rasgo fundamental de la citada situación misma, esta solo será suficientemente determinada si decimos:

La situación que impera a través de la esencia de la ciencia, es decir, a través de la teoría de lo real, es lo inabarcable inaccesible continuamente pasado por alto.

La situación latente se oculta en las ciencias. Pero no a la manera como está la manzana en el cesto. Más bien tendríamos que decir: las ciencias, por su parte, reposan en la situación latente como el río en su fuente.

Nuestro propósito era indicar hacia la situación, a fin de que ella misma haga señas del paraje donde enraíza la esencia de la ciencia.

¿Qué hemos logrado? Nosotros nos hemos vuelto atentos a lo siempre pasado por alto, lo inabarcable inaccesible. Esto se nos muestra en la objetidad en que se manifiesta lo real, a través de la cual la teoría ajusta los objetos, para asegurar, para el concebir, a estos y a su trama en el campo de objetos de cada ciencia. La situación latente domina la objetidad en que se agitan tanto la realidad de lo real como también la teoría de lo real, y también, por consiguiente, la completa esencia de la ciencia moderno-contemporánea.

Nos contentamos con indicar hacia la situación latente. Para determinar qué sea esta en sí misma, se exigiría un nuevo preguntar. Sin embargo, ahora y mediante la indicación hacia la situación latente, estamos referidos a un camino que conduce hacia lo digno de ser preguntado. En distinción a lo simplemente problemático y a todo lo indubable, lo digno de ser preguntado otorga por sí mismo la clara ocasión y el libre apoyo para que podamos responder y apelar a aquello que interpela a nuestra esencia. La peregrinación en dirección hacia lo digno de ser preguntado no es aventura, sino un regreso a la patria [*Heimkehr*].

Seguir el camino que un asunto ya ha tomado por sí mismo, se dice en alemán *sinnan, sinnen*. Introducirse en el sentido [*Sinn*] es la esencia de la meditación [*Besinnung*]. Esta mienta algo más que el simple tomar conciencia de algo. No estamos aún en la meditación cuando solo estamos en la conciencia [*Bewußtsein*]. Meditación es más. Es el resignarse [*Gelassenheit*: serenidad] a lo digno de ser preguntado.

A través de la meditación, así comprendida, llegamos propiamente allí donde, sin tener experiencia ni transparencia, ya moramos largo tiempo. En la meditación vamos a un lugar desde donde se abre el espacio que recorre nuestro eventual hacer y omitir.

La meditación tiene otra esencia que el tomar conciencia y saber de la ciencia; otra esencia también que la cultura [*Bildung*: formación]. La palabra "formar" significa primeramente: pro-poner un proto-tipo y establecer una pre-scripción. Significa además: dar forma a proyectos predispuestos. La formación trae un prototipo ante el hombre, para que según él eduque su hacer y omitir. La formación requiere una imagen directriz, asegurada de antemano, y un lugar guarecido por todos lados. La construcción de un ideal común de formación y su imperio presupone por parte del hombre una posición indudable, asegurada en todas direcciones. Esta presuposición, a su vez, debe estar fundada en una fe en la fuerza irresistible de una razón inmutable y sus principios.

Por el contrario, la meditación es lo primero que nos lleva por el camino hacia el lugar de nuestra morada. Esta sigue siendo histórica, es decir, asignada a nosotros, lo mismo si la concebimos, analizamos y ordenamos historiográficamente, que si opinamos poder desprendernos artificialmente de la historia, solo merced a un alejamiento voluntario de la historiografía.

Cómo y por qué medios nuestra morada histórica construye adicionalmente y completa su habitar, esto no puede decidirlo la meditación de una manera inmediata.

La era de la cultura llega a su fin; no porque los incultos lleguen al poder, sino porque se hacen visibles las señales de una era mundial en que por primera vez lo digno de ser preguntado abre de nuevo las puertas hacia lo esencial en todas las cosas y destinos.

Correspondemos a la exigencia de la amplitud y a la exigencia del comportamiento de esta época del mundo, si comenzamos a meditar y con ello nos introducimos en el camino en que esta situación ya ha entrado y que se nos muestra en la esencia de la ciencia, aunque no sólo ahí.

Sin embargo, la meditación permanece más provisoria, más indulgente y más pobre que la cultura anteriormente practicada, con respecto a su época. No obstante, la pobreza de la meditación es la promesa de una riqueza cuyos tesoros lucen en el brillo de una inutilidad tal, que jamás se puede calcular.

Los caminos de la meditación cambian constantemente, ya sea según el punto del camino en el que comienza una marcha, ya sea según la ruta que aquella recorre, ya sea según la amplitud de perspectiva que se abre en el camino hacia lo digno de ser preguntado.

Aunque las ciencias, justamente en sus caminos y con sus medios, nunca puedan penetrar la esencia de la ciencia, sin embargo, todo investigador o profesor de ciencias, todo hombre que ha pasado por una ciencia, puede, en cuanto pensante, moverse a distintos niveles de meditación y mantenerlos alerta.

Por lo mismo, allí donde, por un especial favor, es alcanzado el más alto grado de meditación, tiene este que contentarse con preparar una disposición para la palabra alentadora [*Zuspruch*] que necesita nuestra humanidad de hoy.

Esta necesita meditación, pero no para allanar una perplejidad accidental o para vencer la aversión al pensar. Necesita meditación como un corresponder [*Entsprechen*] que se olvida, en la claridad de un preguntar incesante, de lo inagotable de lo digno de ser preguntado y, a partir del cual, el corresponder, en el momento apropiado, pierde el carácter de preguntar y se convierte en sencillo decir.

LA VUELTA
(*DIE KEHRE*)

LA VUELTA
(*DIE KEHRE*)

La esencia de lo dis-puesto [*Gestell*] es el poner [*stellen*] en sí reunido, que, con el olvido, pospone [*nachstellt*] su propia verdad esencial, el cual posponer se descompone [*verstellt*] mediante su desplegarse en el establecer [*Bestellen*: poner a disposición] a todo lo presente como con*stante* [*Bestand*: existencias en tanto *stocks*, reservas, fondos], se erige en este y en cuanto tal rige.

Lo dis-puesto esencia como el peligro. Pero ¿se anuncia ya con ello el peligro *en cuanto* peligro? No. Cierto que peligros y penurias amenazan desmesuradamente y a toda hora y por doquiera al hombre. Pero el peligro, esto es, el peligroso Ser mismo en la verdad de su esencia, está embozado y descompuesto. Esta descomposición es lo peligrosísimo del peligro. Conforme con esta descomposición del peligro mediante el establecer de lo dis-puesto, todavía parece y siempre de nuevo como si la técnica fuera un medio en la mano del hombre. Pero, en verdad, la esencia del hombre está establecida ahora a ir de la mano de la esencia de la técnica.

¿Dice esto que el hombre está impotentemente entregado a la técnica, venga lo que viniere? Dice puramente lo contrario; no solo eso, sino esencialmente más, por distinto.

Si lo dis-puesto es un destino esencial del Ser mismo, entonces tendríamos que suponer que lo dis-puesto, en cuanto un modo esencial del Ser, se transmute bajo otro. Pues lo destinadoroso en el destino es que, en cada caso, se destine una destinación.

Destinarse significa: encaminarse para entramarse a ciertas indicaciones, sobre las cuales espera otro destino, aún velado. Lo destinadoroso se dirige en sí cada vez a un momento privilegiado, que destina en un otro destino, en donde no perece y desaparece simplemente. Todavía somos nosotros demasiado inexpertos e inmeditativos como para pensar la esencia de lo destinadoroso desde destino y destinación y destinarse. Todavía seguimos estando fácilmente inclinados, por habituados, a concebir lo destinador desde el acontecer y este como una sucesión de sucesos, constatables historiográficamente. Situamos la historia en el ámbito del acontecer, en lugar de pensar la historia según su proveniencia esencial desde el destino. Pero, destino es esencialmente destino del Ser, de manera tal que lo Ser mismo se destina y en cada caso esencia como un destino y, conforme a ese, se transmuta destinadoramente. Si acontece-apropia [*ereignet*] una transmutación en el Ser, esto es, ahora, en la esencia de lo dis-puesto, entonces esto no dice, de ninguna manera, que sea eliminada la técnica, cuya esencia reposa en lo dis-puesto. Ella no es ni derribada ni destrozada.

Si la esencia de la técnica, lo dis-puesto como el peligro en el Ser, es el Ser mismo, entonces jamás se podrá dominar a la técnica, ni positiva ni negativamente, mediante un mero hacer humano, puesto por sí mismo. La técnica, cuya esencia es el Ser mismo, jamás se puede superar por el hombre. Esto significaría que el hombre sería el Señor del Ser.

Sin embargo, porque el Ser se ha destinado en cuanto esencia de la técnica en lo dis-puesto, pero la esencia-humana pertenece a la esencia del Ser, en cuanto que la esencia del Ser necesita a la esencia humana, para quedar *custodiado* [*gewahrt*] en cuanto Ser según la propia esencia en medio de lo ente, y así esenciar como lo Ser, por ello la esencia de la técnica no puede ser conducida a la transmutación de su destino sin la asistencia de la esencia-humana. Mas, con eso la técnica no es superada [*überwunden*] humanamente. Por el contrario, la esencia de la técnica es restablecida [*verwunden*] en su verdad, todavía oculta. Este restablecimiento es semejante al que acontece en el ámbito humano cuando alguien se sana de un dolor. Pero el restablecimiento de un destino del Ser, aquí y ahora, el olvido de lo dis-puesto, se acontece-apropia cada vez desde el advenimiento de un otro destino, que ni se puede precalcular lógico-historiográficamente, ni construir metafísicamente como consecuencia de un proceso histórico. Pues lo histórico o, pues, el acontecer, historiográficamente concebido, jamás determina al destino, sino que, cada vez, el acontecer y el concebir a este asignado, sus componentes, son ya lo destinador de un destino del Ser.

Para el restablecimiento de la esencia de la técnica se necesita especialmente del hombre. Pero el hombre es necesitado aquí en su esencia correspondiente a este restablecimiento. Según eso, la esencia del hombre tiene que abrirse primeramente a la esencia de la técnica, lo que, destinalmente, es algo completamente distinto que el proceso de que los hombres afirmen y fomenten a la técnica y sus medios. Pero, para que la esencia-humana se vuelva atenta a la esencia de la técnica, para que se funde entre técnica y hombre, y respecto a su esencia, una referencia esencial [*Wesenverhältnis*], tiene el hombre moderno que retroencontrarse previamente y ante todo en la amplitud de su espacio esencial. Este espacio esencial de la esencia humana recibe su dimensión que lo trama, únicamente de la *re-ferencia* [*Ver-Hältnis*], como la cual guardianía [*Wahrnis*] del Ser mismo está reapropiada [*vereignet*] a la esencia del hombre, como lo necesitado por ella por la guardianía. De otra manera que esta, a saber, que el hombre ante todo y previamente se construya en su espacio esencial y que tome habitación en él, no podrá el hombre nada esencial en medio del destino ahora imperante. Meditando esto, nosotros prestamos atención a una frase de Meister Eckhart, pensándola desde su fundamento. Dice así: "die nitt von grossem wesen sind, was werk die wirkend, da wirt nit us" (*Reden der Unterscheidung,* Nº 4): "Los que no son de gran esencia, de cualquier obra que obren, no sale nada".

La gran esencia del hombre en nosotros la pensamos en que ella pertenece a la esencia del Ser, es necesitada por este para guardar [*wahren*: adverar] la esencia del Ser en su verdad.

Por eso, lo que en primer lugar se requiere en esto es que nosotros meditemos ante todo la esencia del Ser como lo digno-de-ser-pensado, que nosotros, pensando eso, fundamentalmente, experimentemos hasta qué punto estamos reclamados a rastrear sobre todo una senda hacia tal experimentar, y a trazarla en lo hasta ahora no-caminado.

Nosotros podremos todo eso solo si *previamente* a la pregunta "¿qué debemos hacer?" –que, según las apariencias, es siempre la más inmediata y la única perentoria–, meditamos esto: *¿cómo tendríamos que pensar?* Pues el pensar es el auténtico obrar [*Handeln*], si obrar quiere decir ayudar [*an die Hand gehen*: ir de la mano de] a la esencia del Ser. Esto dice: preparar [construir] a la esencia del Ser en medio de lo ente aquel paraje, en el que él y su esencia se trae a lenguaje. El lenguaje da camino y sendero a todo querer considerar. Sin el lenguaje, a todo hacer le falta aquella dimensión [*Dimension*], en la que podría orientarse y actuar. Lenguaje, ahí no es jamás primeramente expresión del pensar, sentir y querer. Lenguaje es la dimensión inicial, dentro de la cual la esencia-humana puede ante todo corresponder al Ser y a su interpelación y, en el corresponder, pertenecer al Ser. *Este corresponder inicial,* propiamente realizado, *es el pensar.* Pensando, nosotros aprendemos ante todo el habitar en el ámbito en el que acontece-apropia el restablecimiento del destino del Ser, el restablecimiento de lo dis-puesto.

La esencia de lo dis-puesto es el peligro. En cuanto peligro el Ser se vuelve al olvido de su esencia, lejos de esta esencia y, así, se vuelve, al mismo tiempo, contra la verdad de su esencia. En el peligro impera este volverse, todavía no meditado. Por eso, en la esencia del peligro se *oculta* la posibilidad de una vuelta, en la que el olvido de la esencia del Ser se gire de tal manera que con *esta* vuelta, la verdad de la esencia del Ser ingrese propiamente en lo ente.

Pero es de suponer que se acontezca-apropie *esta* vuelta, la del olvido del Ser, hacia la guardianía de la esencia del Ser, solo si llega propiamente a la luz el volviente peligro –oculto en su esencia– siquiera una vez en cuanto el peligro que él es. Quizás que nosotros estamos ya en las sombras, arrojadas anticipadamente, del advenimiento de *esta* vuelta. Cuándo y cómo ella se acontezca-apropie destinalmente, no lo sabe nadie. Tampoco es necesario saber tal cosa. Un saber de este tipo sería incluso perniciosísimo para el hombre, porque la esencia de este es ser el aguardador, que aguarda la esencia del Ser, protegiéndola pensando. Solo si el hombre, en cuanto pastor del Ser, aguarda la verdad del Ser, puede él esperar un advenimiento del destino del Ser, sin caer en el mero afán de saber.

¿Pero qué pasa allí, donde el peligro en cuanto peligro se acontece-apropia y, así, ante todo es desocultado el peligro? Para oír la respuesta a esta pregunta prestemos atención a la señal que está detectada en unos versos de Hölderlin. En la composición última del himno "Patmos" (ed. v. Hellingrath, IV, 227) dice el poeta al comienzo:

"Pero donde hay peligro, crece
También lo salvador".

Si nosotros prestamos atención ahora a esos versos aún más esencialmente de lo que los poetizó el poeta, si nosotros los pensamos extremosamente, entonces dicen: donde hay peligro en cuanto peligro, florece también ya lo salvador. Este no se instala como anexo. Lo salvador no está junto al peligro. El peligro mismo es, cuando él es *en cuanto* peligro, lo salvador. El peligro es lo salvador, en cuanto él, desde su oculta esencia tornadiza, trae lo salvador. ¿A qué se llama "salvar"? Significa: soltar, liberar, libertar, cuidar, albergar, tomar en custodia, resguardar. Lessing usa todavía la palabra "salvación" de manera acentuada, en el sentido de justificación: reponer en lo justo, esencial, en ello guardar. Lo auténticamente salvador es lo guardante, la guardianía.

Pero, ¿dónde hay peligro? ¿Cuál es el lugar para él? En tanto que el peligro es el Ser mismo, lo hay en ninguna parte y por todas. Él no *tiene* ningún lugar como algo distinto de él mismo. Él mismo es el paraje sin-lugar de todo presenciar. El peligro es la época [*Epoche*] del Ser, esenciando como lo dis-puesto.

Si *es* el peligro en cuanto peligro, entonces se acontece-apropia su esencia. Pero el peligro es el posponer [*Nachstellen*] en cuanto el cual el Ser mismo, en el modo de lo dis-puesto, pospone [*nachsetzt*] la guardianía del Ser en el olvido. En el posponer esencia esto, que el Ser de-stituye [*ent-setzt*] su verdad en el olvido, de tal manera que el Ser rehúsa su esencia. Por tanto, si es el peligro en cuanto peligro, entonces propiamente se acontece-apropia el posponer, en cuanto el cual, el Ser mismo pospone su verdad con el olvido. Si propiamente se acontece-apropia este *posponer-con-olvido* [*mit-Vergessenheit-Nachstellen*], entonces ingresa el olvido en cuanto tal. De tal manera, arrebatado [*entrissen*] por el ingreso al suprimir [*Entfallen*], no es más olvido. En tal ingreso, el olvido de la guardianía del Ser no es más el olvido del Ser, sino que, ingresando, se vuelve hacia la guardianía del Ser. Si el peligro es en cuanto peligro, se acontece-apropia con la vuelta del olvido la guardianía del Ser, se acontece-apropia mundo (Cf. *Vorträge und Aufsätze*, p. 163 ss.: "La Cosa"). Que mundo se acontezca-apropie en cuanto mundo, que cosee [*dinge*] la cosa, esto es el lejano advenimiento de la esencia del Ser mismo.

El rehusarse posponente con el olvido, de la verdad del Ser, alberga la gracia todavía in-guardada, de que este posponerse se vuelva y que en tal vuelta el olvido se gire y se convierta en la guardianía [*Wahrnis*] de la esencia del Ser, en lugar de permitir que se suprima esta esencia en la descompostura. En la esencia del peligro esencia y habita una gracia, a saber, la gracia de la vuelta del olvido del Ser hacia la verdad del Ser. En la esencia del peligro, donde él es en cuanto peligro, es la vuelta hacia la verdad [*Wahrnis*], es esta verdad misma, es lo Salvador del Ser.

Cuando se acontece-apropia la vuelta en el peligro, esto solo puede acontecer súbitamente. Pues el Ser no tiene nada semejante a él junto a sí. Él no es efectuado por otro, ni él mismo actúa. El Ser no transcurre jamás en una conexión causal. Al modo como el Ser mismo se destina no le precede nada actuante como Ser y no sigue ninguna acción en cuanto Ser. Abruptamente, de su propia esencia, el ocultamiento se acontece-apropia Ser en su época. Por eso nosotros tenemos que observar: La vuelta del peligro se acontece-apropia repentinamente. En la vuelta se luce repentinamente el lucimiento de la esencia del Ser. El repentino lucirse es el relampaguear. Se trae a sí mismo en el propio claror, aportado y traído consigo. Cuando relampaguea en la vuelta del peligro de la verdad del Ser, se luce la esencia del Ser. Entonces ingresa la verdad de la esencia del Ser.

¿Hacia dónde se acontece-apropia ingreso? Hacia ninguna otra parte que hacia el Ser mismo esenciante en el olvido de su verdad, sido hasta ahora. Pero este Ser mismo esencia como la esencia de la técnica. La esencia de la técnica es lo dis-puesto. El ingreso, en cuanto acontecimiento-apropiador de la vuelta del olvido, ingresa en lo que hasta ahora es la época del Ser. Lo que propiamente es, no es, de ninguna manera, este o aquel ente. Lo que propiamente es, esto es, lo que propiamente habita y esencia en el Es [*Ist*], es únicamente el Ser. Solo el Ser "es", solo en el Ser y en cuanto Ser se acontece-apropia lo que nombra el "es"; lo que es, es el Ser desde su esencia.

"Relampaguear" [*blitzen*] es, según la palabra y según la cosa: mirar [*blicken*]. En la mirada y en cuanto mirada entra la esencia en su propio resplandor. A través del elemento [*Element*] de su resplandor, la mirada alberga retrospectivamente [*züruckbergen*] en el mirar a lo mirado de ella. Pero el mirar guarda al mismo tiempo en el resplandor la oculta oscuridad de su proveniencia, en cuanto lo no-lucido. Ingreso del relámpago de la verdad del Ser es vistazo [*Einblick*]. La verdad del Ser la pensamos nosotros en el imperar de mundo en cuanto el juego-espejo [*Spiegel-Spiel*] de la cuaterna de Cielo y Tierra, Mortales y Divinos. (Cf. *Vorträge und Aufsätze,* loc. cit). Si el olvido se vuelve, si ingresa mundo en cuanto guardianía de la esencia del Ser, se acontece-apropia el lampo [*Einblitz*] de mundo en el desamparo de la cosa. Este se acontece-apropia en el modo del señorío de lo dis-puesto. Lampo de mundo en lo dis-puesto es lampo de la verdad del Ser en el in-guardado Ser. Lampo es acontecimiento-apropiador en el Ser mismo. Acontecimiento-apropiador [*Ereignis*] es columbre [*Eräugnis*] apropiador.

Vistazo en lo que es —este título nombra ahora el acontecimiento-apropiador de la vuelta en el Ser, la vuelta del rehusar de su esencia hacia el acontecimiento-apropiador de su guardianía. Vistazo en lo que es, es el acontecimiento-apropiador mismo, en cuanto el cual la verdad del Ser se refiere y está con el in-guardado Ser. Vistazo en lo que es, esto nombra la constelación [*Konstellation*] en la esencia del Ser. Esta constelación es la dimensión [*Dimension*] en la que esencia el Ser en cuanto peligro.

Inmediatamente y casi hasta el último momento parecía que "vistazo en lo que es" significaba solo una mirada que nosotros los hombres echamos, desde nosotros mismos, en lo que es. Lo cual se toma habitualmente como lo ente. Pues el "es" se predica de lo ente. Pero ahora todo se ha invertido. Vistazo no nombra nuestra visión, que nosotros sacamos de lo ente; vistazo en cuanto lampo es el acontecimiento-apropiador de la constelación de la vuelta en la esencia del Ser mismo, y, ciertamente, en la época de lo dis-puesto. Lo que no es, de ninguna manera, lo ente. Pues, el "hay" [*es ist*] y el "es" son atribuidos a lo ente solo en cuanto que lo ente es interpelado respecto a su Ser. En el "es" es interpelado "Ser"; lo que en el sentido "es", que constituye el Ser de lo ente, es el Ser.

El establecer de lo dis-puesto se pone frente a la cosa, en cuanto cosa la deja desguarecida, in-guardada. Así disloca lo dis-puesto la cercanía de mundo, que se acerca en la cosa. Lo dis-puesto disloca incluso este su dislocar, tal como el olvidar algo se olvida a sí mismo y se retrae a sí mismo en la resaca del olvido. El acontecimiento-apropiador del olvido se deja decaer no solo en el ocultamiento, sino que este decaer mismo es co-decaído en el ocultamiento, y este mismo es suprimido en tal caer.

Y, sin embargo –en todo dislocar de lo dis-puesto se luce el pan*orama* [*Lichtblick*] de mundo, lampa verdad del Ser. Esto es, a saber, cuando lo dis-puesto se luce en su esencia como el peligro, esto es, como lo salvador. En lo dis-puesto, todavía como un destino esencial del Ser, esencia una luz del rayo del Ser. Lo dis-puesto es, aunque veladamente, todavía vista [*Blick*], no destino ciego, en el sentido de una fatalidad completamente inexorable.

Vistazo en lo que es –así se llama al rayo de la verdad del Ser en el Ser in-guardado.

Si se acontece-apropia vistazo, entonces son los hombres los alcanzados en su esencia por el rayo del Ser. Los hombres son los vistos en el vistazo.

Sobre todo si la esencia-humana en el acontecimiento-apropiador del vistazo, en cuanto vista por este, renuncia a la obstinación humana, y lejos de sí misma, se pro-yecta [*ent-wirft*] hacia el vistazo, corresponde el hombre en su esencia a la interpelación del vistazo. Correspondiendo de esa manera, es el hombre re-apropiado a que él, en el elemento guardado del mundo, en cuanto el mortal, mire-recíprocamente [*entgegenblickt*] a lo divino.

De otra manera no; pues el Dios también es, si es que él es, un ente; en cuanto ente, está en el Ser y su esencia, que se acontece-apropia desde el mundear del mundo.

Sobre todo si se acontece-apropia vistazo y se luce la esencia de la técnica en cuanto lo dis-puesto, conoceremos cómo en el establecer lo con*stante* queda denegada la verdad del Ser como mundo, notaremos que todo mero querer y hacer según el modo del establecer, persiste en el desamparo. Así, todo nuevo orden del mundo, concebido universal-historiográficamente, queda también desamparado y sin fundamento. Todo dar caza al futuro y calcular su imagen de modo que lo actual, pensado a medias, se ex-tienda al velado porvenir, se mueve también en la postura del concebir técnico-calculador. Todo intento del computar, morfológica y psicológicamente, lo real efectivo, como caída y pérdida, fatalidad y catástrofe, como decadencia, es solamente conducta técnica. Se opera [*operiert*] con aparatos de recuentos de síntomas, cuya existencia puede aumentar hasta el infinito y variar siempre de nuevo. Estos análisis de la situación no notan que ellos trabajan solo según el modo y sentido de la desmembración técnica y, así, suministran a la conciencia técnica la exposición del acontecer historiográfico-técnico, a ella adecuado. Pero ningún historiográfico concebir a la historia como acontecer lleva a la vinculación destinal con el destino y no lleva, en absoluto, a su proveniencia esencial en el acontecimiento-apropiador de la verdad del Ser.

Todo lo meramente técnico no alcanza jamás a la esencia de la técnica. Ni siquiera puede concebir su vestíbulo.

Por eso, cuando nosotros intentamos decir del vistazo en lo que es, no describimos la situación de nuestro tiempo. La constelación del Ser se nos designa [*zusagen*].

Pero nosotros tampoco oímos, nosotros, para quienes bajo el señorío de la técnica y mediante radio y film, va desapareciendo oír y ver. La constelación del Ser es el denegarse del mundo como desamparo de la cosa. Denegarse no es nada, es el más elevado misterio del Ser dentro del señorío de lo dis-puesto.

Que el Dios viva o que siga muerto, no se decide ni por la religiosidad de los hombres ni, aun menos, mediante las aspiraciones teológicas de la filosofía y de la ciencia natural. Que Dios es Dios se acontece-apropia desde la constelación del Ser y dentro de ella.

Mientras nosotros no experimentemos, pensando, lo que es, no podremos pertenecer jamás a lo que será.

¿Se acontece-apropia vistazo en lo que es?

En cuanto los mirados, ¿ingresaremos en la mirada esencial del Ser, de manera tal que nosotros no escaparemos más a ella? ¿Llegamos mediante ello a la esencia de la cercanía, que acerca coseando mundo en la cosa? ¿Habitamos nosotros autóctonamente en la cercanía, de tal manera que pertenecemos primigeniamente a la cuaterna de Cielo, Tierra, Mortales y Divinos?

¿Se acontece-apropia vistazo en lo que es? ¿Correspondemos nosotros al vistazo mediante un mirar, que mira en la esencia de la técnica y en ella guarda al ser mismo?

¿Vemos nosotros el rayo del Ser en la esencia de la técnica? ¿Al rayo, que desde la calma viene como ella misma? La calma calma [*Die Stille stillt*]. ¿Qué calma? Ella calma Ser en la esencia de mundo.

Que mundo, mundeando, sea lo más próximo de todo acercar, que acerca, acercando la verdad del Ser a la esencia humana y, así, reapropia al hombre al acontecimiento-apropiador.

Seminario de Le Thor, 1968. Heidegger dedica un libro.
A su derecha, el poeta argentino-chileno Godofredo Iommi.
Detrás de él, Federico Camino, filósofo peruano.

CONSTRUIR HABITAR PENSAR

CONSTRUIR HABITAR PENSAR

En lo que sigue intentamos pensar sobre el habitar y construir. Este pensar sobre el construir no se arroga la pretensión de encontrar pensamientos constructivos, o dar reglas al construir. Este intento de pensamiento no concibe el construir, en general, desde el arte de la construcción y de la Técnica, sino que retrotrae el construir al ámbito al que pertenece todo lo que *es:*

Preguntamos:
1. ¿Qué es el habitar?
2. ¿Hasta qué punto pertenece el construir al habitar?

I

En el habitar, al parecer, ingresamos ante todo por medio del construir. Este, el construir, tiene por meta a aquel, el habitar. Pero además, no todas las construcciones son también habitaciones. Puente y hangar, estadio y central eléctrica, son construcciones, pero no habitaciones; estación de ferrocarril y autopista, dique y mercado cubierto son construcciones, pero no habitaciones. Empero, las citadas construcciones están en el ámbito de nuestro habitar, que alcanza más allá de esas construcciones y no se limita tampoco a la habitación. El conductor de un camión de carga está en la autopista como en su casa, pero no tiene allí su hospedaje; la trabajadora está en la hilandería como en su casa, empero, no tiene allí su habitación; el ingeniero director está en la central eléctrica como en su casa, pero no habita allí. Las citadas construcciones domicilian al hombre; este las habitúa, pero no habita en ellas, si habitar solo quiere decir que nosotros poseamos un alojamiento. Por cierto que en la actual crisis habitacional ocupar uno es ya tranquilizador y alegra; la construcción de viviendas permite perfectamente alojamientos; las habitaciones pueden estar, incluso, bien repartidas, organizadas para facilitar la vida práctica, deseablemente baratas, estar abiertas al aire, luz y sol; pero, ¿las habitaciones albergan ya en sí la fianza de que acontece un *habitar?* Sin embargo, aquellas construcciones que no son habitaciones quedan determinadas, por su parte, desde el habitar, en cuanto que sirven al habitar del hombre. Así, pues, sería el habitar, en todos los casos, el fin que preside a todas las construcciones. Habitar y construir están mutuamente en la relación de fin y medio. Solo que mientras nosotros opinemos de esa manera, tomamos el habitar y construir por dos actividades separadas y con ello concebimos algo correcto. Pero, al mismo tiempo, con el esquema-medio-fin nos cerramos el camino hacia los rasgos esenciales. Pues construir no es solo medio y camino para el habitar; el construir es, en sí mismo, ya habitar. ¿Quién nos dice eso? ¿Quién nos da, en general, una medida con la que calibrar la esencia de habitar y construir? El aliento sobre la esencia de una cosa viene hacia nosotros del habla, suponiendo que prestemos atención a su propia esencia. Entretanto, hace furor ciertamente en torno a la Tierra un desenfrenado y, al mismo tiempo, diestro decir, escribir y emitir dichos. El hombre se comporta como si *él* fuera el formador y patron del habla [*Sprache*], siendo así que *este* sigue siendo el señor del hombre. Entre todas las inversiones impulsadas por el hombre, quizás sea *esta* inversión de la relación de señorío lo que empuja a la esencia humana hacia lo desazonador. Que nosotros mantengamos el esmero en el hablar es bueno, pero no ayudará nada mientras utilicemos, a pesar de ello, al habla como un medio al servicio de la expresión. Entre todos los alientos [*Zusprüche*] que nos podrían llevar desde nosotros mismos *con* el hablar [*Sprechen*], es el habla [*Sprache*] el más elevado y, por doquier, el primero.

Entonces, ¿a qué se llama construir? La palabra del alto alemán antiguo para construir [*bauen*], "buan", significa habitar. Esto quiere decir: permanecer, mantenerse. La significación propia del verbo construir, o sea, habitar, se nos ha extraviado. Una huella encubierta ha sido conservada todavía en la palabra *Nachbar* [vecino]. El *Nachbar* es el *Nachgebur*, el *Nachgebauer*, aquel que habita en las cercanías [*Nähe*]. Los verbos *buri, büren, beuren, beuron*, significan todos el habitar, el hogar. Entonces nos dice ciertamente la vieja palabra *buan* no solo que construir es propiamente habitar, sino que nos da al mismo tiempo una señal sobre cómo tendríamos que pensar el habitar nombrado por ella. Habitualmente, cuando se habla del habitar, nos representamos un comportamiento que ejecuta el hombre junto a otros muchos modos de comportarse. Trabajamos aquí y habitamos allá. No habitamos simplemente, eso sería casi inactividad, tenemos una profesión, hacemos negocios, viajamos y, en el camino, habitamos ya aquí, ya allí. Construir quiere decir originariamente habitar. Cuando la palabra construir habla todavía originariamente, dice, al mismo tiempo, *hasta qué punto* está lograda la esencia del habitar. *Bauen, buan, bhu, beo* es, pues, la palabra alemana *bin* [soy] en los giros: *ich bin* [yo soy], *du bist* [tú eres], el imperativo *bis, sei* [sé tú]. ¿Qué significa entonces *ich bin*? La vieja palabra *bauen*, a la que pertenece el "bin", nos responde: *ich bin, du bist* significa: yo habito, tú habitas. El modo como tú eres y yo soy, la manera según la cual somos los hombres sobre la Tierra, es el *Buan*, el habitar. Ser hombre quiere decir: ser como mortal sobre la Tierra, quiere decir: habitar. La vieja palabra *bauen* dice que el hombre es en cuanto *habita;* pero esta palabra significa *al mismo tiempo:* cuidar y cultivar, a saber, cultivar [*bauen*] el campo, cultivar [*bauen*] viñas. Tal construir [cultivar: *bauen*] solo protege, a saber, el crecimiento, lo que por sí mismo madura sus frutos. Construir en el sentido de cuidar y cultivar no es producir. La construcción naval y de templos produce, en cierto modo, su misma obra. El construir es aquí, a diferencia del cultivar, un edificar. Ambos modos del construir –construir como cultivar, en latín *colere, cultura,* y construir como edificar construcciones, *aedificare*– están contenidos en el construir auténtico, en el habitar. El construir como habitar, esto es, ser sobre la Tierra, queda para la experiencia cotidiana del hombre, como lo dice felizmente el lenguaje, de antemano como lo "habitual". Por eso está retraído tras los múltiples modos en los que se realiza el habitar, detrás de las actividades del cultivar y edificar. La consecuencia es que estas actividades reclaman como exclusivo de ellas el término construir y con ello el asunto del construir. El sentido propio del construir, a saber, el habitar, cae en olvido.

Este acontecimiento parece primeramente como si solo fuera un proceso dentro del cambio de significación de meras palabras. Sin embargo, en ello se oculta, en verdad, algo decisivo, a saber: no se experimenta el habitar como el ser del hombre; el habitar no es pensado jamás, ni en absoluto, como el rasgo fundamental del ser-hombre.

Que el habla retrotome, por decirlo así, la significación propia de la palabra construir, el habitar, atestigua, empero, lo originario de esta significación; pues, en palabras esenciales del habla cae fácilmente en olvido lo propiamente dicho por ellas, a favor de lo mentado superficialmente. El misterio de este proceso aún apenas lo ha meditado el hombre. El habla retira al hombre su hablar sencillo y elevado. Pero con eso no enmudece su aliento primigenio, solo calla. Por cierto que el hombre omite prestar atención a ese callar.

Sin embargo, si nosotros oímos lo que el habla dice en la palabra *bauen* [construir], entonces percibimos tres cosas:

1. Construir es propiamente habitar.
2. Habitar es el modo como son los mortales sobre la Tierra.
3. El construir como habitar se despliega en el construir que cuida, a saber, el crecimiento, y en el construir que edifica construcciones.

Si meditamos eso triple, entonces acogemos una señal y observamos lo que sigue: lo que sea en su esencia el edificar construcciones, no podemos ni siquiera *preguntarlo* suficientemente, para no hablar de decidir con conocimiento de causa, mientras no pensemos que todo construir es en sí un habitar. Habitamos no porque hayamos construido, sino que construimos y hemos construido, en cuanto habitamos, esto es, *en cuanto* somos *los habitantes.* Pero, ¿en qué consiste la esencia del habitar? Oigamos una vez más el aliento del lenguaje: la palabra del antiguo sajón *wuon,* la gótica *wunian,* significan, igual que la vieja palabra *bauen,* el permanecer, el mantener-se. Pero la gótica *wunian* dice más claramente cómo es experimentado este permanecer. *Wunian* significa: estar contento, llevado a la paz, permanecer en ella. La palabra *Friede* [paz] mienta lo *Freie* [libre], lo *Frye*, y *fry* significa: custodiado de daño y amenaza, custodiado-ante…, esto es, protegido. *Freien* [liberar] significa propiamente proteger. El proteger mismo no consiste solo en que nosotros no hagamos nada contra lo protegido. El proteger auténtico es algo *positivo* y acontece cuando, de antemano, dejamos algo en su esencia, cuando retro-albergamos algo propiamente en su esencia, lo que corresponde a la palabra *freien*: circundar [*einfrieden*]. Habitar, ser llevado a la paz, significa: permanecer circundado en lo *Frye*, esto es, en lo *Freie* [libre], que protege a todo en su esencia. *El rasgo fundamental del habitar es este proteger.* Atraviesa al habitar en toda su amplitud. Esta se nos muestra tan pronto como pensemos que el ser-hombre descansa en el habitar y, ciertamente, en el sentido de la morada de los mortales sobre la Tierra.

Pero "sobre la Tierra" quiere decir ya "bajo el Cielo". Ambos mientan *también* "permanecer ante los divinos" e incluye un "perteneciendo a la comunidad de los hombres". Por una *originaria* unidad se copertenecen en uno los cuatro: Tierra y Cielo, los Divinos y los Mortales.

La Tierra es la portadora servidora, la fructificadora floreciente, que se expande en rocas y manantiales, que brota por plantas y animales. Cuando decimos Tierra, entonces copensamos ya los otros tres, pero no meditamos el despliegue-unitario de los cuatro.

El Cielo es la marcha abovedante del Sol, el curso de la Luna, cambiante de figura, el brillo chispeante de las Estrellas, las estaciones del año y su tránsito, luz y tinieblas del día, oscuro y claro de la noche, lo hóspito e inhóspito de las temperies, paso de las nubes y profundo azul del Éter. Decimos Cielo, entonces copensamos los otros tres, pero no meditamos el despliegue-unitario de los cuatro.

Los Divinos son los mensajeros señalantes de la Deidad. Del sagrado imperar de ellos aparece el Dios en su presente o se retira en su embozamiento. Nombramos los Divinos, entonces copensamos ya los otros tres, pero no meditamos el despliegue-unitario de los cuatro.

Los Mortales son los hombres. Se llaman los Mortales porque tienen el poder de morir. Morir quiere decir: tener el poder de la muerte *en cuanto* muerte. Solamente muere el hombre y, ciertamente, mientras y en tanto que permanece sobre la Tierra, bajo el Cielo, ante los Divinos. Nombramos los Mortales, entonces copensamos ya los otros tres, pero no meditamos el despliegue-unitario de los cuatro.

A este despliegue unitario lo llamamos *lo cuadrante* [*das Geviert*: la Unicuadridad, la Cuaternidad, la Cuaterna]. Los mortales *son* en lo cuadrante, *habitando.* Pero el rasgo fundamental del habitar es el proteger. Los mortales habitan de manera que ellos protegen lo cuadrante en su esencia. Según eso, el proteger habitante es cuádruple.

Los mortales habitan en cuanto salvan la Tierra; tomada la palabra salvar en el viejo sentido, que conocía aún Lessing. La salvación no es solamente quitar un peligro; salvar significa propiamente: liberar algo en su propia esencia. Salvar a la Tierra es más que sacarle provecho o, pues, trabajarla excesivamente. El salvar a la Tierra no domina a la Tierra y no hace esclava a la Tierra, de donde solo hay un paso hasta la explotación sin límites.

Los mortales habitan en cuanto acogen al Cielo en cuanto Cielo. Dejan su curso al Sol y a la Luna, su ruta a las Estrellas, a las estaciones del año su bendecir y su inclemencia, no convierten la noche en día y el día en fatiga llena de ajetreos.

Los mortales habitan en cuanto esperan a los Divinos en cuanto Divinos. Esperando, mantienen contrapuesto a ellos lo inesperado. Aguardan la señal de su llegada y no desconocen los indicios de su falta. No se hacen sus dioses y no practican el culto de ídolos. En la desgracia esperan aún la gracia retraída.

Los mortales habitan en cuanto que a su propia esencia, que es tener el poder de la muerte en cuanto muerte, la conducen hacia el uso de ese poder para que sea una buena muerte. Los mortales guiados hacia la esencia de la muerte no significa, de ningún modo, poner como meta la muerte en cuanto vacía nada; tampoco mienta el entenebrecer el habitar por medio de un ciego poner la vista en el fin.

En el salvar a la Tierra, en el acoger al Cielo, en el esperar a los Divinos, en el guiar de los Mortales, se acontece el habitar en cuanto cuádruple proteger de lo cuadrante. Proteger quiere decir: custodiar lo cuadrante en su esencia. Lo que es tomado en custodia tiene que ser albergado. Pero, ¿dónde guarece el habitar, cuando protege lo cuadrante, la esencia de este? ¿Cómo realizan los mortales el habitar en cuanto este proteger? Los mortales no tendrían ese poder jamás si el habitar solo fuera una morada sobre la Tierra, bajo el Cielo, ante los Divinos, con los Mortales. El habitar es más bien siempre ya una morada junto a [*bei*: en medio de] las cosas. El habitar como proteger guarece lo cuadrante en donde los mortales se mantienen: en las cosas.

Sin embargo, la morada junto a las cosas en el mencionado despliegue cuádruple del proteger, no es como algo quinto, solamente añadido; por el contrario: la morada junto a las cosas es el único modo como se realiza unitariamente, en cada caso, la morada cuádruple en lo cuadrante. El habitar protege lo cuadrante, llevando su esencia a las cosas. Mas, las cosas mismas albergan lo cuadrante, *solo si y* cuando ellas mismas *en cuanto* cosas son dejadas en su esencia. ¿Cómo ocurre eso? De modo que los mortales dispensan sumos cuidados a las cosas crecederas y a las cosas que no crecen las edifican propiamente. El cuidar y el edificar es el construir en sentido estricto. *El habitar* es, en tanto guarece lo cuadrante en las cosas, en cuanto tal guarecer, *un construir.* Con ello hemos llegado al camino de la segunda pregunta:

¿Hasta qué punto pertenece el construir al habitar?

La respuesta a esta pregunta nos aclara lo que es propiamente el construir, pensado desde la esencia del habitar. Nos limitamos al construir en el sentido de edificar cosas y preguntamos: ¿qué es una cosa construida? Como ejemplo sirva a nuestra meditación un puente.

El puente oscila "ligero y fuerte" sobre el río. No une solamente las orillas ya ahí existentes. En el tránsito por el puente se destacan las orillas ante todo como orillas. El puente las deja sobresalir propiamente una frente a otra. El otro lado está separado de este por medio del puente. Las orillas tampoco trazan, como indiferentes líneas fronterizas, la tierra firme a lo largo del río. El puente, con las orillas trae en cada caso al río, una y otra amplitud de la región de atrás de las orillas. Él trae río y orillas y país en la vecindad recíproca. El puente *recolecta* la Tierra como comarca en torno al río. Así la conduce a través de las praderas. Los pilares del puente soportan, reposando en el lecho del río, el alzado de los arcos, que dejan al agua del río su carril. Ya corran las aguas tranquila y alegremente, ya choquen los torrentes del Cielo en el temporal o el deshielo en olas gigantescas, contra los arcos de los pilares, el puente está ya preparado para las temperies del Cielo y su ser cambiante. También allí donde el puente cubre al río, tapa él su riar al Cielo, de manera que él lo acoge por un momento en el ojo del arco y lo deja libre nuevamente.

El puente deja al río su curso y, al mismo tiempo, guarece para los mortales su camino, por el que andan y viajan de país en país. Puentes conducen de múltiples maneras. El puente de la ciudad lleva del recinto del castillo a la plaza-catedral. El puente de río lleva coches y carros de la capital de provincia a las aldeas aledañas. El insignificante paso del arroyo del viejo puente de piedra da al carro-para-transportar-gavillas su camino desde la campiña hacia la aldea, lleva al carro de leña desde el camino vecinal hasta la carretera. El puente de la autopista está entramado en la red de líneas de servicio directo, calculado y, en lo posible, rápido. Siempre y en cada caso de manera distinta, conducen puentes, de acá para allá, los lentos y presurosos caminos de los hombres, llevándolos a la otra orilla y, finalmente, en cuanto mortales, al otro lado. El puente, ya de arcos elevados, ya planos, atraviesa sobre ríos y desfiladeros, de modo que los mortales –retengan en la atención u olviden el impulso del viaducto del puente–, que están siempre ya en camino hacia el último puente, a base de eso consideren sobrepasar lo habitual y desgraciado de ellos, para traerse ante la gracia de lo divino. El puente *colecta,* en cuanto la fuerza que permite el tránsito hacia lo divino. Su pr*esenciar* podría ser meditado [*bedacht*] propiamente y visiblemente *agradecido* [*bedankt*], como en la figura del santo protector del puente, o podría quedar descompuesta o, incluso, echada a un lado.

El puente *recolecta* junto a sí a *su* modo, Tierra y Cielo, los Divinos y los Mortales.

Según una vieja palabra de la lengua alemana, recolección se dice *thing*. El puente es –y ciertamente, *en cuanto* la señalada recolección de lo cuadrante– una cosa [*Ding*]. Se opina con gusto que el puente es ante todo y propiamente un *mero* puente y nada más. Posterior y ocasionalmente, él podría expresar distinto tipo de cosas. Como una de tales expresiones él se convierte después en símbolo, por ejemplo, para todo lo que hace un rato fue nombrado. Pero el puente, cuando es un puente legítimo, nunca es primeramente simple puente y tras eso un símbolo. El puente tampoco es de antemano sólo un símbolo, en el sentido de que expresa algo que, estrictamente tomado, no le pertenece. Si nosotros tomamos el puente estrictamente, no se muestra jamás como expresión. El puente es una cosa y *solo esto*. ¿Solo? En cuanto cosa recolecta lo cuadrante.

Por cierto que nuestro pensar está acostumbrado desde antaño a avaluar la esencia de cosa *demasiado pobremente*. Esto ha tenido por consecuencia, en el curso del pensar occidental, que se conciba la cosa como una X desconocida, que está adherida de propiedades perceptibles. Visto desde allí, por cierto que nos aparece todo *lo que pertenece a la esencia recolectadora de esta cosa,* como un añadido suplementariamente interpretado. Entretanto, el puente no sería nunca un mero puente si no fuera una cosa.

El puente es, por cierto, una cosa de tipo *peculiar;* pues recolecta lo cuadrante de manera *tal* que le localiza [*verstattet*] un paraje [*Stätte*]. Pero solo lo que *él mismo* es un *lugar* [*Ort*] puede espaciar un paraje. El lugar no está ya ahí antes del puente. Ciertamente, antes de que el puente esté, hay muchos sitios [*Stellen*] a lo largo del río que podrían ser ocupados por algo. Uno entre ellos se da como un lugar y, por cierto, *por el puente.* Así, pues, el puente no llega a estar primeramente dentro de un lugar, sino que desde el puente mismo surge ante todo un lugar. Él es una cosa, recolecta lo cuadrante, pero recolecta de tal manera que localiza a lo cuadrante un paraje. Desde este paraje se determinan sitios [*Plätze*] y caminos, por medio de los cuales se espacia un espacio.

Cosas que son lugar de tal manera, localizan, en cada caso, ante todo, espacios. Lo que nombra esta vieja palabra "espacio" lo dice su vieja significación. Espacio [*Raum*], *Rum*, se llama al sitio [*Platz*] libre para población y campamento. Un espacio es algo espaciado, liberado, a saber, en un límite, en griego πέρας. El límite no es aquello en donde algo acaba, sino, como conocieron los griegos, el límite es aquello desde donde algo *comienza su ser.* Por eso el concepto es ὁρισμός, esto es, límite. Espacio es esencialmente lo espaciado, introducido en su límite. Lo espaciado, en cada caso, es localizado y así tramado, esto es, recolectado por medio de un lugar, esto es, por medio de una cosa de tipo puente. *Según eso, reciben los espacios su esencia de lugares y no de "el" espacio.*

Cosas que, en cuanto lugares, localizan un paraje, las llamamos nosotros ahora, anticipadoramente, construcciones. Se llaman así porque son producidas por medio del construir edificador. Sin embargo, de qué clase tiene que ser este pro-ducir, a saber, el construir, lo experimentaremos, sobre todo, si hemos meditado previamente la esencia de aquellas cosas que desde sí mismas y para su confección exigen el construir como producir. Estas cosas son lugares, que localizan un paraje en lo cuadrante, el cual paraje, en cada caso, espacia un espacio. En el ser de estas cosas como lugares yace el vínculo entre lugar y espacio, pero yace también la referencia del lugar al hombre, que se mantiene en él. Por eso, ahora intentamos nosotros aclarar el ser de estas cosas que llamamos construcciones, de manera que meditamos brevemente lo que sigue.

De un lado: ¿en qué relación están lugar y espacio? Y, de otro, ¿cuál es la relación entre hombre y espacio?

El puente es un lugar. En cuanto tal cosa localiza un espacio, en el que son introducidos Tierra y Cielo, los Divinos y los Mortales. El espacio, localizado por el puente, contiene distintos sitios [*Plätze*] de diferente cercanía y lejanía al puente. Ahora bien, estos sitios [*Plätze*] se pueden avaluar como simples localizaciones [*Stellen*], entre las que hay una distancia medible; una distancia, en griego, un στάδιον, está siempre espaciada y, ciertamente, por simples sitios. Lo así espaciado por sitios es un espacio de tipo peculiar. Él es, en cuanto distancia, en cuanto, lo que nos dice en latín la misma palabra *stadion,* un "spatium", un intervalo. Así, podrían convertirse cercanía y lejanía entre hombres y cosas en simples alejamientos, en distancias de intervalo. En un espacio que es concebido únicamente como *spatium,* aparece ahora el puente como un simple algo en un sitio [*Stelle*], el cual puede ser ocupado por cualquiera otra cosa, o sustituido por una simple marca. Por si fuera poco, del espacio como intervalo se pueden destacar las simples distensiones según alto, ancho y profundidad. Esto así destacado, en latín *abstractum,* lo concebimos como la pura diversidad de las tres dimensiones. Sin embargo, lo que espacia esta diversidad no se determina ya más por medio de distancias, no es ningún *spatium* más, sino solo *extensio* –extensión. Pero el espacio como *extensio* se puede abstraer todavía más, a saber, como relaciones analítico-algebraicas. Lo que estas espacian es la posibilidad de la pura construcción matemática de diversidades con *cuantasquiera* dimensiones. Se puede llamar a eso espaciado matemáticamente "el" espacio. Pero "el" espacio en este sentido no contiene espacios ni sitios [*Plätze*]. En él jamás encontramos nosotros lugares, esto es, cosas del tipo del puente. Bien por el contrario, en los espacios que son espaciados por lugares, yace, inversamente, siempre el espacio en cuanto intervalo y, en este, a su vez, el espacio como pura extensión. *Spatium y extensio* ofrecen siempre la posibilidad de medir las cosas y lo que ellas espacian según distancias, según trechos, según direcciones y la posibilidad de calcular esa medida. Pero en ningún caso los números-medida y sus dimensiones, porque sean aplicables, *en general,* a todo lo extenso, son también ya *el fundamento* de la esencia de los espacios y lugares, que son medibles con ayuda de lo matemático. Hasta qué punto fue forzada también por el mismo asunto la física moderna a concebir el *medium* espacial del espacio cósmico como unidad de campo, que es determinado por medio de los cuerpos en cuanto *centrum* dinámico, no puede ser elucidado aquí.

Los espacios que nosotros recorremos cotidianamente están espaciados por lugares; su ser se fundamenta en cosas del tipo de las construcciones. Si prestamos atención a estas referencias entre lugar y espacios, entre espacios y espacio, entonces ganamos un punto de apoyo para meditar la relación entre hombre y espacio.

Cuando se habla de hombre y espacio, entonces eso se entiende como si el hombre estuviera por un lado y el espacio por otro. Pero el espacio no es nada contrapuesto al hombre. No es ni un objeto exterior, ni una vivencia interior. No hay hombres y además *espacio;* pues, si yo digo "un hombre" y pienso con esa palabra aquello que es de modo humano, esto es, que habita, entonces menciono yo con el nombre "un hombre" ya la morada en lo cuadrante junto a las cosas. Incluso, también cuando nos relacionamos con cosas que no están en cercanía asible, nos mantenemos junto a las cosas mismas. No concebimos simplemente las cosas lejanas –como suele enseñarse– interiormente, de tal manera que, como sustituto de las cosas lejanas, en nuestro interior y en nuestra cabeza, discurren solo imágenes de ellas. Si ahora nosotros –todos nosotros– pensamos desde aquí en el viejo puente de Heidelberg, entonces el pensar en aquel lugar no es ninguna mera vivencia en las personas aquí presentes; más bien pertenece a la esencia de nuestro pensar *en* el citado puente, que este pensar trans-porte en sí la lejanía a ese lugar. Desde aquí estamos nosotros allí, en el puente, y no, por ejemplo, en un contenido representativo de nuestra conciencia. Incluso, desde aquí podemos estar más cerca de aquel puente y a lo que espacia, que quien lo utiliza diariamente, como indiferente pasar el río. Espacios y con ellos "el" espacio, están siempre ya espaciados en la morada de los mortales. Espacios se abren siendo introducidos en el habitar del hombre. Los mortales *son,* esto dice: *habitando* trans-portan espacios sobre el fundamento de su morada junto a cosas y lugares. Y solo porque los mortales, conforme a su esencia, trans-portan [*durch-stehen*] espacios, pueden trans-itar [*durch-gehen*] espacios. Pero en el ir no abandonamos a aquel portar. Más bien, vamos siempre a través de espacios, que nosotros soportamos ya en ello, manteniéndonos constantemente en los lugares y cosas cercanas y lejanas. Cuando yo voy hacia la salida de la sala, yo estoy ya allí y no podría ir hacia allí, si yo no fuera de manera tal que estoy allí. Yo no estoy jamás solo aquí, en cuanto este encapsulado cuerpo, sino que estoy allí, esto es, trans-portando ya el espacio y solo así puedo yo trans-itarlo.

Aunque los mortales "entren en sí mismos", no abandonan con ello la pertenencia a lo cuadrante. Cuando nosotros –como se suele decir– reflexionamos sobre nosotros mismos, venimos en retorno a nosotros mismos desde las cosas, *sin abandonar,* en cada caso, la morada junto a las cosas. Incluso la pérdida de relación con las cosas que ocurre en situaciones deprimentes, no sería, pues, posible, si no permaneciera también en estas situaciones lo que es algo humano, a saber, una morada *junto a* las cosas. Solo si esta morada determina ya el ser-hombre, pueden no decirnos nada las cosas en las que estamos, no concernirnos ya *en nada.*

El vínculo del hombre con lugares y, por medio de lugares, con espacios, estriba en el habitar. La relación de hombre y espacio no es otra cosa que el habitar esencialmente pensado.

Si nosotros pensamos y repensamos, de la manera intentada, la referencia entre lugar y espacio, pero también la relación de hombre y espacio, se arroja entonces una luz sobre la esencia de las cosas, que son lugares y que nosotros llamamos construcciones.

El puente es una cosa de tal tipo. El lugar introduce el despliegue unitario de Tierra y Cielo, de los Divinos y los Mortales en un paraje, erigiendo el paraje en espacios. El lugar espacia a lo cuadrante en un doble sentido. El lugar *admite* a lo cuadrante y el lugar *erige* a lo cuadrante. Ambos, a saber, espaciar como ad-mitir y espaciar como erigir se copertenecen. En cuanto el doble espaciar es el lugar una custodia [*Hut*] de lo cuadrante o, como dice la misma palabra: un *Huis*, una *Haus* [casa]. Cosas del tipo de tales lugares encasan [*behausen*] la morada de los hombres. Cosas de este tipo son caseríos [*Behausungen*], pero no necesariamente habitaciones en sentido estricto.

El pro-ducir tales cosas es el construir. Su esencia estriba en que corresponda al tipo de esas cosas. Estas son lugares, localizan espacios. Por eso, el construir, porque erige lugares, es un fundar y tramar espacios. Porque el construir pro-duce lugares, viene con la juntura de sus espacios necesariamente también el espacio como *spatium* y como *extensio* en la trama clásica de construcciones. Solo que el construir no forma jamás "al" espacio. Ni inmediata ni mediatamente. Sin embargo, el construir, porque produce cosas como lugares, está más cerca de la esencia de los espacios y de la proveniencia esencial "del" espacio, que toda Geometría y Matemáticas. El construir erige lugares, que espacian un paraje a lo cuadrante. Del despliegue-unitario al que pertenecen mutuamente Tierra y Cielo, los Divinos y los Mortales, *acoge* el construir la *indicación* para su erigir lugares. De lo cuadrante *asume* el construir la medida para todo dia-metrar y para cada medir a los espacios, que, en cada caso, están espaciados por medio de los lugares fundados. Las construcciones guarecen a lo cuadrante. Son cosas que, a su manera, protegen a lo cuadrante. Proteger a lo cuadrante, salvar a la Tierra, acoger al Cielo, esperar a los Divinos, conducir a los Mortales, este cuádruple proteger es la sencilla esencia del habitar. Así, pues, las construcciones legítimas acuñan al habitar en su esencia y en*casan* a esta esencia.

El construir caracterizado es un notable dejar-habitar. Si de hecho *es* eso, entonces ya *ha correspondido* el construir al aliento de lo cuadrante. Sobre este corresponder queda fundamentado todo planear que, por su parte, abre el ámbito adecuado al proyectar en planos.

Tan pronto como intentamos pensar la esencia del construir erigidor desde el dejar-habitar, experimentamos más claramente en qué estriba aquel pro-ducir, en el que se realiza el construir. Comúnmente tomamos el pro-ducir como una actividad, cuya ejecución tiene por consecuencia un resultado, la construcción lista. Se puede concebir así el pro-ducir y con ello se capta algo correcto; sin embargo, jamás encuentra su esencia, consistente en producir [*herbringen*] que *a*-duce [*vorbring*]. El construir *aca*-rrea, a saber, lo cuadrante en una cosa, el puente, y *a*-duce la cosa como un lugar en lo ya pr*esente,* que ahora es espaciado ante todo *por medio de* este lugar.

Pro-ducir [*hervorbringen*] se dice en griego τίκτω. A la raiz *tec* de este verbo pertenece la palabra τέχνη, Técnica. Esta no significa para los griegos ni arte, ni artesanía, sino: dejar aparecer algo en lo pr*esente,* en cuanto esto o lo otro, así o de otra manera. Los griegos piensan la τέχνη, el producir, desde el dejar-aparecer. La τέχνη que de esa manera está por pensar, se oculta desde antaño en lo tectónico de la Arquitectura. Se oculta modernamente aún y más decisivamente en lo técnico de la técnica de máquinas motrices. Pero la esencia del pro-ducir constructor no se deja pensar suficientemente ni desde el arte de la construcción, ni desde la ingeniería de la construcción, ni desde un simple acoplamiento de ambos. El pro-ducir constructor *tampoco* sería determinado adecuadamente si quisiéramos pensarlo, en el sentido de la originaria τέχνη griega, *solo* como dejar-aparecer, que coloca algo producido como algo pr*esente* en lo ya pr*esente.*

La esencia del construir es el dejar-habitar. La realización de la esencia del construir es el erigir lugares por medio del tramar sus espacios. *Solo si nosotros tenemos el poder de habitar, podemos construir.* Pensemos por un rato en una casa de campo [*Hof*] de la Selva Negra, a la cual construyó todavía el habitar campesino hace dos siglos. Aquí la in-stancia del poder de dejar introducir en las cosas, *desplegándose unitariamente,* a Tierra y Cielo, los Divinos y los Mortales, ha dirigido la casa. Ha puesto la casa en la ladera de la montaña, protegida de los vientos, contra el mediodía, entre la pradera, en la cercanía de los manantiales. Se le ha puesto el tejado con mucho resalte, tejado que soporta con su inclinación adecuada el peso de la nieve y, llegando muy abajo, protege a los aposentos de las tormentas de las largas noches invernales. No se ha olvidado el rincón-de-Dios detrás de la mesa común, se ha espaciado el lugar sagrado para el puerperio y Totenbaum [árbol de la muerte] –así se llama allí al ataúd–, en los aposentos y así ha diseñado a las diferentes edades de la vida, bajo un techo, el cuño de su curso a través del tiempo. Una artesanía, originada en el mismo habitar, que emplea aún sus herramientas y andamios como cosas, ha construido la casa de campo.

Solo si tenemos el poder de habitar podemos construir. La alusión a la casa de campo de la Selva Negra no mienta, en absoluto, que debamos y podamos retroceder al construir de esas casas, sino que ilustra en un habitar *pasado* cómo *él* tenía el poder de construir.

Pero el habitar es el *rasgo fundamental* del ser conforme al cual son los mortales. Quizás que por medio de este intento de pensar el habitar y construir se haga más claro en torno a que el construir pertenece al habitar y cómo recibe su esencia de él. Se habría ganado suficientemente si entraran habitar y construir en lo *digno-de-ser-preguntado* y permanecieran así como algo *digno-de-ser-pensado*.

Sin embargo, que el mismo pensar pertenece al habitar en el mismo sentido que el construir, solo que de otro modo, podría atestiguarlo el camino-pensar aquí intentado.

Construir y pensar, según sus clases respectivas, son indispensables para el habitar. Pero ambos son también insuficientes para el habitar, mientras impulsen lo de cada uno aisladamente, en lugar de oírse mutuamente. Tendrían este poder si ambos, construir y pensar, que pertenecen al habitar, quedan en sus límites y saben que tanto el uno como el otro vienen del taller de una larga experiencia e incesante ejercitación.

Nosotros intentamos meditar la esencia del habitar. El próximo paso en este camino sería la pregunta: ¿qué pasa con el habitar en nuestro meditable tiempo? Se habla por todas partes, y con fundamento, de la penuria habitacional. No solo se habla, se pone manos a la obra. Se intenta solventar la penuria por medio del acondicionamiento de habitaciones, por medio de la exigencia de la construcción de viviendas, por medio de la planificación de todas las construcciones. Por dura y amarga, por paralizante y amenazadora que sea la penuria [*Mangel*: escasez, carestía] de habitaciones, la *auténtica penuria* [*Not*] *del habitar* no consiste ante todo en que falten habitaciones. La auténtica penuria de habitaciones es también más vieja que la Guerra Mundial y las destrucciones; más vieja también, pues, que el aumento del número de la población sobre la Tierra y que la situación del trabajador industrial. La auténtica penuria del habitar estriba en que los mortales tendrían ante todo que buscar nuevamente la esencia del habitar, en que ellos *tendrían que aprender ante todo a habitar.* ¿Qué, si la falta-de-patria [*Heimatlosigket*: desarraigo] del hombre consistiera en que el hombre aún no medita, en absoluto, la *propia* penuria del habitar *en cuanto la* penuria? Sin embargo, tan pronto como el hombre *medita* la falta de-patria, no es ya ninguna miseria más. Es, meditada rectamente y mantenida buenamente, el único aliento que *voca* a los mortales al habitar.

Pero, ¿de qué otra manera podrían los mortales *corresponder* a ese aliento que intentando ellos por *su* parte, por sí mismos, llevar el habitar a la plenitud de su esencia? Realizan eso si construyen por [*aus*: desde, a partir de] el habitar y piensan para el habitar.

LA COSA

LA COSA

Todas las lejanías en el tiempo y en el espacio se encogen. El hombre, mediante aeronaves, llega ahora en una noche a donde en otro tiempo solo arribaba tras semanas o meses de camino. El hombre, mediante la radiodifusión se entera hoy y a cada hora de lo que antes tardaba años o no se enteraba en absoluto. En la película, en unos minutos y a la vista de todos, transcurren la germinación y el desarrollo de las plantas, que permanecen ocultos a lo largo de años. En ella se muestran ciudades lejanas de las más viejas culturas como si subsistieran aun con el tránsito callejero actual. Además, la película da testimonio de lo que exhibe gracias, precisamente, a que proyecta a la vez en tal trabajo el aparato tomavistas y al hombre que le sirve. La televisión, que pronto atrapará y se enseñoreará de todo el artilugio y tropel de las comunicaciones, llega al colmo en soslayar todas las posibilidades de la lejanía.

El hombre traspone los mayores recorridos en el mínimo tiempo. Arroja tras de sí las distancias más grandes y, de este modo, trae ante sí todo a la más pequeña distancia.

Mas, el precipitado eliminar todas las distancias no aporta ninguna cercanía, pues la cercanía no consiste en una distancia pequeña. Lo que está mínimamente alejado de nosotros, en lo que se refiere a separación, mediante la imagen fílmica o el sonido radiado, puede quedarnos lejano. Lo que se encuentra tan alejado, en cuanto a separación, que se pierde de vista, puede sernos cercano. Una distancia pequeña no es ya cercanía. Una gran distancia no es ya [*noch*: aún] lejanía.

¿Qué es la cercanía, que falta pese a la reducción de las más largas distancias a separaciones mínimas? ¿Qué es la cercanía, que resulta rechazada por el incesante apartar los alejamientos? ¿Qué es la cercanía que con su faltar también queda fuera la lejanía?

¿Qué ocurre, que en el eliminar las grandes distancias todo sigue igual de lejano e igual de próximo? ¿Qué es esto uniforme en lo que todo se encuentra ni lejano ni cercano, por decirlo así, sin separación?

Todo es arrastrado por la uniforme falta de separación. ¿Cómo? ¿Acaso no es más desazonador el amontonarse todo en la falta de separación que un estallar disgregador de todo?

El hombre mira atónito lo que puede venir con la explosión de la bomba atómica. El hombre no ve lo que hace largo tiempo ha llegado y ciertamente ya ha sucedido, lo que expele a la bomba atómica y su explosión únicamente como su última eyección –para no hablar de la bomba de hidrógeno, cuya deflagración inicial podría, teniendo en cuenta sus máximas posibilidades, extinguir toda vida terráquea. ¿Qué espera aún esta perpleja angustia si lo aterrador ha ocurrido ya?

Lo aterrador [*Entsetzende*: terrible] es aquello que disloca [*heraussetzt*] a todo lo que es de su previa esencia. ¿Qué es esto aterrador? Se muestra y se oculta en el modo *como* todo se pr*esencia,* a saber, que pese a todo vencer las distancias, falta la cercanía de lo que es.

¿Qué pasa con la cercanía? ¿Cómo podemos experimentar su esencia? Según parece, no podemos encontrar la cercanía inmediatamente. Esto se logra más bien si nosotros vamos tras lo que se halla en la cercanía. Cerca nos está lo que solemos llamar cosas. Pero, ¿qué es una cosa? Hasta ahora el hombre ha meditado tan poco en la cosa en cuanto cosa como en la cercanía. Una cosa es la jarra. ¿Qué es la jarra? Decimos: una vasija [*Gefäß*], aquello que envasa [*faßt*] en sí algo. Lo envasador, lo que coge [*Fassende*] en la jarra es el fondo y las paredes. Esto mismo que envasa y coge es lo que, a su vez, se coge por el asa. Como tal vasija, la jarra es algo que está en sí mismo. El estar-en-sí [*Insichstehen*] caracteriza a la jarra como algo autoestante [*Selbständiges*]. Como retén [*Selbstand*: posición autónoma] de algo autoestante, la jarra se distingue de un ob-stante [*Gegenstand*: ob-jeto]. Algo autoestante puede volverse ob-jeto al ponerlo frente a nosotros [representárnoslo], ya sea en la percepción inmediata, ya en la re-actualización evocadora. Empero, lo cosivo de la cosa no estriba ni en ser un objeto representado ni, en general, tampoco se puede determinar desde la objetividad [*Gegenständlichkeit*: objetualidad] del objeto.

La jarra permanece siendo vasija, representémonosla o no. En cuanto vasija, la jarra está en sí. Mas, ¿qué significa que el envase está en sí? ¿Determina ya el estar-en-sí de la vasija a la jarra en cuanto una cosa? La jarra está como tal vasija solamente si se la hace estar. Esto ha sucedido y sucede gracias a un [cierto] aducir [*Stellen*: emplazamiento], a saber, gracias al producir [*Herstellen*]. El alfarero hace la jarra terriza con la tierra escogida y preparada por él mismo especialmente para ese fin. La jarra consta [solo] de tierra. Mediante aquello de que consta puede la jarra estar sobre la tierra, bien de modo inmediato, bien a través de mesa y banco. Lo que consta gracias a tal producir, es lo que está-en-sí. Ahora bien, al coger nosotros la jarra como vasija producida, la cogemos, según parece, como una cosa y en modo alguno como un mero objeto.

¿O también ahora seguimos tomando a la jarra como un objeto? Así es. Por cierto que ahora ya no se trata únicamente de un objeto del mero representar [*Vorstellen*]; por el contrario, es un objeto que un cierto producir [*Herstellen*] nos pro-duce, enfrenta y contra-pone. Parece que el estar-en-sí caracteriza a la jarra en cuanto cosa. Sin embargo, en verdad pensamos el estar-en-sí desde el producir. El estar-en-sí es aquello a que apunta el producir. Pero el estar-en-sí puede asimismo pensarse a partir de la objetividad, aunque el ser-objeto [*Gegenstehen*: estar-frente] de lo producido no se fundamente más en el mero representar. Sin embargo, no hay ningún camino que lleve de la objetividad del objeto y de lo autoestante a lo cosivo [*das Dinghafte*] de la cosa.

¿Qué es lo cósico [*das Dingliche*] en la cosa? ¿Qué es la cosa en sí? Únicamente llegamos a la cosa en sí cuando nuestro pensar, por lo menos, haya alcanzado primero la cosa en cuanto cosa.

La jarra es una cosa en cuanto vasija. Sin duda que este envase exige una producción. Pero la producencia por el alfarero no constituye aquello que es propio de la jarra en cuanto que es jarra. La jarra no es vasija porque haya sido producida, sino que tuvo que ser producida por ser esta vasija.

Ciertamente que la producción permite que la jarra entre en lo suyo propio. Mas, esto propio de la esencia de la jarra no se elabora nunca mediante la producción. Independientemente de la elaboración, la jarra, que está-por-sí, se ha reunido sobre sí misma para envasar. Es cierto que, durante el proceso de producción, la jarra debe, en primer término, mostrar su aspecto al que la produce. Pero esto que se muestra-a-sí, el aspecto (el εἶδος, la ἰδέα), caracteriza a la jarra solamente en lo que se refiere a la contraposición entre la vasija como producto y el productor.

Sin embargo, la referencia al aspecto, la ἰδέα, no permite en absoluto experimentar [*erfahren*: experienciar], para no hablar de pensarlo adecuadamente, qué es la vasija que tal aspecto presenta en cuanto esta jarra, qué y cómo es la jarra en cuanto esta cosa-jarra. Por ello, Platón que representó la presencia de lo presente desde el aspecto, meditó la esencia de la cosa tan poco como Aristóteles y todos los pensadores subsiguientes. Platón, antes bien –con lo cual, ciertamente, estableció la norma para las épocas posteriores–, experimentó todo lo que es pr*esente* como objeto del producir [*Herstellen*]. Digamos con más exactitud en lugar de objeto [*Gegenstand*], proveniente [*Herstand*]. En la esencia completa de lo pro-veniente [*Her-stand*] domina un doble pro-venir [*Her-stehen*]; por un lado, el pro-venir en el sentido del surgir [*Herstammen*] de… (ya sea un brotar por sí mismo, ya un ser producido); por otro lado, el pro-venir en sentido de estar-dentro [*Hereinstehen*] lo brotado en el desvelamiento de lo ya pr*esente*.

Pero todo representar a lo presente en el sentido de provenido [*Herständig*] y de objetivo [*Gegenständig:* obstante] jamás alcanza a la cosa en cuanto cosa. Lo cosivo de la jarra [*Dinghafte des Kruges*] reposa en lo que es en cuanto vasija. Adveramos lo envasador de la vasija cuando llenamos la jarra. El fondo y las paredes asumen, sin duda alguna, el envasar. Pero, vayamos despacio. Al llenar la jarra de vino, ¿escanciamos acaso este en las paredes y en el fondo? A lo más, lo escanciamos entre las paredes sobre el fondo. Paredes y fondo son de cierto lo impenetrable de la vasija. Mas, lo impenetrable no es aún lo envasador. Al escanciar hasta colmar la jarra, lo escanciado entra, hasta llenarla, en la jarra vacía. El vacío es lo envasador de la vasija. El vacío, esta nada de la jarra, es lo que la jarra es en cuanto la vasija envasadora.

Mas, la jarra consta de paredes y fondo. A través de aquello de lo que consta la jarra, ella está de pie. ¿Qué sería una jarra que no se tuviera de pie? Por lo menos, una jarra fallida; por lo tanto, también sería una jarra, a saber, una jarra tal que ciertamente envasaría, pero que al no tenerse de pie y caer dejaría que se saliese lo envasado. Pues solamente una vasija puede dejar que algo se salga.

Paredes y fondo, aquello de que consta la jarra y mediante lo cual está de pie, no son lo propiamente envasador. Pero si esto último reposa en el vacío de la jarra, entonces el alfarero, que configura paredes y fondo en el torno, no elabora propiamente la jarra. Únicamente da forma al barro. O mejor, da forma al vacío. Para él, en él y desde él configura el barro una figura. El alfarero aprehende [*faßt*: capta] en primer lugar y siempre lo in-aprehensible [*Unfaßliche*] del vacío y lo produce en tanto que lo envasador [*Fassende*] en forma de vasija [*Gefäß*]. El vacío de la jarra determina cada gesto del producir. Lo cosivo de la vasija no reposa en modo alguno en la materia de que consta, sino en el vacío, que envasa [*faßt*: contiene, acoge].

Mas, ¿está realmente vacía la jarra?

La ciencia física nos asegura que la jarra está llena de aire y de todo lo que integra la mezcla que es el aire. Nos dejamos engañar por un tipo de consideración semipoética cuando invocamos el vacío de la jarra para determinar lo envasador que hay en ella.

Sin embargo, tan pronto como nos disponemos a investigar científicamente la jarra real en cuanto a su realidad, se muestra un asunto distinto. Si escanciamos vino en la jarra, el aire que ya la llenaba resultará desplazado y substituido por un líquido. Llenar la jarra quiere decir, desde el punto de vista científico, cambiar un contenido por otro.

Estos datos de la física son correctos. La ciencia concibe gracias a ellos algo real, de acuerdo con lo cual se rige objetivamente. Pero, ¿es la jarra eso real? No. La ciencia atañe solamente a lo que *su* modo de concebir ha admitido previamente como posible objeto para ella.

Se dice que el saber proporcionado por la ciencia es forzoso [*zwingend*: vinculante, obligatorio]. Ciertamente. Mas, ¿en qué consiste su forzosidad? En nuestro caso, en que nos fuerza a abandonar la jarra llena de vino y a colocar en su lugar un hueco en el que se expande el líquido. La ciencia convierte a la cosa-jarra en una nada, en cuanto no acepta las cosas como lo decisivamente real.

El saber de la ciencia –forzoso en su campo, el de los objetos– ha aniquilado a las cosas en cuanto cosas ya mucho antes de que estallase la bomba atómica, cuya explosión es solamente la más brutal de todas las brutales ratificaciones del aniquilamiento, acontecido hace mucho tiempo, de la cosa: el de que la cosa en cuanto cosa se queda en nada. La cosidad [*Dingheit*] de la cosa queda oculta, olvidada. La esencia de la cosa no llega jamás a aparecer, es decir, no llega a lenguaje. Esto es lo que se quiere decir al hablar de aniquilamiento de la cosa en cuanto cosa. Este aniquilamiento es tanto más desazonador porque él lleva consigo una doble ceguera: de un lado, la opinión respecto a que la ciencia alcanza lo real en su realidad con primacía sobre todos los otros modos de experimentar [*Erfahren*: experienciar]; de otro, la apariencia de que las cosas pueden ser igualmente cosas pese a la investigación científica de la realidad –lo cual supone que ya eran todas y cada una de ellas cosas esenciadas [desplegando su ser]. Mas, si las cosas se hubieran mostrado ya en cada caso *en cuanto* cosas en su cosidad, la cosidad de la cosa hubiera sido algo patente. *Ella* habría reclamado al pensar. Pero, en verdad, la cosa en cuanto cosa queda atajada, anonadada y, en tal sentido, aniquilada. Esto ha sucedido y sucede tan esencialmente que no solamente no se aceptan las cosas en cuanto cosas, sino que, además, nunca hasta ahora las cosas, en general, tampoco han podido aparecer al pensar en cuanto cosas.

¿En qué reposa el no aparecer de la cosa en cuanto cosa? ¿Es solamente que el hombre ha descuidado representar la cosa en cuanto cosa? El hombre solo puede descuidar lo que le estaba ya asignado. El hombre puede representar, de cualquier modo que sea, lo que previamente ya está lucido [*gelichtet*: aclarado, iluminado] ante él y en la luz [*Licht*] que trae consigo se le ha mostrado.

Mas, ¿qué es la cosa en cuanto cosa, cuya esencia nunca ha podido aparecer?

¿Acaso la cosa no viene aún a suficiente cercanía, de tal modo que el hombre no ha aprendido todavía a prestar atención suficientemente a la cosa en cuanto cosa? ¿Qué es cercanía? Ya preguntamos esto antes. Lo hemos preguntado para experimentar [*erfahren*: experienciar] la jarra en la cercanía.

¿En dónde reposa lo jarral de la jarra [*das Krughafte des Kruges*: lo que califica a la jarra como jarra]? Repentinamente lo hemos perdido de vista, y precisamente en el instante en que parecía que la ciencia podía darnos una explicación sobre la realidad de la jarra real. Concebimos entonces lo real-eficaz [*Wirkende*] de la vasija, lo envasador suyo, el vacío, como un hueco lleno de aire. Este es el vacío pensado como real, a la manera del físico; pero no es el vacío de la jarra. No dejamos que el vacío de la jarra sea su vacío. No prestamos atención a aquello que es lo envasador de la vasija. No meditamos en cómo esencia el mismo envasar. Por ello tiene que escapársenos lo que envasa la jarra. El vino se convierte para la representación científica en un mero líquido, y este en un estado de agregación general de la materia, posible en todo lugar. Nosotros hemos omitido meditar lo que la jarra envasa [*faßt*: contiene] y cómo lo envasa.

¿Cómo envasa el vacío de la jarra? Envasa al tomar lo que se escancia [vierte] dentro. Envasa cuando retiene lo tomado. El vacío envasa de doble manera: tomando y reteniendo. La palabra "envasar" ["*fassen*": "acoger"] tiene por tanto un doble sentido. Ahora bien, el tomar lo escanciado dentro y el retener dentro lo escanciado se copertenecen. Pero su unidad está regida [*bestimmt*] desde el verter [*Ausgießen*] [de la jarra] sobre el cual está conformada [*abgestimmt*] la jarra en cuanto jarra. El doble envasar del vacío reposa en el verter-a [*Ausgießen*: verter hacia fuera]. El envasar es propiamente como es en cuanto que es este verter. Verter desde la jarra es dar a beber [*schenken:* ofrecer, escanciar, obsequiar]. En el dar a beber lo escanciado esencia el envasar de la vasija. El envasar requiere el vacío como lo envasador. La esencia del vacío envasador está reunida en el ofrecer. Pero ofrecer es más rico que el mero verter hacia afuera [*Ausschenken*]. El ofrecer, en donde la jarra es jarra, se reúne en el doble envasar y, ciertamente, en el verter. A la reunión de montañas [*Berge*] llamamos serranía [*Gebirge*]. A la reunión del doble envasar en el verter, que en tanto que unión da lugar ante todo a la esencia entera del dar, llamamos: el don [*Geschenk:* obsequio]. Lo jarral de la jarra esencia en el don de lo escanciado [*im Schenken des Gusses*]. También la jarra vacía retiene su esencia desde el don, aunque la jarra vacía no permite ningún verter fuera de ella. Pero éste no permitir es propio de la jarra y sólo de la jarra. Una guadaña, por el contrario, o un martillo, son incapaces de no permitir aquel verter [*Schenken:* dar a beber, escanciar, obsequiar].

El don de lo escanciado puede ser una bebida. Da agua, da vino a beber.

En el agua del don mora la fuente. En la fuente mora la piedra; en ella, el oscuro sueño de la tierra que recibe lluvia y rocío del cielo. En el agua de la fuente moran las nupcias del cielo y de la tierra. Moran en el vino, que el fruto de la cepa nos da, en el cual se han confiado uno en otro lo nutridor de la tierra y el sol del cielo. En el don del agua, en el don del vino, moran en todo instante cielo y tierra. Pero el don de lo escanciado es lo jarral de la jarra. En la esencia de la jarra moran tierra y cielo.

El don de lo escanciado es la bebida [*Trunk*] para los mortales. Calma su sed. Restaura su descanso. Alegra sus reuniones. Mas el don de la jarra se dona a veces como consagración [*Weihe*]. Lo escanciado como consagración no calma ninguna sed; calma la celebración de la fiesta en las alturas. Ahora el don de lo escanciado no es ni lo despachado en una taberna [*Schenke*] ni es el don de una bebida para los mortales. La libación [*Trank*] es la bebida ofrendada a los dioses inmortales. El don de lo escanciado en cuanto libación es el auténtico don. En el donar la bebida libada esencia la escanciadora jarra en cuanto el don donante. La bebida libada [*geweihte Trank*] es lo que la palabra "escanciado" mienta propiamente: ofrenda y sacrificio. "Escanciado" [*guß*], "escanciar" [*gießen*] se dice en griego: χέειν, en indogermánico: *ghu*. Esto significa: sacrificar. Escanciar es —en realización esencial, en suficiente meditación, en dicción legítima— ofrendar, sacrificar, y por tanto, donar. Solo por ello puede el escanciar, tan pronto como su esencia decae, convertirse en mero poner unos vasos y despachar, hasta corromperse finalmente en el vulgar despacho de bebidas. Escanciar no es el mero echar [hacia adentro] y derramar.

En el don de lo escanciado, que es una bebida [*Trunk*], moran a su modo los mortales. En el don de lo escanciado, que es una libación [*Trank*], moran al modo suyo los divinos, que reciben de nuevo el don del donar en tanto que el don de la ofrenda. En el don de lo escanciado moran, en cada caso a su manera, los mortales y los divinos. En el don de lo escanciado moran tierra y cielo. En el don de lo escanciado moran *juntos* tierra y cielo, los divinos y los mortales. Estos Cuatro se copertenecen, aunados desde *sí* mismos. Precediendo a todo cuanto es pr*esente,* están reunidos y simplificados [*eingefaltet*] en una única Cuaterna [*Geviert:* Cuaternidad, Unicuadridad, Cuadrante].

En el don de lo escanciado mora la simplicidad [*Einfalt*] de los Cuatro.

El don de lo escanciado es don en cuanto él demora la tierra y el cielo, los divinos y los mortales. Empero, demorar no es aquí más el mero persistir de algo ante la vista [*Vorhandene*]. Demorar acontece-apropia [*ereignet*]. Lleva a los Cuatro a la luz de lo suyo propio. Desde su simplicidad están confiados mutuamente. Aunados en este mutuamente, están desvelados [*unverborgen*]. El don de lo escanciado demora la simplicidad de la Cuaterna de los Cuatro. Pero en el don esencia la jarra en cuanto jarra. El don reúne lo que pertenece al donar: el doble envasar, lo envasador, el vacío y el escanciar en cuanto ofrendar. Lo reunido en el don se une a sí mismo en ello para demorar, aconteciendo-apropiando, a la Cuaterna [*das Geviert:* lo Cuadrante]. Ese múltiple reunir sencillo es lo esenciador de la jarra. El idioma alemán nombra lo que es reunión en una antigua palabra, que suena *thing.* La esencia de la jarra es la pura y donante reunión de la simple Cuaterna en una mora. La jarra esencia en cuanto cosa [*Ding*]. La jarra es la jarra en cuanto una cosa. Pero, ¿cómo esencia la cosa? La cosa se despliega como cosa [*dingt:* cosea]. El desplegarse como cosa [*Dingen:* cosear] reúne. Reúne la Cuaterna, permitiendo que acontezca apropiadamente [*ereignend*] su demora en algo demorado en cada caso: en esta cosa, en aquella.

A la esencia de la jarra experimentada [experienciada] y pensada de este modo damos el nombre de cosa. Pensamos ahora este nombre desde la esencia ya pensada de la cosa, desde la cosa en cuanto demorar reuniente-acontecedor-apropiante de la Cuaterna. Para ello, al mismo tiempo nos acordamos de la palabra del antiguo alto alemán *thing.* Esta indicación histórico-lingüística induce con facilidad a malentender el modo en que pensamos ahora la esencia de la cosa. Podría parecer que la esencia de la cosa que acabamos de meditar está cuidadosamente extraída del sentido literal del nombre del antiguo alto alemán *thing,* encontrado casualmente. Nace la sospecha de que la experiencia que buscamos de la esencia de la cosa está fundada en la arbitrariedad de un juego de etimologías. La opinión se consolida y se hace corriente opinar que aquí solo se utiliza el diccionario en lugar de reflexionar sobre los comportamientos esenciales.

Sin embargo, el caso es lo contrario de lo que apuntan tales temores. Sin duda alguna, la palabra del antiguo alemán *thing* significa la reunión, y precisamente la reunión para tratar de un asunto de que se debate, de un litigio. Por esa razón las antiguas palabras alemanas *thing y dinc* se convierten en nombres para asunto; nombran aquello que de un modo u otro asume a los hombres, les concierne, lo que –por tanto–, se debate. A aquello que se debate llamaron los romanos *res; y* εἴρω (ῥητός, ῥήτρα, ῥῆμα) quiere decir, en griego, hablar sobre algo, tra-

145

tar acerca de ello; *res publica* no quiere decir el Estado, sino lo que notoriamente concierne a todo el pueblo. Le "atañe", y de lo que, consecuentemente, se discute públicamente.

Únicamente debido a que *res* significa lo concerniente, puede utilizarse en las expresiones *res adversae* y *res secundae*; aquella mienta lo que toca al hombre de modo adverso; esta, lo que le conduce favorablemente. Los diccionarios traducen –sin duda, correctamente–, *res adversae* por infortunio y *res secundae* por fortuna; pero de lo que las palabras dicen al hablar meditadamente informan poco los diccionarios. Verdaderamente, en lo que a esto se refiere, no ocurre aquí ni en los demás casos, que nuestro pensamiento viva de la etimología, sino que la etimología resulta remitida a meditar ante todo los comportamientos esenciales de lo que las palabras, en cuanto palabras, nombran no desplegadamente.

La palabra romana *res* nombra lo que concierne al hombre, el asunto, el litigio, el caso. Para lo mismo los romanos usaban también la palabra *causa*. Esta en modo alguno quiere decir propiamente y en primer lugar "causa"; *causa* [en latín] mienta el caso, y por eso también aquello que constituye el caso [*Fall*]: que algo se pone en juego [*sich begibt wird*] y llega la ocasión de liquidar [*sich fällig wird*]. Solo porque *causa,* casi sinónimo de *res,* significa caso, puede después [la palabra latina] *causa* llegar al significado de causa, en el sentido de causalidad de una acción. La antigua palabra alemana *thing* y *dinc* es apta como ninguna otra, debido a su significado de reunión (a saber, para tratar de un asunto), para traducir con toda propiedad la palabra romana *res,* lo concerniente. Mas de aquella palabra del idioma romano que corresponde en su interior a la palabra *res,* a partir de la palabra *causa* con el significado de caso y asunto, se forman el románico *la cosa* y el francés *la chose;* nosotros decimos *das Ding.* Ahora bien, en inglés, *thing* ha conservado el pleno vigor nominal de la palabra romana *res: he knows his things,* entiende de sus "cosas" ["*Sachen*": "asuntos"], de lo que le concierne; *he knows how to handle things,* sabe cómo habérselas con las cosas, es decir, de qué se trata en cada caso; *that's a great thing,* es una gran (una distinguida, prodigiosa, espléndida) cosa; es decir, que viene de por sí y concerniente al hombre.

Mas, lo decisivo no es, en modo alguno, la historia semántica de las palabras *res, Ding, causa, cosa* y *chose, thing,* que aquí hemos mencionado brevemente, sino algo totalmente distinto y sobre lo cual no se ha meditado hasta ahora en absoluto. La palabra romana *res* nombra lo que concierne al hombre de algún modo. Lo concerniente [*Angehende*] es lo real [*Reale*] de la *res.* La *realitas* de la *res* la experiencian los romanos como el concernimiento [*Angang*]. Sin embargo: los romanos nunca meditaron propiamente en su esencia lo que experimentaron de tal modo; antes bien, la *realitas* romana de la *res* fue concebida en el sentido del griego ὄν, al adoptarse la filosofía griega tardía; ὄν, en latín *ens,* significa lo pr*esente* con el significado de producto. La *res* se convierte en *ens,* en pr*esente* en el sentido de lo producido [*Hergestellte*] y concebido [*Vorgestellte*]. La auténtica *realitas* de la *res,* experienciada originariamente al modo romano, el concernimiento, queda sepultada como esencia de lo pr*esente.*

Inversamente, el nombre *res* sirvió posteriormente, en especial en la Edad Media, para designar cada *ens qua ens,* esto es, cualquier pr*esente,* incluso si se produce y se presencia únicamente en el representar, como ocurre con el *ens rationis.* Lo mismo que con la palabra *res* sucede con el correspondiente nombre *dinc;* pues *dinc* mienta aquello que de un modo u otro es. En consecuencia, el Maestro Eckhart emplea la palabra *dinc* indistintamente para Dios y para el alma. Dios es para él la "cosa más alta y suprema" [*hoechste und oberste dinc*]. El alma es una "gran cosa" [*groz dinc*]. Con ello, este maestro del pensar no quiere decir, en absoluto, que Dios y el alma sean iguales a una roca: un objeto material; *dinc* es aquí el nombre prudente y sobrio para algo que, en general, es. Así, el Maestro Eckhart, apoyándose en unas palabras de Dionisio Areopagita, dice: el amor es de tal naturaleza, que transforma al hombre en las cosas que él ama [*diu minne ist der natur, daz si den menschen wandelt in die dinc, die er minnet*].

Debido a que la palabra cosa nombra, en el uso lingüístico de la metafísica occidental, lo que es, en general y de cualquier modo que sea, cambia el significado del nombre "cosa" paralelamente a la interpretación de lo que es, es decir, de los entes. Kant habla del mismo modo que el Maestro Eckhart de las cosas y mienta con este nombre algo, que es. Pero para Kant aquello que es se convierte en objeto [*Gegenstand*] del representar, el cual transcurre en la autoconciencia del yo humano. La cosa en sí significa para Kant: el objeto en sí. El carácter de "en-sí" quiere decir para Kant que el objeto en sí es objeto sin relación con el representar humano, o sea, sin el "ob" [*Gegen:* "delante de"], gracias al cual ante todo está yecto para dicho representar. "Cosa en sí" significa, tomada en sentido rigorosamente kantiano, un objeto [*ob-jectum,* que está yecto, arrojado delante], que para nosotros –para el representar humano que a él se contrapone–, no es tal, ya que debe estar arrojado [yecto] sin un posible delante de [ob].

Empero, ni el significado general –desde hace tiempo desgastado– del nombre "cosa" tal como se ha empleado en filosofía, ni el sentido en el antiguo alto alemán de la palabra *"thing",* nos ayudan lo más mínimo en la necesidad que tenemos de experienciar y pensar de modo suficiente lo que ahora decimos acerca del provenir esencial de la jarra. Afortunadamente ocurre que *un* momento significativo del uso lingüístico antiguo de la palabra *thing,* a saber, el de "reunir", nos interpela [*anspricht*] respecto de la esencia de la jarra tal como la hemos meditado antes.

La jarra no es una cosa ni en el sentido de la *res* mentada a la manera romana, ni en el del *ens* que se representaron en el medievo, ni tampoco en el sentido de objeto, representado al modo moderno. La jarra es cosa, puesto que se despliega como cosa [*dingt:* cosea]. Desde el desplegarse como cosa [*Dingen:* cosear] de la cosa se acontece-apropia y se determina asimismo en primer lugar el pr*esenciar* de lo pr*esente* del tipo de la jarra.

Hoy todo lo pr*esente* se halla igual de cercano que de lejano. La falta de separación impera. Sin embargo, todo acortar y eliminar las distancias no aporta ninguna cercanía. ¿Qué es la cercanía? Para encontrar la esencia de la cercanía hemos meditado sobre la jarra en la cercanía. Buscábamos la esencia de la cercanía y hemos encontrado la esencia de la jarra como cosa. Pero en este encuentro nos hemos topado juntamente con la esencia de la cercanía. La cosa se despliega como cosa [*dingt*: cosea]. Desplegándose como cosa [*dingend*: coseando] demora tierra y cielo, los divinos y los mortales; demorando, la cosa trae a cercanía mutua a los Cuatro en su lejanía. Este traer a cercanía es el acercar. Acercar es la esencia de la cercanía. Cercanía acerca lo lejano y, ciertamente, en cuanto lo lejano. Cercanía resguarda lo lejano. Resguardando lo lejano, esencia la cercanía en su acercar. Acercando de tal modo, se oculta la cercanía a sí misma y permanece, a su manera, en la mayor cercanía.

La cosa no está "en" la cercanía, como si esta fuese un depósito. La cercanía domina en el acercar en tanto desplegarse como cosa [*Dingen*: cosear] de la cosa.

Desplegándose como cosa [*dingend*: coseando], la cosa demora a los aunados Cuatro, tierra y cielo, los divinos y los mortales, en el despliegue-unitario [*Einfalt*: simplicidad] de su aunada Cuaterna, que surge desde sí.

La Tierra es la portadora que construye, la fructificadora que alimenta, la que alberga aguas y piedras, plantas y animales.

Al decir tierra copensamos ya los otros tres a partir del despliegue-unitario de los Cuatro.

El Cielo es la marcha del sol, el curso de la luna, el brillo de las estrellas, las estaciones del año, luz y crepúsculo del día, oscuridad y claror de la noche, lo bondadoso e inhóspito de las temperies, paso de las nubes y la azul profundidad del éter.

Al decir cielo copensamos ya los otros tres a partir del despliegue-unitario de los Cuatro.

Los Divinos son los mensajeros señaladores de la Deidad. Desde el oculto imperar de esta aparece el Dios en su esencia, que le sustrae a toda comparación con lo pr*esente*.

Al nombrar a los divinos copensamos ya los otros tres a partir del despliegue-unitario de los Cuatro.

Los Mortales son los hombres. Se llaman los mortales porque pueden morir. Morir significa: ser capaz de muerte en cuanto muerte. Solo el hombre muere. El animal acaba. No tiene la muerte en cuanto muerte ante sí ni tras de sí. La muerte es el cofre de la nada, a saber de aquella que en ningún respecto es algo mero ente, y que, sin embargo, esencia como el secreto del ser mismo. La muerte en cuanto el cofre de la nada alberga [*birgt*] dentro de sí lo esenciante del ser. La muerte en cuanto cofre de la nada es el albergue [*Gebirg*] del ser. Ahora llamamos mortales a los mortales no porque su vida terrenal acabe, sino porque son capaces de la muerte en cuanto muerte. Los mortales son lo que son, en cuanto mortales, esenciando en el albergue del ser. Son la relación esencial para con el ser en cuanto ser.

La Metafísica, por el contrario, representa al hombre como *animal* [*sic* en el original], como ser vivo. Incluso si la *ratio* gobierna de punta a cabo la *animalitas,* el ser hombre sigue determinándose a partir del vivir y el vivenciar. Los seres vivos dotados de razón tienen, ante todo, que *convertirse* [*werden*] en mortales.

Al decir los mortales, copensamos ya los otros tres a partir del despliegue-unitario de los Cuatro.

Tierra y cielo, los divinos y los mortales se copertenecen, mutuamente aunados desde sí mismos, a partir del despliegue-unitario [*Einfalt*: simplicidad] de la aunada Cuaterna. Cada uno de los Cuatro refleja a su manera la esencia de los demás. Cada uno se refleja, pues, a su manera, en lo suyo propio, regresando a eso propio, dentro del despliegue-unitario de los Cuatro. Este reflejar no es ningún exhibir una imagen copiada [*Abbild*]. El reflejar acontece-apropiadoramente luciendo cada uno de los Cuatro la esencia suya propia en la unitaria reapropiación mutua [*Vereinung*]. Al reflejar de este modo aconteciente-apropiante-luciente, cada uno de los Cuatro da juego a cada cual de los restantes. El reflejar acontecedor-apropiante da libertad a cada uno de los Cuatro en lo suyo propio, pero liga a los libres en el despliegue-unitario de su esencial reciprocidad.

El reflejar que liga en lo libre es el juego, que confía a cada uno de los Cuatro a los otros desde el plegador apoyo de la reapropiación. Ninguno de los Cuatro está aferrado a su aislada peculiaridad. Más bien, cada uno de los Cuatro, dentro de su reapropiación, expropia [*enteignet*] algo propio. Este reapropiar expropiador es el juego de espejos [*Spiegel-Spiel*: juego-reflejo] de la Cuaterna. Desde él está unido por la confianza el despliegue-unitario de los Cuatro.

Al apropiante juego de espejos del despliegue unitario de tierra y cielo, los divinos y los mortales, llamamos el mundo. Mundo esencia al mundear. Esto dice: el mundear del mundo ni se puede explicar mediante algo distinto, ni fundamentar en algo diferente. Lo imposible de ello no estriba en que nuestro pensar humano sea incapaz de tal explicar y fundamentar. Más bien, lo inexplicable e infundamentable del mundear del mundo reside en que algo así como causas y fundamentos son inadecuados para el mundear del mundo. Tan pronto como el conocer humano exige aquí un explicar, con ello no sobrepasa la esencia de mundo, sino que cae bajo la esencia de mundo. La humana voluntad de explicación no alcanza, en general, hasta lo sencillo del despliegue-unitario del mundear. Al representarse a los aunados Cuatro solamente como partes aisladas de lo real, que deben explicarse una a partir de otra y que deben fundamentarse una en otra, se les ha asfixiado ya en su esencia.

La unidad de la Cuatema es la cuadración [*Vierung*: constitución de los Cuatro]. Mas, la cuadración no actúa, en modo alguno, de tal manera que abarque a los Cuatro y que como tal abarcante se añada subsecuentemente a ellos. La cuadración menos aún se agota en que los Cuatro, ya existentes de antemano, estén solamente yuxtapuestos.

La cuadración esencia como el apropiante juego de espejos de los confiados unos en otros unitariamente desplegados. La cuadración esencia como el mundear de mundo. El juego de espejos de mundo es el danzar en corro del acontecer-apropiador. Por ello el danzar en corro no circunda tampoco a los Cuatro como un aro. El danzar en corro es el anillo [*ring*: cerca], que anilla [*ring*: cerca], mientras juega el juego de los espejos. Aconteciendo-apropiando ilumina a los Cuatro en el brillo de su despliegue-unitario. Brillando, el anillo [*ring*: cerca] reapropia a los Cuatro, abiertos en todas direcciones, en el enigma de su esencia. La esencia reunida del juego de espejos del mundo, que anilla [*ring*: cerca] de tal modo, es la vuelta [*Gering*: el cercado]. En la vuelta [*Gering*: cercado] del anillo [*ring*: cerca] que juega el juego de espejos se pliegan [*schmiegen sich*] los Cuatro en su esencia aunada y, no obstante, propia de cada uno. Así flexibles, al mundear, traman dócilmente el mundo.

Flexible, maleable, dúctil, dócil, fácil se llaman en nuestro antiguo alemán "ring" y "gering". El juego de espejos del mundo mundeador, en tanto que la vuelta del anillo [*das Gering des Ringens*: lo cercado de la cerca], desanilla [*entringt*: saca del cerco] a los aunados Cuatro a la docilidad propia de ellos, a la ductilidad [*das Ringe*] de su esencia. Desde el juego de espejos de la vuelta del anillar [*Gerings des Ringen*: cercado de la cerca] se acontece-apropia el desplegarse como cosa [*Dingen*: cosear] de la cosa.

La cosa de*mora* la Cuaterna. La cosa que se despliega como cosa reúne [*dingt*: cosea] el mundo. Cada cosa de*mora* la Cuaterna en algo ligado a una cierta duración, donde la simplicidad del mundo demora y espera.

Cuando dejamos que la cosa esencie en su desplegarse como cosa [*Dingen*: cosear] desde el mundo mundeador, entonces pensamos en la cosa en cuanto cosa. Al rememorar de esta suerte dejamos que la esencia mundeadora de la cosa nos concierna. Pensando así, somos llamados por la cosa en cuanto cosa. Somos –en el estricto sentido de la palabra– los referidos a las cosas [*Be-Dingten*]. Hemos dejado atrás la desmesura de todo lo incondicionado [*Unbedingten*].

Pensemos la cosa en cuanto cosa; entonces, respetamos la esencia de la cosa [dejándola entrar] en el ámbito desde el cual esencia. Desplegarse como cosa [*Dingen*: cosear] es acercar de mundo. Acercar es la esencia de la cercanía. En cuanto respetamos la cosa como cosa, habitamos la cercanía. El acercar de la cercanía es la dimensión propia y única del juego de espejos del mundo.

El faltar de la cercanía en todo eliminar los alejamientos ha traído a predominio a lo sin-distancia. En el faltar [*Ausbleiben*] de la cercanía permanece [*bleibt*] la cosa, en el sentido mencionado, aniquilada como cosa. Pero, ¿cuándo y cómo son las cosas en cuanto cosas? Preguntamos así en medio del predominio de lo sin-distancia.

¿Cuándo y cómo llegan las cosas en cuanto cosas? *Mediante* tejemanejes [Machenschaft] de los hombres no llegan las cosas. Pero tampoco llegan *sin* la vigilia de los mortales. El primer paso hacia tal vigilia es el paso atrás desde el pensar únicamente representador, es decir, explicador, al pensar rememorador.

El paso atrás de un pensar a otro no es, naturalmente, un mero cambio de actitud. Nunca puede ser de tal modo, aunque no fuera más que porque todas las actitudes, juntamente con todos sus cambios, quedan prisioneras en el ámbito del pensar representador. El paso atrás abandona verdaderamente el ámbito de la mera toma de posición. El paso atrás toma su residencia [*Aufenthalt*] en un corresponder [*Entsprechen*] que, al interpelarle [*ansprechen*: clamarle] la esencia del mundo en sí misma, le responde dentro de ella. Un mero cambio de actitud no es capaz de nada en punto al advenimiento de la cosa en cuanto cosa; del mismo modo, todo lo que ahora se encuentra yecto como objeto en lo sin-distancia tampoco puede simplemente convertirse en cosas. Nunca llegan tampoco las cosas en cuanto cosas, gracias solamente a que nos apartemos de los objetos y re-cordemos [*er-innern*] viejos objetos de antaño, que quizás un día estuvieron en camino de llegar a ser cosas y, pues, de presenciarse como cosas.

Lo que llega a ser cosa, se acontece-apropia desde la vuelta [*Gering*: cercado] del juego de espejos del mundo. Solo si, probablemente de súbito, el mundo en cuanto mundo mundea, resplandece el anillo [*der Ring*: la cerca] que desanilla [*entring*: libera del cerco] la vuelta [*das Gering*: el cercado] de tierra y cielo, divinos y mortales, haciéndolos entrar en la docilidad [*das Ringe*: el círculo] de su simplicidad.

De acuerdo con este dar la vuelta [*Geringen*: cercar], el desplegarse como cosa [*Dingen*: cosear] mismo es de poca monta [*gering*] y la cosa demorada en cada caso es algo modesto [*ring*] que, de manera inaparente, se pliega a su esencia. Modesta [*Ring*] es la cosa: la jarra y el banco, la pasarela y el arado. Pero, a su modo también, son cosa el árbol y la alberca, el arroyo y la montaña. Cosas son, desplegándose como cosas [*dingend*: coseando] en cada caso a su manera, garza y corza, caballo y toro. Cosas son, desplegándose como cosas [coseando] en cada caso a su manera, espejo y hebilla, libro y cuadro, corona y cruz.

Modestas y de poca monta [*Ring und gering*] son, sin embargo, las cosas, inclusive en el número, medidas con el sinnúmero de objetos en general indiferentes, medidas con lo in-menso de lo masivo del hombre en cuanto un ser vivo.

Solo los hombres en cuanto mortales logran, habitando, el mundo en cuanto mundo. Únicamente lo de poca monta [*gering*] del mundo llega a ser alguna vez cosa.

Epílogo

Carta a un joven estudiante

Friburgo de Br., 18 de junio de 1950

¡Querido Sr. Buchner!

Le doy las gracias por su carta. Las preguntas son esenciales y la argumentación correcta. Empero, está por pensar si llegan a lo decisivo.

Usted pregunta: ¿de dónde recibe (brevemente dicho) el pensar del ser el indicio [*Weisung*]?

En esto, no vaya usted a tomar "Ser" como objeto y pensar como mera actividad de un sujeto. Pensar, como está a la base de la conferencia *(Das Ding: La cosa)*, no es ningún mero representar algo existente [*Vorhandene*]. "Ser" no es, de ninguna manera, idéntico a realidad o a lo real que acaba de ser constatado. Ser tampoco está en oposición, de ninguna manera, a no-ser-ya o a no-ser-todavía; estos dos pertenecen también al retiro que da eclosión del Ser [*Wesen des Seins*: esencia del Ser]. La metafísica se aproximó ya un tanto a algo así, en su doctrina de las modalidades –aunque ignorándolo–, según la cual pertenecen al Ser tanto la posibilidad como la realidad y la necesidad.

En el pensar del Ser jamás es re-presentado solo algo real y esto representado entregado como *lo* verdadero. Pensar "Ser" quiere decir: hablar sacando la palabra de la interpelación [*Anspruch*] de su retirarse [*Wesen*: esencia]. Tal hablar [*Entsprechen*: corresponder] se origina en la interpelación y se libera hacia ella. Es un retroceder ante la interpelación y, a su vez, un entrar en su lenguaje [*Sprache*]. Pero a la interpelación del Ser pertenece lo sido [*Gewesene*] (Ἀλήθεια, Λόγος, Φύσις), mañaneramente desvelado, así como también el velado advenimiento de lo que se anuncia en el posible giro [*Kehre*] del olvido del Ser (a la guardianía de su retiro [*in die Wahrnis seines Wesens*: hacia el adverar de su esencia]). A todo esto junto, a partir de una larga e-legancia y en insistente prueba del oír, la liberada palabra tiene que ser atenta, para escuchar una interpelación del Ser. Pero, justo ahí puede equivocarse en el oír. Para este pensar, la posibilidad de ir errante es la más grande. Este pensar jamás se puede demostrar como el saber matemático. Pero mucho menos es arbitrariedad, sino ligado al destinársenos del

Ser, empero, jamás obligatorio como enunciado sino, más bien, solo como posible suscitación para andar el camino del corresponder y, en verdad, andarlo en plena recogida de la meditación [*Bedachtsamkeit*] sobre el Ser *ya* venido a lenguaje.

La falta de Dios y de lo divino es ausencia [*Abwesenheit*]. Mas, ausencia no es una nada; por el contrario, ella es –todavía a apropiársela– la presencia [*Anwesenheit*] de la retraída plenitud de lo sido –y, así recogido sigue siendo [*Wesend*]– de lo divino en Grecia, en los profetas judíos, en las prédicas de Jesús. Este no-ya es en sí un todavía-no del embozado advenimiento de su inagotable despliegue [*Wesen*]. Puesto que Ser jamás es solo lo mero real, vigilancia del Ser no puede equipararse, de ninguna manera, a la función de un puesto de vigilancia que defiende de los ladrones los tesoros depositados en un edificio. Vigilancia del Ser no mira fijamente lo existente [*Vorhandene*]. En este, sin más, nunca se puede hallar una interpelación del Ser. Vigilancia es vigilia por el destino del Ser sido-viniente; vigilia desde una meditación [*Bedachtsamkeit*] larga y siempre renovada, que presta atención al indicio [*Weisung*] de cómo interpela el Ser. En el destino del Ser no se da jamás una mera sucesión; ahora dis-posición [*Gestell*], después Mundo y cosa, sino, cada vez, pasar de largo y contemporaneidad de lo mañanero y de lo tardío. En la *Fenomenología del Espíritu* de Hegel se presencia la ’Αλήθεια, aunque transfigurada.

El pensar del ser, en cuanto corresponder [*Entsprechen*], es un caso demasiado errante y, además, muy menesteroso. Empero, el pensar es quizás un camino inevitable, que no quiere ser un camino de salvación y que no aporta ninguna nueva sabiduría. El camino es, a lo sumo, un camino de campo [*Feldweg*], un camino sobre el campo, que no solo no habla de renuncia, sino que ya ha renunciado, esto es, a la pretensión de una teoría obligatoria y a una realización cultural valedera o a un hecho del espíritu. Todo estriba en el errabundo paso-atrás hacia la meditación [*Bedenken*], que presta atención al giro [*Kehre*] del olvido del ser que empieza a señalarse en el destino del Ser. El paso-atrás que sale del pensar representador de la metafísica no rechaza este pensar, pero sí abre la lejanía hacia la interpelación de la guardianía de la verdad del Ser, en la que el corresponder [*Entsprechen*] está y va.

Frecuentemente me he encontrado, y además en hombres cercanos, que con gusto y atención se oye la exposición sobre el ser de la jarra, pero que se cierran los oídos tan pronto como se habla de *Gegeständlichkeit* [objetividad], *Herstand* [productidad] y proveniencia de la *Hergestelltheit* [productividad], si se habla de lo *Gestell* [disposición]. Pero todo esto copertenece necesariamente al pensar de la cosa, cuyo pensar piensa el posible advenimiento de Mundo, y así pensando-a [*andenkend*], quizás en lo más mínimo e inaparente de todo, ayude a que tal advenimiento llegue hasta el ámbito abierto del ser del hombre.

A las extrañas experiencias que tuve con mi conferencia pertenece también que se pregunte a mi pensar de dónde recibe su indicio, como si esta pregunta solo fuese necesaria frente a este pensar. En cambio, a nadie se le ocurre preguntar: ¿de dónde tiene Platón el indicio de pensar el Ser como ἰδέα, de dónde tiene Kant el indicio de pensar el Ser como lo trascendental de la objetividad, como posición (ser-puesto)?

Pero, quizás, algún día se pueda obtener la respuesta a estas preguntas de los intentos de pensar que, como el mío, son tomados como arbitrariedad sin ley.

Yo no puedo suministrarle, lo que tampoco usted exige, un plan con el cual usted pudiera contrastar, siempre y cómodamente, la coincidencia de lo dicho por mí con "la realidad".

Aquí todo es camino del corresponder oyente y probador. Caminar está siempre en peligro de convertirse en camino errado. Caminar tales caminos exige haberse ejercitado en la marcha. Al ejercicio le hace falta maniobra. Que usted demore en la urgencia sobre el camino y que aprenda in-des-carriado, pero errante, la maniobra del pensar.

Con un saludo amistoso.

154

¿A QUÉ SE LLAMA PENSAR?

¿A QUÉ SE LLAMA PENSAR?

Alcanzaremos lo que significa pensar si nosotros mismos pensamos. Para que tal intento resulte bien debemos prepararnos para aprender a pensar.

Tan pronto como entramos en este aprender concedemos también que aún no somos capaces de pensar.

Pero del hombre se dice, y con toda razón, que él puede pensar. Pues el hombre es el animal racional. La razón, la *ratio,* se despliega en el pensar. En cuanto animal racional, el hombre debe saber pensar solo con que quiera. Quizás el hombre quiera pensar y, sin embargo, no sepa. En último término, él quiere demasiado en este querer pensar y por eso mismo puede tan poco.

El hombre puede pensar en cuanto tiene esa posibilidad. Pero esa posibilidad no nos garantiza que seamos capaces de tal cosa. Ya que, ser capaz de algo, quiere decir: permitir que entre en nosotros ese algo según su esencia y resguardar constantemente esa entrada. Sin embargo, nosotros somos capaces [*vermögen*], siempre únicamente de lo que preferimos [*mögen*], con lo que, admitiéndolo, estamos unidos. Verdaderamente, preferimos solo aquello que siempre y de antemano nos prefiere por sí mismo y nos prefiere en nuestra esencia, inclinándose hacia ella. Por esta inclinación es interpelada nuestra esencia. La inclinación es requerimiento [*Zuspruch*: suscitación alentadora]. El requerimiento nos interpela sobre nuestra esencia, nos suscita en nuestra esencia y así nos mantiene en ella. Mantener quiere decir, propiamente, resguardar. Sin embargo, lo que nos mantiene en la esencia nos mantiene solo durante el tiempo que nosotros, desde nosotros mismos, retenemos a lo que nos mantiene. Lo retenemos, si no lo dejamos fuera de la memoria. La memoria es la reunión del pensar. ¿Sobre qué? Sobre lo que nos mantiene en la esencia, en cuanto que es, al mismo tiempo, meditado en nosotros. ¿Hasta qué punto debe ser meditado lo que nos mantiene? En tanto que él es, desde un principio, lo que hay que meditar [*das zu-Bedenkende*]. Si es meditado, entonces recibe el regalo del recuerdo. Nosotros le profesamos el recuerdo [*An-denken*] porque lo preferimos como lo que requiere nuestra esencia.

Solo si nosotros preferimos lo que en sí mismo hay que meditar, seremos capaces de pensar.

Para alcanzar este pensar debemos, por nuestra parte, aprender a pensar. ¿Qué es aprender? El hombre aprende cuando su hacer y omitir lo hace de acuerdo con lo que en cada caso le es atribuido como esencial. Aprendemos a pensar si prestamos atención a lo que hay que meditar.

Nuestro lenguaje llama a lo que pertenece a la esencia del amigo y en él surge, lo amistoso. Igualmente, llamamos nosotros ahora a lo que en sí hay que meditar, lo meditable [*das Bedenkliche*]. Todo lo meditable da que pensar. Pero únicamente él da este don, siempre y cuando que lo meditable sea ya por sí mismo lo que hay que meditar. Por eso llamamos aquí y en lo que sigue, a aquello que constantemente, porque desde antaño, a aquello que ante todo, y así desde siempre, da que pensar: lo más meditable [*das Bedenklichste*].

¿Qué es lo más meditable? ¿En qué se muestra en nuestro tiempo meditable?

Lo más meditable se muestra en que nosotros no pensamos aún. Siempre aún no, aunque la situación del mundo se haga cada vez más meditable. Cierto que este proceso exige más bien que el hombre obre, en lugar de hablar en congresos y conferencias y así atarearse con la simple idea de lo que debería ser y cómo debería ser hecho. Según esto, lo que falta es el obrar y de ninguna manera el pensar.

Y, sin embargo, quizás el hombre hasta ahora y desde hace siglos ha obrado muchísimo y ha pensado muy poco.

Pero, ¿cómo puede hoy alguien afirmar que nosotros no pensamos aún, cuando por doquiera nace el interés por la filosofía y se hace cada vez más atareado, de tal manera que todo el mundo quiere saber qué pasa con la filosofía?

Los filósofos son *los* pensadores. Se llaman así porque *el* pensar tiene lugar, de modo especial, en la filosofía. Nadie negaría que hoy existe un interés por la filosofía. Pero ¿hay hoy alguna cosa en la que el hombre no se interese, de la peculiar manera que el hombre de hoy entiende el "interesarse"?

Inter-esse significa: estar entre y en medio de las cosas, estar en el justo medio de una cosa y perseverar en él. Sin embargo, para el "interés" actual solo vale lo "interesante". Este es de tal manera, que permite que en el instante inmediatamente siguiente ya sea indiferente y sea borrado por otra cosa que nos importa tan poco como lo anterior. Se cree frecuentemente hoy que algo es especialmente apreciado porque se lo encuentra "interesante". En verdad, con ese juicio, se ha rebajado lo interesante hasta lo indiferente, e inmediatamente después se lo rechaza como aburridor.

Que se muestre un interés por la filosofía no atestigua de ninguna manera que se tenga una preparación para el pensar. Aun el mismo hecho de que nos hayamos entregado profundamente durante años al estudio de los tratados y escritos de los grandes pensadores, no es garantía de que pensemos o, lo que es más, de que ni siquiera estemos preparados para aprender a pensar. Incluso, la ocupación con la filosofía puede embaucarnos con la obstinada apariencia de que nosotros pensamos porque "filosofamos".

Sin embargo, puede parecer desmedido el afirmar que nosotros no pensamos aún. Pero la afirmación dice otra cosa. Dice: lo más meditable se muestra en nuestro tiempo meditable, en que nosotros aún no pensamos. En la misma afirmación se indica que lo más meditable se muestra. La afirmación no se atreve a afirmar, de ninguna manera, el juicio estimativo de que por doquiera reine la falta de pensamiento. La afirmación, que nosotros aún no pensamos, tampoco quiere estigmatizar una omisión. Lo meditable es lo que da que pensar. Por sí mismo él nos habla de que nos volvamos hacia él, y ciertamente, pensando. Lo meditable no es, de ninguna manera, establecido por nosotros. No depende nunca únicamente de que nosotros nos lo representemos. Lo meditable da, nos da que pensar. Él da lo que en sí tiene. Él tiene lo que él mismo es. Lo que se da por sí mismo como lo que más hay que pensar, lo que más hay que meditar, se debe mostrar en que nosotros aún no pensamos. ¿Qué quiere decir esto ahora? Dice: nosotros aún no hemos alcanzado propiamente el ámbito de lo que desde sí mismo y ante toda otra cosa y para toda otra cosa, tendría que ser pensado. ¿Por qué no lo hemos alcanzado aún? ¿Quizás porque nosotros los hombres no nos hemos vuelto suficientemente hacia lo que hay que meditar? Ocurriría entonces que el que no pensemos aún es solo una omisión [*Versäumnis*: negligencia] por parte del hombre. Entonces, esta falta podría ser remediada con medidas concernientes al hombre y de modo humano.

Sin embargo, que nosotros aún no pensemos no reside, de ninguna manera, solo en que el hombre no se haya vuelto suficientemente a lo que, desde sí mismo, quisiera ser meditado. Que nosotros no pensemos aún sucede más bien porque lo que hay que pensar, él mismo, se ha apartado de los hombres; es más, se tiene apartado ya desde hace mucho tiempo.

Inmediatamente quisiéramos saber cuándo y de qué manera ocurrió el mencionado apartamiento. Y aun preguntaremos más anhelosamente cómo podríamos llegar a saber de tal acontecimiento. Preguntas de este tipo se precipitan si afirmamos, incluso, de lo que más hay que meditar:

Lo que propiamente nos da que pensar no se ha apartado del hombre en ningún tiempo, datable históricamente, sino que lo que hay que pensar [*das zu-Denkende*] se mantiene desde antaño [*von einsther*] en tal apartamiento. Pero apartamiento solo acontece allí donde ya ha sucedido una vuelta hacia. Cuando lo que más hay que meditar se mantiene en un apartamiento, entonces sucede ya y solo en medio de su vuelta hacia, esto es, de tal manera que él ya ha dado que pensar. Lo que hay que pensar ha interpelado ya en todo apartarse a la esencia del hombre. Por eso, también, el hombre de nuestra historia ha pensado siempre ya de una manera esencial. Ha pensado hasta lo más profundo. A este pensar queda confiado lo que hay que pensar, aunque, ciertamente, de una manera extraña. Pues el pensar hasta ahora no medita, en absoluto, en cómo y hasta qué punto lo que hay que pensar se sustrae, sin embargo, al mismo tiempo.

Pero ¿de qué hablamos? ¿No es lo dicho una sarta de afirmaciones vacías? ¿Dónde están las demostraciones? ¿Tiene lo expresado lo más mínimo que ver con la ciencia? Sería bueno que permaneciéramos el mayor tiempo posible, en tal actitud de reserva a lo dicho. Pues únicamente así nos mantendremos a la distancia necesaria para adquirir el impulso desde el que conseguiremos tal vez, uno u otro, el salto en el pensar de lo más meditable.

Es muy verdadero: lo dicho hasta ahora, y la total discusión subsiguiente, no tiene nada que ver con la ciencia, y precisa y ciertamente cuando la discusión debiera ser un pensar. El fundamento de este estado de cosas estriba en que la ciencia no piensa. No piensa, porque según su manera peculiar de proceder y de sus medios, nunca sabe pensar –es decir, pensar según la manera del pensador. Que la ciencia no sabe *pensar* no es ningún defecto, sino una ventaja. Solo eso le asegura la posibilidad de acceso a una determinada región de objetos, según el modo de la investigación, y que se establezca en ella. La ciencia no piensa. Esta frase es, para el común entender, una frase chocante. Dejemos a la frase su carácter chocante, aun cuando la frase que sigue diga que la ciencia, como todo hacer y omitir del hombre, está dirigida por el pensar. La relación de la ciencia con el pensar será legítima y fructífera solo cuando se haga visible el abismo que media entre las ciencias y el pensar y, ciertamente, como infranqueable. Desde las ciencias al pensar no hay ningún puente sino, solamente, salto. El lado a donde nos lleva no es solo, el otro lado, sino un lugar totalmente diferente. Lo que se revela con él jamás se deja demostrar, si demostrar quiere decir: derivar proposiciones sobre un estado de cosas [*Sachverhalt*], desde unos supuestos apropiados, mediante una cadena de razonamientos [*Schlußketten*]. Quien pretenda demostrar y haber demostrado lo que únicamente se revela de tal manera que aparece ocultándose al mismo tiempo, no juzga, en absoluto, según una más alta y estricta medida del saber. Solamente *calcula,* y, ciertamente, según una medida inadecuada. Entonces, nosotros corresponderemos a lo que únicamente se anuncia de tal manera que aparece velándose, indicándolo, y con ello haremos presente que lo que se muestra hay que dejarlo aparecer en su propio desvelamiento. Este simple mostrar es un rasgo fundamental del pensar, el camino hacia lo que, desde antaño y siempre, *da* que pensar al hombre. Todo se puede demostrar, demostrar en el sentido de deducir de unos supuestos apropiados. Pero mostrar, franquear la llegada por un indicar, se puede, solamente, respecto de poco, y respecto de ese poco, además raramente.

Lo más meditable se muestra en nuestro tiempo meditable en que aún no pensamos. Nosotros no pensamos aún porque lo que hay que pensar se ha apartado *del* [*ab*wendet] hombre, y de ninguna manera solamente porque el hombre no se ha vuelto suficientemente *hacia* [*zu*wendet] lo que hay que pensar. Lo que hay que pensar se aparta del hombre. Se sustrae a él absteniéndosele. Pero lo abstenido [*das Vorenthaltene*] está siempre ya tenido [*vorgehalten*: presentado] ante nosotros. Lo que se sustrae en el modo de lo que se abstiene no desaparece. Pero, ¿cómo podríamos saber algo, por poco que esto fuera, de lo que se retrae de tal manera? ¿Cómo podríamos siquiera nombrarlo? Lo que se retrae rehúsa el acceso. Pero el retraerse no es nada. Retraimiento es aquí abstención y, en cuanto tal, acontecimiento-apropiador [*Ereignis*]. Lo que se retrae puede importar al hombre más esencialmente, e interpelarle más íntimamente que cualquier [cosa] presente que a él afecte y ataña. Gustosamente se opina que el ser afectado por lo real constituye la realidad de lo real. Pero el ser afectado por lo real puede, precisamente, cerrar al hombre para lo que le importa, importar ciertamente, de esa enigmática manera, ya que en el importarle le rehúye, retrayéndose. El retraimiento, el retraerse de lo que hay que pensar podría ser por eso, en cuanto acontecimiento-apropiador [*Ereignis*], más presente [*gegenwärtiger*] que todo lo actual.

Lo que se nos retrae de la mencionada manera se retrae de nosotros, ciertamente, muy lejos. Pero nos arrastra precisamente con él, y a su manera, nos atrae. Lo que se retrae parece que es completamente ausente. Pero esta apariencia engaña. Lo que se retrae es presente, ciertamente, a la manera en que él nos atrae, aunque nosotros, en general, lo notemos o no. Lo que nos atrae ha permitido ya el acceso. Si nosotros entramos en el traer del retraimiento, estaremos sobre el trazo de lo que nos atrae retrayéndose.

Pero si nosotros estamos, en cuanto que somos atraídos de esa manera, en el trazo de lo que nos atrae, entonces está ya acuñada nuestra esencia, a saber, por el "en el trazo de…" ["*auf dem Zuge zu…*": "en la línea que lleva a…"]. En cuanto acuñados de esa manera, nosotros mismos somos los que mostramos lo que se retrae. Nosotros somos únicamente nosotros mismos y somos solamente lo que somos, mostrando lo que se retrae. Este mostrar es nuestra esencia. Somos señalando lo que se retrae. En cuanto es señalante hacia esto, *es* el hombre el-que-señala. Y, ciertamente, el hombre no es primero hombre y luego, además de eso y quizás ocasionalmente, un señalador, sino que: traído en lo que se retrae, en el trazo de este y así señalante en el retraimiento, es el hombre ante todo hombre. Su esencia estriba en ser tal señalador.

A lo que en sí mismo y según su más propia índole, es algo que señala, llamamos una señal [*Zeichen*: signo].

Traído en el trazo de lo que se retrae, *es* el hombre una señal.

Sin embargo, porque esta señal muestra lo que se retrae, puede no ser interpretado inmediatamente el señalar lo que se retrae. De esta manera queda la señal sin sentido [*Deutung*: interpretación].

Hölderlin dice en un esbozo de un himno:

Una señal somos, sin sentido
Somos insensibles al dolor, y casi hemos perdido
el lenguaje en lo extranjero

Los esbozos de este himno tienen escrito junto a títulos como "La serpiente", "La ninfa", "La señal", también el de "Mnemosyne". Podemos traducir el término griego al alemán; diría: *Gedächtnis* [memoria]. Nuestro lenguaje dice *das Ge-*

dächtnis[1]. Pero también dice[2]: *die Erkenntnis* [el conocimiento], *die Befugnis* [la autorización]; y nuevamente: *das Begräbnis* [el entierro], *das Geschehnis* [el acontecimiento]. Kant, por ejemplo, emplea en su uso lingüístico, y frecuentemente cerca una de otra, ya *"die Erkenntnis"*, ya *"das Erkenntnis"*. Por eso nosotros podemos traducir, sin violencia, el término Μνημοσύνη, correspondiente al femenino griego, por: *"die Gedächtnis"*[3].

Hölderlin designa también el término griego Μνημοσύνη como el nombre de una Titánida. Es la hija del Cielo y la Tierra. Mnemosyne fue, como esposa de Zeus, en nueve noches, la Madre de las Musas. Juego y Danza, Canto y Poesía pertenecen al seno de Mnemosyne, de la memoria. Evidentemente, esta palabra significa aquí algo totalmente distinto de lo que significa en Psicología: capacidad de retener el pasado en la representación. La memoria piensa en lo pensado [*Gedächtnis denk an das Gedachte*]. Pero el nombre de Madre de las Musas no mienta a la memoria como un pensar en algo de cualquiera manera pensable. Memoria es aquí la reunión del pensar, que permanece reunido sobre lo que de antemano ya es pensado, porque quisiera ser meditado siempre antes que nada. Memoria es la reunión del recuerdo en lo que antes que nada hay que meditar. Esta reunión alberga y vela en sí a aquello que, de antemano, permanece como lo que hay que pensar en todo lo que es esencialmente [*west*] y se atribuye como siendo y habiendo sido. Memoria, el recuerdo reunido en lo que hay que pensar, es el manantial fundamental del poetizar. Según esto, la esencia de la poesía descansa en el pensar. Esto nos dice el mito, esto es, la leyenda [*Sage*]. Su decir [*Sagen*] se llama el más viejo, no solo porque según la cronología sea lo primero, sino porque, según su esencia, es, desde antaño y para siempre, lo más memorable. Mientras que, gustosamente, nos representemos el pensar según *los* datos que nos da sobre él la lógica; mientras que no tomemos seriamente la afirmación: toda lógica está asentada ya sobre un modo especial del pensar, no podremos considerar que, y hasta qué punto, el poetizar descansa en el recuerdo [*Andenken*: conmemoración].

Todo lo poetizado ha brotado del recogimiento del recuerdo [*der Andacht des Andenkens*]. Debajo del título *Mnemosyne,* Hölderlin dice:

Una señal somos nosotros, sin sentido...

¿Qué nosotros? Nosotros, los hombres de hoy, los hombres de un hoy que dura ya desde largo tiempo y aún durará, en una largura para la que no puede dar una medida ninguna cronología histórica. En el mismo himno "Mnemosyne", dice: *"Largo es / el tiempo"* –esto es, aquel en que somos una señal sin sentido. ¿No nos da

---

[1]   *Das* indica el género neutro. (Esta nota y las siguientes son del Editor).

[2]   Otros substantivos en *nis*; unos femeninos (precedidos de *die)* y otros neutros (precedidos de *das).*

[3]   Mientras que, según el uso vigente, esta palabra es neutra.

suficientemente que pensar el que nosotros seamos una señal y, ciertamente, una señal sin sentido? Quizás lo que Hölderlin dice ahí y en las siguientes palabras, pertenece a aquello en lo que se nos muestra lo más meditable, esto es, en que nosotros no pensamos aún. Sin embargo, ¿estriba esto, el que nosotros no pensemos aún, en que somos una señal sin sentido y sin dolor, o somos una señal sin sentido y sin dolor, en cuanto que nosotros aún no pensamos? Si lo últimamente nombrado fuera lo cierto, ocurriría entonces que es por el pensar por donde a los mortales les es regalado el dolor y a la señal, como lo que los mortales son, le es llevado un sentido. Tal pensar nos empeña entonces, en primer lugar, también en un diálogo con el poetizar del poeta, cuyo decir como ningún otro busca su eco en el pensar. Si nosotros nos atreviéramos a ir a buscar la palabra poetizante de Hölderlin en el ámbito del pensar, entonces nos tendríamos que cuidar especialmente de comparar inconsideradamente lo que Hölderlin dice poéticamente con lo que nosotros nos preparamos a pensar. Lo dicho poéticamente y lo dicho pensantemente no es igual jamás. Pero uno y otro pueden, de distinta manera, decir lo mismo. Pero esto solo se consigue cuando se entreabre pura y decididamente el abismo que media entre poetizar y pensar. Acontece así siempre que el poetizar es elevado y el pensar, profundo. Esto también lo sabía Hölderlin. Nosotros sacamos su saber de dos estrofas, intituladas:

Sócrates y Alcibíades

¿Por qué honras siempre, divino Sócrates,
A este adolescente? ¿No conoces nada más grande?
¿Por qué le mira tu ojo,
Como a los dioses, con amor?

Da la respuesta la segunda estrofa:

Quien lo más profundo ha pensado, ama lo más viviente,
Comprende la elevada juventud quien ha mirado en el mundo,
Y, al final, los sabios, frecuentemente,
Se inclinan a lo bello.

Nos importa el verso:

Quien lo más profundo ha pensado, ama lo más viviente.

Sin embargo, muy fácilmente pasamos por alto, en este verso, las palabras que propiamente dicen, y por ello, más importantes. Las palabras que dicen son los verbos. Oímos lo verbal del verbo, si lo acentuamos de otra manera, inhabitual al oído habitual:

La inmediata cercanía de los dos verbos "ha pensado" y "ama", constituye el centro del verso. Según esto, el amor se fundaría en que hayamos pensado lo más profundo. Tal haber pensado [*Gedachthaben*] arranca, probablemente, de aquella memoria [*Gedächtnis*], en cuyo pensar descansa hasta el poetizar y con él, todo arte. Pero, entonces, ¿a qué se llama "pensar"? Lo que signifique nadar, por ejemplo, nunca lo aprenderemos en un tratado sobre la natación. Lo que signifique nadar lo sabremos si nos arrojamos en la corriente. Así, lo primero que aprendemos a conocer es el elemento en el que se mueve el nadar. Sin embargo, ¿cuál es el elemento en el que se mueve el pensar?

Suponiendo que sea verdadera la afirmación, que nosotros aún no pensamos, esa afirmación diría entonces, al mismo tiempo, que nuestro pensar no se mueve propiamente aún en su propio elemento y, ciertamente, porque lo que hay que pensar se nos retrae. No podríamos forzar la llegada de lo que se nos abstiene de tal manera, y por eso queda impensado, y eso, suponiendo el caso más favorable, que nosotros prepensáramos ya claramente en lo que se nos abstiene.

Así, lo único que nos resta es esperar hasta que nos interpele lo que hay que pensar. Pero, *esperar* no significa aquí, de ninguna manera, que aplacemos aún, por el momento, el pensar. Esperar quiere decir aquí: avizorar, y, ciertamente, avizorar dentro de lo ya pensado, lo impensado, que se nos vela aún en lo ya pensado. Por medio de tal espera, pensando, estamos andando ya por el camino hacia lo que hay que pensar. En este andar podríamos extraviarnos. No obstante, no queda únicamente sino que él esté preparado para corresponder a lo que hay que meditar.

Sin embargo, ¿en qué podremos notar lo que da que pensar al hombre ante todo y desde antaño? ¿Cómo se nos puede mostrar lo que hay que meditar? Se dijo: lo más meditable se muestra en nuestro tiempo meditable, en que nosotros aún no pensamos, aún no a la manera que corresponde propiamente a lo más meditable. Hasta ahora no hemos entrado en la propia esencia del pensar, para habitar en ella. En este sentido, no pensamos aún propiamente. Pero esto precisamente quiere decir: nosotros pensamos ya; a pesar de toda lógica no estamos familiarizados propiamente con el elemento en el que piensa propiamente el pensar. Por eso no sabemos tampoco, suficientemente, ni siquiera en qué elemento se mueve ya el pensar hasta ahora, en cuanto que él es un pensar. El rasgo fundamental del pensar hasta ahora es el percibir [*das Vernehmen*]. La facultad que le corresponde se llama razón [*Vernunft*].

¿Qué percibe la razón? ¿En qué elemento se mantiene el percibir, para que desde él acontezca un pensar? Percibir es la traducción del término griego νοεῖν, que significa: observar algo presente, pro-ponerlo [*vornehmen*] indicándolo y aceptarlo [*annehmen*] en cuanto algo presente. Este percibir proponente es un pre-sentar [*Vor-stellen*] en el simple, lato y, al mismo tiempo, esencial sentido, que nosotros permitimos a lo presente que esté ante nosotros, erguido y extendido, tal como él está, erguido y extendido.

Aquel, entre los primeros pensadores griegos, que determinó decisivamente la esencia del pensar occidental hasta ahora, sin embargo, cuando trata del pensar, no atiende ni exclusiva ni primeramente, de ninguna manera, a lo que se podría llamar el simple pensar. Más bien, descansa la determinación de la esencia del pensar, precisamente, en que su esencia viene determinada desde lo que el pensar, en cuanto percibir, percibe, esto es, el ente en su ser.

Parménides dice (Frag. VIII, 34/36):

ταὐτὸν δ'ἐστὶ νοεῖν τε καὶ οὕνεκεν ἔστι νόη μα.
οὐ γὰρ ἄνευ τοῦ ἐόντος, ἐν ὧι πεφατισμένον ἐστιν,
εὑρήσεις τὸ νοεῖν·

Es lo mismo el percibir que
aquello por lo cual el percibir es.
Esto es, no sin el ser del ente, en el que él
(a saber, el percibir) es como dicho
encontrarás tú el percibir.

Por estas palabras de Parménides se ve claramente: el pensar, en cuanto percibir, recibe su esencia desde el ser del ente. Sin embargo, ¿qué significa aquí y para los griegos y, en consecuencia, para la totalidad del pensar occidental hasta la hora presente: ser del ente? La respuesta a esta pregunta –jamás puesta hasta ahora, por parecer pregunta demasiado simple–, es: ser del ente significa: presencia de lo presente [*Anwesen des Anwesenden, Präsenz des Präsenten*]. La respuesta es un salto en lo oscuro.

Lo que el pensar, en cuanto percibir, percibe, es lo presente [*Präsente*] en su presencia [*Präsenz*]. En él toma el pensar la medida para su esencia como percibir. Consecuentemente, el pensar es aquella presentación de lo presente que nos pone [*zu-stellt*] al ente-presente en su presencia, y lo pone así delante de nosotros [*vor uns stellt*] para que podamos estar frente al ente-presente y, en medio de él, podamos mantener [*Ausstehen*: soportar, resistir] este estar. El pensar, en cuanto esa presentación, o-pone [*zu-stellt*] al ente-presente en relación con nosotros, lo re-pone hacia nosotros. La presentación es, por eso, re-presentación [*Repräsentation*]. El término *repraesentatio* ha sido más tarde el nombre corriente del representar [*Vorstellen*].

El rasgo fundamental del pensar hasta ahora es el representar. Según la vieja teoría sobre el pensar, este representar se realiza en el λόγος, palabra que significa aquí enunciado, juicio. La teoría sobre el pensar, sobre el λόγος se llama por eso lógica. Kant toma de una manera sencilla la característica tradicional del pensar como representación de, cuando determina el acto fundamental del pensar, el juicio, como representación de una representación del objeto (*Crítica de la razón pura*, A 68, B 93). Si nosotros hacemos, por ejemplo, el siguiente juicio: "este camino es pedregoso", entonces en el juicio se hace la representación del objeto, a saber, el camino, a su vez, representado, esto es, como pedregoso.

El rasgo fundamental del pensar es el representar. En el representar se despliega el percibir. El representar [*Vorstellen*] mismo es re-presentación [*Re-Präsentation*]. Pero ¿por qué descansa el pensar en el percibir? ¿Por qué se despliega el percibir en el representar? ¿Por qué es el representar re-presentación?

La filosofía procede como si en todo esto no hubiera nada que preguntar.

Pero que el pensar hasta ahora descanse en el representar y el representar en la re-presentación, tiene una larga procedencia. Esta procedencia se vela en un acontecimiento-apropiador [*Ereignis*] inaparente: el ser del ente aparece al comienzo de la historia de Occidente, y aparece para todo el curso aún de esta historia como presencia [*Präsenz, Anwesen*]. Este aparecer del ser como la presencia de lo presente es él mismo *el* comienzo de la historia occidental, suponiendo que nosotros no entendamos por historia solo los acontecimientos, sino que pensemos ante todo en lo que por medio de la historia [*Geschichte*] es destinado [*geschickt*] al hombre de antemano y que impera en todos los acontecimientos.

Ser quiere decir presencia [*Anwesen*]. Este rasgo fundamental del ser, fácilmente indicado, se vuelve al instante completamente misterioso, cuando despertamos y consideramos hacia donde remite a nuestro pensar aquello que nosotros llamamos presencia [*Anwesenheit*][4]. Lo presente es lo permanente, lo que es esencialmente en y dentro del desvelamiento. La presencia solo acontece [*ereignet sich*] donde impera ya el desvelamiento. Pero lo presente, en cuanto que permanece dentro del desvelamiento, es presente [*gegenwärtig*].

Por eso pertenece a la presencia no solo el desvelamiento, sino también el presente [*Gegenwart*][5]. Este presente, imperante en la presencia es un carácter del tiempo. Pero la esencia del tiempo no se puede comprender según el concepto de tiempo tradicional.

En el ser, aparecido como presencia, permanece, sin embargo, impensado el desvelamiento que impera en él, como igualmente la esencia, imperante en él, de presente y tiempo. Probablemente, desvelamiento y presente se copertenecen en cuanto esencia del tiempo. En tanto que nosotros percibimos al ente en su ser, en cuanto que nosotros, hablando en términos modernos, representamos a los objetos en su objetividad, nosotros pensamos ya. De esa manera pensamos ya hace mucho tiempo. Pero, sin embargo, nosotros no pensamos aún propiamente, mientras

---

[4]   La presencia remite a la temporalidad mediante este "ser" *(Wesen)* que es "permanecer", "durar".

[5]   *Gegenwart* –lo "vuelto-hacia"– significa, a la par, presencia y [tiempo] presente.

quede inmeditado en qué descansa el ser del ente cuando aparece como presencia [*Anwesenheit*].

Está impensado el origen esencial del ser del ente. Lo que propiamente hay que pensar permanece retraído. *No* se ha hecho todavía para nosotros digno de ser pensado, memorable. Por eso no ha alcanzado todavía nuestro pensar, propiamente, su elemento. Propiamente, nosotros no pensamos aún. Por eso *preguntamos: ¿a qué se llama pensar?*

TIEMPO Y SER
(*ZEIT UND SEIN*)

TIEMPO Y SER
(*ZEIT UND SEIN*)

La siguiente conferencia requiere un breve prefacio.

Si se nos mostrase ahora los dos originales que Paul *Klee* pintó en el año de su muerte: la acuarela "Santo desde una ventana" y, en témpera sobre arpillera, "Muerte y fuego", entonces tendríamos que demorarnos largamente ante ellos y… abandonar toda pretensión de comprensión inmediata.

Si nosotros pudiéramos ahora oír, y por cierto recitada por el propio Georg *Trakl*, su poema "Canción siete de la muerte", entonces desearíamos oírlo frecuentemente y abandonaríamos toda pretensión de comprensión inmediata.

Si Werner *Heisenberg* quisiera exponernos ahora un sector de sus pensamientos físico-teóricos sobre la fórmula del mundo, por él buscada, entonces ocurriría, quizás, que solo dos o tres de sus oyentes, a lo sumo, podrían seguirle; los más de nosotros abandonamos, sin replicar, toda pretensión de comprensión inmediata.

No sucede así frente al pensar que se llama filosofía. Pues esta debe ofrecer "sabiduría del mundo" y, si no, por lo menos "preceptos para la vida beata". Ahora bien, tal pensar puede estar hoy en una situación que requiera meditaciones que distan mucho de una útil sabiduría para la vida. Pudiera haberse hecho necesario un pensar que tenga que meditar, incluso, de dónde reciben su determinación las citadas pinturas, poesía y teoría físico-matemática. Entonces, también tendríamos que abandonar aquí la pretensión de comprensión inmediata. Entretanto, no obstante, tendríamos que escuchar, porque se trata de pensar [algo] ineludible, aunque provisorio.

Por eso, no puede sorprender ni admirar que la mayoría de los oyentes se choquen con la conferencia. Sin embargo, no puede determinarse que algunos logren un meditar más amplio mediante la conferencia, ahora o después. Se trata de decir algo del intento que piensa el Ser sin respecto a una fundamentación del Ser por lo ente. El intento de pensar el Ser sin lo ente deviene necesario, porque, de otra parte, por lo demas, a mí me parece que no se da ninguna posibilidad más de traer propiamente ante la mirada el Ser de lo que hoy *es* rotundamente en torno al globo terráqueo; traer ante la mirada, decimos, para no hablar de determinar suficientemente la relación del hombre con lo que hasta ahora se llamó "Ser".

Sea dada una pequeña señal a los oyentes. Se trata de oír no una serie de proposiciones, sino de seguir la marcha del indicar.

*

¿Qué brinda la ocasión de nombrar juntos tiempo y Ser? Ser significa desde el alba del pensar europeo-occidental hasta hoy, lo mismo que presencia [*Anwesen*]. De presencia, presencialidad [*Anwesenheit*], habla [el] presente [*Gegenwart*]. Este, según la concepción corriente, forma con pasado y futuro, la característica del tiempo. Ser en cuanto presencialidad es determinado mediante el tiempo. Que el asunto sea así, podría ya bastar para llevar al pensar a un incesante desasosiego. Este desasosiego se acrece tan pronto como nos entregamos a meditar hasta qué punto se da esta determinación del Ser mediante el tiempo.

¿Hasta qué punto? Esto pregunta: ¿Por qué, de qué modo y desde dónde habla en lo Ser algo así como tiempo? Cualquier intento de pensar suficientemente la referencia de Ser y tiempo con ayuda de las concepciones de tiempo y Ser, corrientes y aproximadas, pronto se ve envuelto en una inextricable maraña de relaciones no pensadas a fondo.

Nosotros nombramos al tiempo cuando decimos: Cada cosa a su tiempo. Esto se refiere a: algo, cualquier cosa, todo ente, viene y va a tiempo oportuno y permanece un lapso de tiempo, durante el tiempo adecuado a él. Cada cosa a su tiempo.

Pero, ¿es lo Ser una cosa? ¿Es lo Ser algo así como un ente cualquiera en el tiempo? ¿Es lo Ser, en general? Si lo fuera entonces tendríamos que reconocerle irremisiblemente como algo ente, y, consecuentemente, hallarlo entre los demás entes como uno de tantos. Esta aula *es*. El aula *es* luminosa. Nosotros podemos reconocer la sala iluminada, sin más y sin meditar, como algo ente. Pero, ¿dónde encontramos en toda el aula el "es"? Por ninguna parte entre las cosas encontramos lo Ser. Cada cosa a su tiempo. Pero Ser no es ninguna cosa, no es en el tiempo. Sin embargo, Ser en cuanto presencia, en cuanto presente, sigue estando determinado mediante tiempo, mediante lo tempóreo.

Lo que es en el tiempo y que, por su parte, es determinado mediante tiempo, se llama lo temporal. Nosotros [,los alemanes,] decimos cuando un hombre muere y se retira de lo de aquende, lo ente acá y acullá, que él *hat das Zeitliche gesegnet* [ha bendecido el tiempo, ha pasado a mejor vida]. Lo temporal mienta lo pasajero, lo que pasa en el curso del tiempo. La lengua alemana dice aún más rigorosamente: lo que pasa con el tiempo. Pues el propio tiempo pasa. Pero mientras que el tiempo pasa constantemente, permanece como tiempo. Permanecer significa: no desaparecer; por tanto, presencia. De consiguiente, el tiempo es determinado mediante Ser. Entonces, ¿cómo puede estar Ser determinado por tiempo? De la constancia del pasar del tiempo habla Ser. Sin embargo, por ninguna parte hallamos al tiempo como algo ente igual que una cosa.

Ser no es cosa alguna, por tanto, nada temporal; empero, no obstante, en cuanto presencialidad, es determinado mediante tiempo.

Tiempo no es cosa alguna, por tanto, nada ente, pero permanece constante en su pasar, sin ser él mismo algo temporal como lo ente en el tiempo.

No obstante, Ser y tiempo se determinan recíprocamente, y de manera tal que ni aquel –lo Ser– pudiera abordarse como temporal, ni este –el tiempo– pudiera ser llamado ente. Meditando todo esto, vamos de un lado para otro en proposiciones contradictorias.

(Para casos como ese la filosofía tiene una salida. Se deja estar a las contradicciones; incluso, se las agudiza e intenta sintetizar en una unidad abarcadora de los contradictorios, que, por eso, caen mutuamente. Este procedimiento se denomina dialéctica. Aceptando que las proposiciones contradictorias entre sí sobre Ser y tiempo se pudieran armonizar mediante una unidad que las abarcase, entonces eso sería, por cierto, una salida, esto es, un camino que se sale de las cosas mismas y del asunto; pues, él no se introduce ni en lo Ser en cuanto tal, ni en el tiempo en cuanto tal, ni en la referencia de ambos. Con ello queda completamente cerrada la pregunta: si la referencia de Ser y tiempo sea una relación, que se pueda producir después, mediante una síntesis de ambos, o si Ser y tiempo nombra una referencia-de-cosas [*Sachverhalt*], de la cual resultan ante todo tanto Ser como tiempo.)

Empero, ¿cómo debemos nosotros introducirnos adecuadamente en la referencia-de-cosas nombrada mediante los títulos "Ser y tiempo", "Tiempo y Ser"?

Respuesta: De manera que nosotros meditemos previsoramente las cosas aquí nombradas. Previsoramente, esto mienta en primer lugar: no caer sobre las cosas apresuradamente con concepciones improbadas, sino, más bien, ir cavilando [*nachsinnen*] tras ellas cuidadosamente.

Pero, ¿podemos calificar a Ser, podemos calificar a tiempo, de cosas? Ellos no son cosas; si "cosa" mienta: algo ente. La palabra "cosa" debe significar ahora "una cosa" tal de la que se trata en sentido decisivo, ya que en ella se oculta algo inomitible. Ser –una cosa, presumiblemente *la* cosa del pensar.

Tiempo –una cosa, presumiblemente *la* cosa del pensar, si, por otra parte, en Ser, en cuanto presencialidad, habla algo así como tiempo. Ser y tiempo, tiempo y Ser nombran la referencia [Ver*hält*nis] de ambas cosas, la referencia-de-cosas [Sachver*halt*], que *porta* [*hält*] mutuamente a ambas cosas y com*porta* [aus*hält*] su referencia. Ir cavilando tras esta referencia-de-cosas es conferido al pensar, suponiendo que él siga estando caviloso en persistir en su cosa.

Ser –una cosa, pero nada ente.

Tiempo –una cosa, pero nada temporal.

De lo ente nosotros decimos: es. Con respecto a la cosa "ser" y con respecto a la cosa "tiempo" nosotros continuamos siendo previsores. Nosotros no decimos: Ser es, tiempo es, sino: Se da [*es gibt*] Ser y se da tiempo. Con este giro, por lo pronto solo hemos cambiado las palabras. En lugar de "es" [*es ist*], decimos "se da" [*es gibt*].

Para retrotraernos de la expresión lingüística a la cosa, tenemos que mostrar cómo se experimenta y se deja mostrar este "Se da". El camino apropiado para ello es –que dilucidemos lo que es dado en el "Se da", lo que significa "Ser", que –Se da; lo que significa "tiempo", que –Se da. Correspondientemente, nosotros intentamos mirar previamente al Se, que Ser y tiempo –da. Con tal mirar previo, nosotros nos volvemos, aún en otro sentido, pre-visores. Intentamos traer ante la vista al Se y su dar y escribimos al "Se" ["*Es*"] con mayúscula.

Primeramente, vamos pensando tras lo Ser, para pensarlo a él mismo en lo suyo propio.

Después, vamos pensando tras el tiempo, para pensarlo a él mismo en lo suyo propio.

Para ello tienen que mostrarse los modos como se da Ser, como se da tiempo. En este dar se vuelve visible cómo haya que determinar aquel dar, que, en cuanto mantenedor, en primer lugar, mantiene mutuamente a ambos y los obtiene-como-resultado [*er-gibt*].

Ser, por medio del cual es designado cualquier ente en cuanto tal ente, Ser significa presencia. Pensado con respecto a lo presente, presencia se muestra como permitir-presencia [*Anwesenlassen*]. Ahora bien, se trata de pensar propiamente este permitir-presencia, en cuanto que presencia es admitida. Permitir-presencia muestra en ello lo suyo propio: que trae hacia lo desvelado [*Unverborgene*]. Permitir-presencia significa: desocultar [*Entbergen*], traer a lo abierto. En el desocultar entra en juego un dar, a saber, aquel que en el *permitir*-presencia da la presencia, esto es, Ser.

(La cosa "Ser", pensarla propiamente, esto requiere que nuestro per-escrutar siga la indicación que se muestra en el permitir-presencia. Ella muestra en el permitir-presencia al desocultar. Pero de este habla un dar, un Se da).

Entretanto, para nosotros sigue tan oscuro el dar, recien nombrado, como el Se, que da, citado aquí.

Lo Ser, pensarlo a él propiamente, requiere apartarse del ser, en cuanto que ha sido fundado e interpretado en toda la Metafísica solo desde lo ente y para este como su fundamento. Pensar propiamente lo Ser requiere abandonar al ser como el fundamento de lo ente a favor del dar, esto es, del Se da, que se juega escondidamente en el desocultar. Ser pertenece en cuanto don de este Se da, al dar. Ser, en cuanto don, no está separado del dar. Ser, presencia, es trasmutado. En cuanto permitir-presencia pertenece al desocultar, queda, como su don, recogido en el dar. Ser no *es*. Ser Se da como el desocultar presencia.

El "Se da Ser" podría mostrarse algo más claramente, tan pronto como nosotros meditemos aún más decisivamente el dar aquí mentado. Lo que resulta de que nosotros atendamos a la riqueza de la mutación [*Wandlung*] de lo que se denomina, con bastante imprecisión, Ser, al cual se desconoce en lo que le es más propio mientras se lo tenga por el más vacío de todos los conceptos vacíos. Esta concepción del ser como lo absolutamente abstracto, en principio, no es dejada de mano, sino solo confirmada, si lo ser, en cuanto absolutamente abstracto, es absorbido en lo absolutamente concreto, en la realidad del espíritu absoluto, lo cual se ha realizado en el pensar más potente de los tiempos modernos, en la dialéctica especulativa de Hegel y que se ha expuesto en su *Ciencia de la Lógica.*

Un intento de perescrutar la plenitud de mutación del Ser, gana el primer y, al mismo tiempo, indicador apoyo por medio de que nosotros pensemos Ser en el sentido de presencia.

(Pensar, digo yo, y no mero hablar de ello, haciendo como si se comprendiera, sin más ni más, la interpretación del Ser como presencia).

Pero, ¿de dónde tomamos nosotros el derecho de caracterizar a lo Ser como presencia? La pregunta ocurre demasiado tarde. Pues esta acuñación de lo Ser se ha decidido hace mucho, sin nuestra intervención o, pues, mérito. Según eso, nosotros estamos vinculados a la caracterización de lo Ser como presencia. Ella tiene su vinculación desde el comienzo del desocultamiento de lo Ser como algo decible, esto es, pensable. Desde el comienzo del pensar occidental en los griegos, todo decir "ser" y "es" se mantiene en el recuerdo [*Andenken*] de la determinación, que liga al pensar de lo Ser como presencia. Esto vale también del pensar que guía a la más moderna técnica e industria, por cierto que solo en un cierto sentido. Después que la técnica moderna ha erigido su dominio y poderío sobre la Tierra, no solo ni principalmente giran en torno a nuestro planeta los *sputniks* y aparatos semejantes, sino que lo Ser como presencia, en el sentido de reservas calculables [*berechenbaren Bestandes*], habla pronto uniformemente a todos los habitantes de la Tierra, sin que aquellos que habitan los continentes extraeuropeos sepan propiamente de la proveniencia de esta determinación de lo Ser o, pues, puedan saber y quieran saber. (Y menos que nadie desean tal saber, evidentemente, los ocupados desarrollistas, que empujan hoy a los llamados subdesarrollados hacia el campo auditivo de aquella interpelación de lo Ser que habla desde lo más propio de la técnica moderna).

Pero nosotros no percibimos, de ninguna manera, Ser como presencia, ni solamente ni en primer lugar, en el pensar-en [*Andenken*] la primeriza exposicion del desocultamiento de lo Ser, realizada por Grecia. Nosotros percibimos presencia en toda meditación, sencilla, suficiente y libre de prejuicios, sobre la existencia [*Vorhandenheit*] y amanualidad [*Zuhandenheit*] de lo ente. Amanualidad tanto como existencia son modos de la presencia. Muy acosadoramente se nos muestra lo amplio de la presencia cuando reflexionamos sobre que también la ausencia –y precisamente ella– queda determinada mediante una presencia, que a veces llega a lo desazonador.

Entretanto, podríamos constatar también historiográficamente la plenitud de mutación de la presencia, mediante la alusión a que presencia se muestra como lo Ἕν, lo uno único uniente, como el Λόγος, la recolección custodiadora de Todo, como la ἰδέα, οὐσία, ἐνέργεια, *substantia, actualitas, perceptio,* Mónada, como objetividad, como legalidad del ponerse en sentido de la voluntad de la razón, del amor, del espíritu, del poderío, como voluntad de querer [*Wille zum Willen*: voluntad de la voluntad] en el eterno retorno de lo igual. Lo constatable historiográficamente se lo puede hallar dentro de la historia. El despliegue de la plenitud de mutación de lo Ser aparece primeramente como una historia de lo Ser. Pero lo Ser no tiene ninguna historia a la manera como una ciudad o un pueblo tienen su historia. El tipo de historia de la historia de lo Ser se determina evidentemente por la manera cómo Ser acontece, y solo por esa manera; esto quiere decir, según lo expuesto anteriormente, por el modo como Se da Ser.

Al comienzo del desocultamiento de Ser, es pensado, ciertamente, Ser, εἶναι, ἐόν, pero no el "Se da". En lugar de eso, Parménides dice ἔστι γὰρ εἶναι, "Pues es Ser" [*es ist nämlich Sein*].

Hace años (1946) y sobre el citado dicho de Parménides se hizo la siguiente observación en la *Carta sobre el humanismo* (pág. 23): "El ἔστι γὰρ εἶναι de Parménides está impensado hasta hoy". Esta alusión quisiera indicar, por un lado, que no debemos someter el citado dicho "Pues es Ser" rápidamente a una interpretación facilona, que hace inaccesible lo pensado en él. Algo de lo que nosotros digamos que es, es concebido con ello como algo ente. Pero Ser no es nada ente. Por consiguiente, no puede concebirse como algo ente lo que nombra en el dicho de Parménides el acentuado ἔστι, lo Ser. El acentuado ἔστι significa, ciertamente, traducido literalmente, *"es"*. La acentuación oye, extrayendo del ἔστι, aquello que los griegos, ya entonces, pensaron en el acentuado ἔστι y que nosotros podríamos circunscribir mediante: "Se puede" [*Es vermag*: "Es capaz"]. Entretanto, desde entonces y posteriormente quedó impensado el sentido de este poder [*Vermögen*: ser-capaz], igual que el "Se" que puede [*vermag*] lo Ser. Poder Ser [*Sein vermögen*: ser-capaz de ser] significa: obtener [*ergeben*] y dar Ser. En el ἔστι se oculta el Se da.

Al comienzo del pensar occidental se pensó lo Ser, pero no lo "Se da" en cuanto tal. Este se retrae a favor del don, que Se da, don que es pensado en adelante exclusivamente como Ser con respecto a lo ente y es traído a concepto.

Un dar, que solamente da su don, pero que, sin embargo, con ello se retiene y retira a sí mismo, a un tal dar lo denominamos nosotros el destinar [*Schiken*]. Según el sentido de dar, que está por pensar de esa manera, es lo Ser lo que se da, lo destinado. De tal forma queda destinada cada una de sus mutaciones. Lo histórico de la historia de Ser [*Geschichte des Seins*] se determina desde lo destinal de un destinar, no desde un supuesto e indeterminado acontecer [*Geschehen*].

Historia del Ser quiere decir destino de Ser [*Geschick von Sein*] —en cuyas destinaciones, tanto el destino como también lo Se [*Es*] que destina se retienen en sí con la anunciación de sí mismos. Retenerse en sí se dice en griego ἐποχή. De ahí el hablar de épocas del destino del Ser. Época no mienta aquí una sección de tiempo en el acontecer, sino el rasgo fundamental del destinar, el respectivo retenerse-en-sí a favor de la perceptibilidad del don, esto es, de lo Ser con respecto a la fundamentación de lo ente. La sucesión de épocas en el destino de Ser no es casual ni se las puede calcular como necesarias. Sin embargo, se anuncia lo destinadero en el destino, lo pertinente, en la común pertenencia de las épocas. Estas se sobrecubren en su sucesión, de tal manera que la primordial destinación del Ser como presencialidad es encubierta, de diversos modos, más y más.

Solo la demolición de estos encubrimientos –a esto se refiere la "destrucción"– procura al pensar una mirada provisoria en lo que entonces se desvela como el destino-del-Ser. Porque se concibe por doquiera el destino-del-Ser solamente como historia y esta como acontecer, se intenta vanamente interpretar este acontecer desde lo que se dice en "Ser y Tiempo" sobre la historicidad del ser-ahí (no del Ser). Por el contrario, queda el único camino posible, prepensar ya desde "Ser y Tiempo" a los pensamientos posteriores sobre el destino-del-Ser, el perescrutar a través de lo expuesto en "Ser y Tiempo" sobre la destrucción de la teoría ontológica del Ser de los entes.

Cuando Platón concibe lo Ser como ἰδέα y como κοινωνία de las ideas, Aristóteles como ἐνέργεια, Kant como Posición, Hegel como el Concepto Absoluto, Nietzsche como Voluntad de Poderío, entonces esas no son teorías casualmente formuladas, sino palabras del Ser como respuestas a una interpelación que habla en el destinar que se oculta a sí mismo, en el "Se da Ser". Contenido en cada caso en la destinación que se retrae a sí misma, es desocultado al pensar el Ser con la epocal plenitud de mutación. El pensar queda ligado en la tradición de las épocas del destino-del-Ser, también entonces y precisamente entonces, cuando se acuerda cómo y de dónde recibe el Ser mismo, en cada caso, su propia determinación, a saber, desde el: Se da Ser. El dar se muestra como destinar.

Pero, ¿cómo hay que pensar el "Se", que da Ser? La observación introductoria sobre la com-posición [*Zusammenstellung*] de "Tiempo y Ser" indicó que Ser en cuanto presencia y presente, estaba acuñado, en un sentido aún no determinado, por un carácter temporal y, por tanto, mediante tiempo. De ahí se insinúa la suposición de que el Se, que da Ser, que determina Ser como presencia y permitir-presencia, se podría dejar encontrar en lo que significa "tiempo" en el título "Tiempo y Ser".

Nosotros seguimos esta suposición y vamos meditando tras el tiempo. "Tiempo" nos es conocido por medio de concepciones corrientes, de igual manera que "Ser", pero también desconocido de la misma manera, tan pronto como nos proponemos dilucidar lo peculiar del tiempo. Cuando nosotros meditamos precisamente al Ser, se comprobó: lo peculiar del Ser, aquello a lo que pertenece y donde está contenido, se muestra en el Se da y su don en cuanto destinar. Lo peculiar del Ser no es nada de tipo ser. Si meditamos propiamente lo Ser, entonces el asunto mismo nos desvía en cierto modo de lo Ser y pensamos al destino, lo Ser en cuanto da don. En cuanto observamos eso, nos disponemos también a que lo peculiar del tiempo tampoco se deje determinar con ayuda de la característica usual del tiempo, concebido de manera habitual. Sin embargo, la com-posición de Tiempo y Ser contiene la indicación de elucidar al tiempo en su peculiaridad con la mirada puesta en lo dicho sobre lo Ser. Ser quiere decir: presenciar, permitir-presenciar: presencia. Por ejemplo, nosotros leemos en alguna información: "En presencia de númerosos invitados tuvo lugar la fiesta". La frase también podría decir: "En compañía" o "estando presentes" numerosos invitados.

Presente –apenas lo hemos nombrado y ya estamos pensando también en pasado y futuro, lo anterior y lo posterior a diferencia del ahora. Pero el presente, comprendido desde el ahora, no es absolutamente igual que el presente, en el sentido de presencia de los invitados. Pues nosotros no decidimos nunca y no podríamos decirlo: "En el ahora de numerosos invitados tuvo lugar la fiesta".

Sin embargo, si nosotros caracterizásemos al tiempo desde el presente, entonces comprenderíamos al presente desde el ahora a diferencia de lo ya-no-ahora del pasado y de lo todavía-no-ahora del futuro. Pero presente [*Gegenwart*] significa al mismo tiempo presencia [*Anwesenheit*]. Mas, no estamos acostumbrados a determinar lo propio del tiempo con respecto al presente, en el sentido de pre-sencia. Más bien, es concebido el tiempo –la unidad de presente, pasado y futuro– desde el ahora. Ya Aristóteles dice que aquello que del tiempo *es* –esto es, presencia [*anwest*]–, es el ahora del caso. Pasado y futuro son un μή ὄν τι: algo no ente, por cierto que no absolutamente nada, más bien algo presente, al que falta algo, el cual faltar es denominado mediante el "ya no" y el "todavía no"–ahora. Así visto, aparece el tiempo como la sucesión de ahoras, apenas nombrado cada uno de los cuales, en esto precisamente desaparece y ya al punto es seguido de otro. Del tiempo así concebido, dice Kant: "Él tiene solo una dimensión" (*Crítica de la razón pura*, A 31, B 47). Al tiempo conocido como sucesión en la serie de los ahoras se refiere la gente cuando mide y calcula el tiempo. Al tiempo calculado lo tenemos inmediatamente al alcance de la mano –así parece– cuando tomamos en la mano el reloj, el cronómetro, miramos la posición de las manecillas y constatamos: "ahora son las 20 (horas) 50". Decimos "ahora", y mentamos al tiempo. Pero en ninguna parte del reloj, que nos indica la hora, encontramos al tiempo, ni en el cuadrante ni en la maquinaria. Asimismo, tampoco encontramos al tiempo en los cronómetros técnicos modernos. La afirmación se exige: Cuanto más técnicamente, esto es, a efectos de medición, exacto y eficiente, es el cronómetro, tanto menos se da la ocasión de perescrutar todavía lo propio del tiempo.

Pero, ¿dónde es el tiempo? ¿Es, en general, y tiene un lugar? Evidentemente, el tiempo no es una nada. Por eso fuimos previsores y dijimos: Se da tiempo. Nos volvemos aún más previsores y miramos cautelosamente hacia lo que se nos muestra como tiempo, mirando nosotros previamente al Ser en el sentido de presencia, presente. Mas, el presente en el sentido de presencia es tan sumamente distinto del presente en el sentido del ahora, que no se puede determinar, de ninguna manera, el presente como presencia desde el presente como ahora. Más bien, lo inverso parece posible (Cf. "Ser y Tiempo", § 81). Si lo anterior fuera cierto, entonces al presente en cuanto presencia y a todo lo que pertenece a tal presente tendríamos que llamarle propiamente tiempo, aunque él no tenga inmediatamente nada en sí del tiempo, concebido habitualmente, en el sentido de la sucesión calculable de la serie de ahoras.

Empero, hasta el momento hemos omitido manifestar claramente lo que significa presente en el sentido de presencia. Mediante esta es determinado lo Ser unitariamente como presencia y permitir-presencia, esto es, desocultamiento. ¿Qué cosa pensamos nosotros cuando decimos pr*esenciar* [*Anwesen*]? Esenciar [*Wesen*: esencia] significa permanecer. Pero demasiado rápidamente nos tranquilizamos, tomando permanecer como mero durar y la duración como hilo conductor de la habitual concepción del tiempo como un trecho de tiempo, desde un ahora hasta el siguiente. Sin embargo, el hablar de pre-senciar [*An-Wesen*] requiere que nosotros percibamos en el permanecer como perdurar [*Anwähren*] el quedar [*Weilen*] y demorar [*Verweilen*]. Presenciar nos concierne, presente [*Gegenwart*] significa: quedar-frente [*entgegenweilen*] a nosotros, a nosotros los hombres.

¿Quiénes somos nosotros? Seamos precavidos con la respuesta. Pues pudiera ocurrir que lo que caracteriza al hombre en cuanto hombre se determinara precisamente desde lo que aquí hemos de meditar: el hombre, el concernido por la presencia, el que, por tal concernimiento, él mismo, a su manera, está presente a todo presente y ausente.

El hombre, estando dentro del concernimiento de la presencia, esto, empero, de tal manera que él recibe como don al presenciar, al Se da, percibiendo él lo que aparece en el permitir-presencia. Si el hombre no fuera siempre el receptor del don del "Se da Presencia", si el hombre no lograra lo ofrecido en el don, entonces en la carencia de este don lo Ser quedaría no solo oculto y no solo cerrado, sino que el hombre quedaría fuera del alcance del: Se da Ser. El hombre no sería hombre.

Ahora bien, parecería que con la alusión al hombre nos habríamos apartado del camino, sobre el cual quisiéramos perescrutar lo propio del tiempo. En cierto modo, eso es verdad. Sin embargo, estamos más cerca de lo que creemos del asunto que se llama tiempo y que debe mostrarse propiamente desde el presente en cuanto presencia.

Presencia significa: el siempre permanecer, concerniente al hombre, que lo logra y le alcanza. Pero, ¿de dónde este lograr alcanzado [*reichende Erreichen*: alcanzar ofrendador], al que pertenece lo presente en cuanto presenciar, en cuanto da presencia? Por cierto que el hombre siempre queda concernido por la presencia de un respectivo presente, sin que con ello él preste atención propiamente a la presencia misma. Pero con igual frecuencia, a saber, nos concierne siempre también la ausencia. De un lado, de tal manera que muchas cosas no están presentes más al modo como tenemos noticias de la presencia en el sentido del presente. Y, no obstante, este ya-no-presente está inmediatamente presente en su ausencia, a saber, según el modo de lo sido que nos concierne. Este no cae fuera del ahora anterior, como lo meramente pasado. Más bien, lo sido está presente, aunque a su propio modo. En el sido es alcanzada presencia. Pero la ausencia nos concierne también en el sentido de lo todavía no presente, según el modo del presenciar de que vie-ne-a-nuestro-encuentro. El hablar de viene-a-nuestro-encuentro se ha convertido, entretanto, en un modo de decir. Así, se oye: "El futuro ya ha comenzado", lo que no es el caso, porque el futuro jamás comienza, en cuanto que la ausencia, como la presencia de lo todavía-no-presente, siempre nos concierne de algún modo, esto es, está presente, tan inmediatamente como lo sido. En el por-venir, en el ve-nir-a-nuestro-encuentro es alcanzada presencia.

Si prestamos atención aún más precavidamente a lo dicho, entonces encon-tramos en la ausencia, sea del pasado, sea del futuro, un modo de presencia y de concernimiento, que no se cubre, en absoluto, con la presencia, en el sentido del inmediato presente. Según eso, hay que observar: No toda presencia es necesa-riamente presente. Un extraño asunto. Mas, encontramos tal presencia, a saber, el concernir que nos alcanza, también en el presente. En él también presencia es al-canzada.

¿Como debemos determinar este alcanzar de la presencia, que entra en juego en el presente, en el sido, en el futuro? ¿Estriba este alcanzar en que llega hasta no-sotros, o llega hasta nosotros, porque en sí es un alcanzar? Lo último es lo acerta-do. Advenir, en cuanto todavía no presente, alcanza y aporta al mismo tiempo lo no más presente, lo sido, y, a la inversa, alcanza este, lo sido, hacia el futuro. El enla-ce mutuo entre ambos alcanza y aporta, al mismo tiempo, el presente. "Al mismo tiempo", decimos, y con ello atribuimos carácter temporal al mutuo-alcanzarse de futuro, sido y presente, esto es, a su propia unidad.

Es evidente que esta manera de proceder no es adecuada, suponiendo que no-sotros ahora tuviéramos que denominar "tiempo" a la indicada unidad del al-canzar y precisamente a ella. Pues el tiempo mismo no es nada tempóreo, así como tampoco es algo ente. Por eso, nos está prohibido decir que futuro, paseidad [*Gewesenheit*], presente, sean realmente [*vorhanden*] "al mismo tiempo". Sin em-bargo, se co-pertenece su mutuo-alcanzar-se. Su uniente unidad puede determinar-se solo desde lo propio de ellos, de que mutuamente se alcancen. Empero, ¿qué alcanzan mutuamente?

No a otra cosa que a ellos mismos y esto quiere decir: la pr-esencia [*An-wesen*] en ellos alcanzada. Con esta se ilumina lo que nosotros llamamos espacio-tiempo. Pero con la palabra "tiempo" no nos referimos más a la sucesión de la serie de los ahoras. Según eso, espacio-tiempo tampoco quiere decir más solo la distancia entre dos pun-tos-ahoras del tiempo calculado, al cual nos referimos cuando, por ejemplo, cons-tatamos: en el espacio de 50 años aconteció esto y aquello. Espacio-tiempo nombra ahora a lo abierto, que se luce en el mutuo-alcanzarse de lo venidero, paseidad y pre-sente. Es ante todo esto abierto y solo ello lo que espacia su extensión al espacio habi-tualmente conocido por nosotros. El luciente mutuo-alcanzar-se de futuro, paseidad y presente es, él mismo, pre-espacial; solo por ello puede espaciar, esto es, dar espacio.

El espacio-tiempo, concebido habitualmente, en el sentido de la distancia media entre dos puntos temporales, es el resultado del cómputo del tiempo. Mediante este es concebido como línea y parámetro y, así, es medido numéricamente el tiempo unidimensional. Lo dimensional del tiempo, pensado de esa manera, como la sucesión de la serie de ahoras, está tomado de prestado de la concepción del espacio tridimensional.

Empero, previo a todo cómputo temporal e independientemente de él, lo propio del espacio-tiempo del tiempo propio estriba en el luciente mutuo-alcanzarse de futuro, paseidad y presente. De consiguiente, el tiempo propio, y solo él, apropia lo que nosotros denominamos –y que es fácilmente malinterpretable–, dimensión, diámetro [*Durchmessung*]. Esta reposa en el caracterizado alcanzar luciente, cuyo advenimiento aporta la paseidad y el lazo mutuo entre esta y aquel, aporta el lucimiento [*Lichtung*] de lo abierto. Pensado desde este triple alcanzar, se muestra el tiempo propio como tridimensional. Dimensión –sea repetido– es pensada aquí no solo como ámbito de mensuras posibles, sino como el alcanzar-a-través-de [*Hindurchlangen*], como el alcanzar luciente. Este permite ante todo deslindar y concebir un recinto de medida.

Ahora bien, ¿desde dónde se determina la unidad de las tres dimensiones del tiempo propio, esto es, su triple modo del alcanzar, modos que se juegan uno en otro, de las respectivas presencias? Ya oímos: Tanto en el advenir de lo todavía-no-presente como también en lo sido de lo ya-no-presente, e, incluso, en el presente, entra en juego cada vez un tipo de concernimiento y aporte, esto es, presencia. Esta presencia, que así hay que pensarla, no podemos atribuírsela a una de las tres dimensiones del tiempo, a lo que está más cerca, a saber, al presente. Más bien, la unidad de las tres dimensiones temporales reposa en el interludio [*Zuspiel*] de cada una con cada una. Este interludio se muestra como el peculiar alcanzar que entra en juego en lo propio del tiempo, por tanto, y por decirlo así, como la cuarta dimensión –no solo por decirlo así, sino desde la cosa.

El tiempo propio es tetradimensional.

Sin embargo, lo que en la enumeración llamábamos cuarto es, según la cosa, lo primero, esto es, el alcanzar que determina todo. Él aporta al advenir, al sido, al presente, la peculiar presencia, propia de cada uno; luciendo los tiene mutuamente y los tiene uno por uno y entre sí en la cercanía, desde la cual quedan mutuamente acercadas las tres dimensiones. Por eso nosotros denominamos al primer e inicial alcanzar, en sentido literal in-icial [*an-fandenge*], en donde reposa la unidad del tiempo propio, la cercanía acercadora, "cercanidad" ["*Nahheit*"] –una temprana palabra, ya usada por Kant. Pero ella acerca mutuamente advenir, paseidad y presente, alejándolos. Pues ella tiene abierto al sido, negándole su advenir como presente. Este acercar de la cercanía tiene abierto al advenir desde el futuro, reteniendo, en el venir, al presente. La cercanía acercadora tiene el carácter de denegación y de retención. De antemano mantiene mutuamente en su unidad a los modos del alcanzar de paseidad, advenir y presente.

El tiempo no es. Se da el tiempo. El dar, que da tiempo, se determina desde la cercanía denegadora-retinente. Ella guarda lo abierto del espacio-tiempo y custodia lo que queda denegado en el sido y retenido en el advenir. Nosotros llamamos al dar, que da tiempo propio, el alcanzar luminoso-ocultador. En tanto que el alcanzar mismo es un dar, se oculta en el tiempo propio el dar de un dar.

Pero, ¿dónde se dan el tiempo y el espacio-tiempo? Aunque esta pregunta, en un primer aspecto, apremie, no obstante, nosotros no debemos preguntar de tal manera, por un dónde, por el lugar del tiempo. Pues el tiempo propio mismo, el ámbito de su triple alcanzar, determinado mediante su cercanía acercadora, es el paraje [*Ortschaft*] pre-espacial, mediante el cual se da ante todo un posible dónde.

Ciertamente que la filosofía desde su comienzo, siempre que meditó el tiempo, también preguntó adónde pertenecía. Para ello se tenía particularmente ante la vista al tiempo calculado como curso de la sucesión de la serie de ahoras. Se aclaró entonces que el tiempo numerado, con el que nosotros calculamos, no puede darse sin la ψυχή, sin el *animus*, sin el alma, sin la conciencia, sin el espíritu. No se da tiempo sin el hombre. Empero, ¿qué significa ese "no sin"? ¿Es el hombre el dador del tiempo o su receptor? Y si es esto, ¿cómo recibe el hombre al tiempo? ¿Es el hombre primeramente hombre y después y ocasionalmente, esto es, de vez en cuando, toma en recepción al tiempo y asume la relación con él? El tiempo propio, su alcanzar triplemente desplegado luminosamente, es la cercanía luminosa de presencia desde presente, paseidad y futuro. Él ya ha alcanzado al hombre en cuanto tal, de tal manera que solo puede ser hombre estando dentro [*innestehen*] del triple alcanzar y sacando [*ausstehen*] la cercanía denegante-retinente que lo determina. El tiempo no es hechura del hombre, el hombre no es hechura del tiempo. Aquí no se da ningún hacer. Se da solo el dar, en el sentido del citado alcanzar luminoso al espacio-tiempo.

No obstante, admitiendo que el modo del dar, en el que se da tiempo, requiera la caracterización expuesta, nosotros continuamos estando todavía frente al misterioso Se, que nombramos en el dicho: Se da tiempo. Se da Ser. Crece el peligro de que nosotros, en el nombrar al "Se", sentemos arbitrariamente un poder indeterminado, que debe realizar todo dar de Ser y de tiempo. Mas, dejemos ir la indeterminación y evitemos la arbitrariedad, y atengámonos entretanto a las determinaciones del dar, que intentamos señalar anteriormente y, por cierto, desde la mirada previa al Ser como presencia, y al tiempo como el ámbito del alcanzar del lucimiento de un presenciar, desplegado múltiplemente. El dar en "Se da Ser" se mostró como destinar y como destino de presencia en sus mutaciones epocales.

El dar en "Se da tiempo" se mostró como alcanzar luciente del ámbito tetra-dimensional.

En cuanto que en el Ser como presencia se anuncia algo así como tiempo, se fortalece el supuesto anticipado respecto a que el tiempo propio, el cuádruple alcanzar de lo abierto, se puede hallar como el "Se", que da Ser, esto es, presencia. El supuesto parece confirmarse plenamente, si nosotros prestamos atención a que también la ausencia se anuncia, a su manera, como un modo de presenciar. Entonces se mostró en lo sido, que deja presenciar lo ya-no-presente mediante denegación de presente, se mostró en el venir-hacia-nosotros, que deja presenciar lo todavía-no-presente mediante retención de presente, se mostró, decimos, aquel tipo del alcanzar luminoso que da toda presencia en lo abierto.

De consiguiente, el tiempo propio aparece como el Se, que nosotros nombramos en el dicho Se da Ser. El destino, en el que se da Ser, reposa en el alcanzar del tiempo. ¿Se muestra el tiempo, mediante esa indicación, como el Se, que da Ser? – De ninguna manera. Pues el tiempo sigue siendo él mismo el don de un Se da, cuyo dar custodia el ámbito en el que es alcanzada presencia. Así, en adelante, queda el Se indeterminado, misterioso, y nosotros mismos quedamos perplejos. En tal caso es sensato determinar el Se, que da, desde el dar ya caracterizado. Este se mostró como destinar Ser, como tiempo, en el sentido del alcanzar luminoso.

(¿O estamos nosotros ahora perplejos solo porque nos hemos dejado equivocar por el lenguaje, dicho más rigorosamente, por la interpretación gramatical del lenguaje y desde tal error miramos rígidamente a un Se, que debe dar, pero que precisamente el mismo no se da? Si decimos: Se da Ser, Se da tiempo, entonces expresamos proposiciones. Según la gramática, una proposicion consta de sujeto y predicado. El sujeto no tiene que ser necesariamente un sujeto, en el sentido de un yo y de una persona. Por eso la gramática y la lógica toman a las proposiciones con "se" como impersonales y como proposiciones sin sujeto. En otras lenguas indogermánicas, en griego y en latín, falta el Se, por lo menos como palabra particular y como sonido, lo que, no obstante, no significa que lo mentado en el Se no sea copensado: en latín *pluit*, llueve [*es regnet*]; en griego, χρή, se necesita.

Empero, ¿qué mienta este "Se" ["Es"]? Filología y Filosofía del Lenguaje han pensado acuciosamente sobre ello, sin que hayan encontrado una aclaración valedera. El ámbito de significación mentado en el Se, se extiende desde lo baladí hasta lo demónico. El "Se", dicho en la frase "Se da Ser", "Se da tiempo", nombra, presumiblemente, algo excepcional, en lo que no vamos a entrar aquí. Por eso, nos contentamos con una consideración fundamental.

Según la interpretación lógico-gramatical, aquello de lo que se predica algo se muestra como sujeto: ὑποκείμενον, lo ya preyaciente, de alguna manera presente. Lo que se enuncia del sujeto, predicado, se muestra como lo ya compresente, lo συμβεβηκός, *accidens:* la sala está iluminada. En el "Se" del "Se da Ser" había una presencia de lo que está presente, por tanto, en cierto modo, un Ser. Pongámoslo en lugar del Se, entonces dice la frase: "Se da Ser", tanto como: Ser da Ser. Con ello hemos vuelto a caer en las dificultades citadas al comienzo de la conferencia: Ser es. Pero Ser "es" tan poco como "es" tiempo. Por eso nosotros desistimos ahora del intento de determinar en marcha solitaria, por decirlo así, al "Se" por sí mismo. Sin embargo, retenemos en la mirada: El Se nombra, en todo caso, en la interpretación primeramente disponible, una presencia de ausencia.

Con respecto a que en el decir "Se da Ser", "Se da tiempo", no se trata de proposiciones sobre lo ente, y que, no obstante, la construcción de las frases, orientada exclusivamente a tales proposiciones, fue proporcionada por medio de los gramáticos grecorromanos, prestemos atención, al mismo tiempo, a que, contra todas las apariencias, en el decir "Se da Ser", "Se da tiempo" no se trata de proposiciones, que siempre se establecen en la construcción de la relación-sujeto-predicado. Empero, ¿de qué otra manera podremos traer ante la mirada al citado "Se", nombrado en el decir "Se da Ser", "Se da tiempo"? Sencillamente, de tal manera que nosotros pensemos el "Se" desde el tipo de dar que le pertenece: el dar como destino, el dar como alcanzar luminoso. Ambos se copertenecen, en cuanto que aquel, el destino, reposa en este, el alcanzar luminoso.)

En el destinar del destino de Ser, en el alcanzar del tiempo, se muestra un dedicar [*Zueignen*], un traspasar [*Übereignen*], a saber, del Ser como presencialidad y de tiempo como ámbito de lo abierto en lo propio de ellos. Lo que determina a ambos, tiempo y Ser, en lo propio de ellos, esto es, en su copertenecerse, lo llamamos nosotros *das Ereignis* [*el acontecimiento-apropiador*]. Lo que nombra esta palabra, nosotros ahora solo podemos pensarlo desde lo que se anuncia en la previa-mirada a Ser y tiempo como destino y como alcanzar, adonde pertenecen tiempo y Ser. A ambos, tanto Ser como tiempo, los llamamos asuntos [*Sachen*]. La "y" entre ambos deja indeterminada su mutua relación.

Ahora se muestra: Lo que deja pertenecer mutuamente a ambos asuntos, lo que trae a ambos asuntos no sólo en lo propio de cada uno de ellos, sino que los custodia en su copertenecerse y los mantiene en ellos, la referencia-de-asuntos [*Sach-Verhalt*] de ambos asuntos, es el acontecimiento-apropiador. La referencia-de-asuntos no se añade posteriormente como una relación suplementaria entre Ser y tiempo. La referencia-de-cosas [*Sach-Verhalt*] reapropia a Ser y tiempo en lo que les es propio, ante todo desde su referencia y, ciertamente, mediante al acontecimiento-apropiador que se oculta en el destino y en el alcanzar luminoso. Según eso, se atestigua el Se, que da, en el "Se da Ser", "Se da tiempo", como el acontecimiento-apropiador. La proposición es correcta y, empero, al mismo tiempo no verdadera, esto es, ella nos oculta la referencia-de-cosas; pues, inadvertidamente, la hemos concebido como algo presente, mientras que lo que intentamos nosotros es pensar la presenciabilidad en cuanto tal. Pero, quizás que podamos librarnos con un golpe de todas las dificultades, de todas las dilucidaciones, circunstanciales y, en apariencia, infructuosas, si nosotros hacemos ya la sencilla pregunta, acontecida hace rato, y preguntamos: ¿Que es el acontecimiento-apropiador?

Para ello sea permitida una pregunta intermedia. ¿Qué significa aquí "responder" y "respuesta"? Responder mienta el decir, que corresponde al estado de-cosas que aquí está por pensar, esto es, al acontecimiento-apropiador. Sin embargo, si el estado-de-cosas rechaza que se hable de él a la manera de una proposición, entonces tenemos que renunciar en las preguntas hechas a la esperada proposición. Sin embargo, esto significa confesar la impotencia para pensar adecuadamente lo que aquí está por pensar. ¿O es más sensato renunciar no ya a la respuesta, sino previamente a la pregunta? Pues, ¿qué pasa con la pregunta "qué es el acontecimiento-apropiador", [pregunta] claramente legítima y hecha sin forzamiento? Con esto nosotros preguntamos por el ser-qué [*Was-sein*], por la esencia, por lo que el acontecimiento-apropiador esencia y, esto es, presencia.

Con la pregunta, inocente en apariencia: "¿Qué es el acontecimiento-apropiador?", nosotros pedimos un informe sobre el Ser del acontecimiento-apropiador. Ahora bien, si lo Ser mismo se muestra tal que pertenece al acontecimiento-apropiador y que desde él recibe la determinación de presencialidad, entonces con la pregunta citada nosotros volvemos a caer en lo que, primeramente, requiere su determinación: lo Ser desde el tiempo. Esta determinación se mostró desde la mirada previa al "Se", que da, en el perescrutar a través de los modos del dar, tomados uno con otro, el destinar y el alcanzar. Destinar de Ser reposa en el alcanzar, ocultante-luminoso, del múltiple presenciar en el ámbito abierto del espacio-tiempo. Pero, el alcanzar reposa, a unas con el destinar, en el acontecimiento-apropiador. Este, esto es, lo peculiar del acontecimiento-apropiador, determina también el sentido de lo que aquí es denominado reposar.

Lo dicho ahora permite decir, incluso necesariamente, en cierto modo, cómo no hay que pensar el acontecimiento-apropiador. Nosotros ya no podemos concebir más lo mentado con el nombre "el acontecimiento-apropiador" al hilo conductor del significado corriente de la palabra; pues esta comprende "acontecimiento-apropiador" en el sentido de acontecimiento y suceso –no desde el apropiar, en cuanto alcanzar, custodiante-luminoso, y destinar.

Así, de nuevo se oye anunciar que dentro del Mercado Común Europeo la unión lograda sea un acontecimiento europeo de importancia histórico-mundial. Ahora, en caso de que, en conexión con la dilucidación del Ser, se emita la palabra "acontecimiento" y se oiga esta palabra solo según su significación corriente, entonces se impone discursear ceremoniosamente del acontecimiento del Ser. Pues sin lo Ser no puede ningún ente ser un tal ente. De acuerdo con eso, lo Ser puede ser puesto en circulación como el acontecimiento más elevado y más significativo de todos.

Mas, la única meta de esta conferencia está en traer a la mirada lo Ser mismo como [*als*] el acontecimiento-apropiador. Entonces, lo nombrado con la palabra "el acontecimiento-apropiador" dice algo completamente distinto. Correspondientemente, también hay que pensar el "como" [*als*], inaparente y capcioso, por multívoco. Suponiendo que, para la elucidación de Ser y tiempo, dejemos a un lado la significación habitual de la palabra "acontecimiento-apropiador" y sigamos, en lugar de ella, el sentido que se indica en el destinar de presencialidad y alcanzar luminoso del espacio-tiempo, entonces, de esa manera, también queda indeterminado el hablar de "Ser como acontecimiento".

"Ser como acontecimiento" –anteriormente la filosofía pensó al Ser desde lo ente, como ἰδέα, como ἐνέργεια, como *actualitas,* como voluntad; y ahora –se podría opinar– como acontecimiento. Comprendido así, acontecimiento mienta una interpretación derivada de Ser, interpretación que, caso de que sea consistente, representa una continuación de la Metafísica. El "como" significa en este caso: Acontecimiento como un modo del Ser, subordinado al Ser, que es lo que configura el firme concepto director. Sin embargo, si pensamos, como se intentó, Ser en el sentido de presenciar y dejar-presenciar, que se da en la destinación [*Geschick*], que, por su parte, reposa en el alcanzar ocultante-luminoso del tiempo propio, entonces pertenece lo Ser al acontecimiento-apropiador. De este reciben su determinación el dar y su don. Entonces sería lo Ser un modo del acontecimiento-apropiador y no el acontecimiento-apropiador un modo del Ser.

Recurrir a una tal inversión sería demasiado arbitrario. Pasa de largo frente al estado-de-cosas. Acontecimiento-apropiador no es el concepto superior abarcador, al cual se subordinan Ser y tiempo. Las relaciones lógicas de ordenación aquí no dicen nada. Pues, mientras nosotros vayamos pensando tras lo Ser mismo y sigamos tras lo propio de él, se muestra como el don de destino de la presencialidad, don custodiado mediante el alcanzar de tiempo. El donar presencia es propiedad del acontecimiento-apropiador. Ser desaparece en acontecimiento-apropiador. En el giro: "Ser como el acontecimiento-apropiador", ahora el "como" mienta: Ser, permitir-presencia destina en el acontecer-apropiante, tiempo alcanza en el acontecer-apropiante. Tiempo y Ser acontece-apropia en el acontecimiento-apropiador. ¿Y este mismo? ¿Se deja decir todavía más del acontecimiento-apropiador?

A lo largo del camino fue ya muy pensado, pero no fue propiamente dicho, a saber, esto: que al dar como destinar le pertenece el tenerse-en-sí; a saber, esto: que en el alcanzar de sido y de advenir entran en juego denegación de presente y retención de presente. Lo nombrado ahora: tenerse-en-sí, denegación, retención, muestra algo así como un retraerse, dicho brevemente: el retraimiento [*Entzug*]. Pero en cuanto que los modos del dar, determinados por él, el destinar y el alcanzar, reposan en el acontecimiento-apropiador, tiene que pertenecer el retraimiento a lo peculiar del acontecimiento-apropiador. Dilucidar esto no es más asunto de esta conferencia.

(Con toda brevedad e insuficiencia para el modo de la conferencia, sea indicado lo peculiar en el acontecimiento-apropiador.

El destinar en el destino del Ser fue caracterizado como un dar, en el que lo que se destina se retiene en sí mismo y en el retenerse-en-sí se retrae del desocultamiento.

En el tiempo propio y su espacio-tiempo se mostró el alcanzar de lo sido, por tanto, de lo ya-no-presente, la denegación de este. Se mostró en el alcanzar de futuro, por tanto, de lo todavía-no-presente, la retención de este. Denegación y retención ostentan el mismo rasgo que el tenerse-en-sí en el destinar: a saber, el retraer-se.

Entonces, en cuanto que destinación del Ser en el alcanzar del tiempo y este con aquel reposan en el acontecimiento-apropiador, se ostenta en el acontecer-apropiante lo peculiar, que retrae lo más propio suyo del desocultamiento ilimitado. Pensado desde el acontecimiento-apropiador, esto quiere decir: Se [*Es*] desapropia [*enteignet*], en el citado sentido, a sí mismo. Al acontecimiento-apropiador en cuanto tal le pertenece la desapropiación [*Enteignis*]. Mediante ella no se entrega el acontecimiento-apropiador, sino que preserva su propiedad [*Eigentum*].

Lo otro peculiar en el acontecimiento-apropiador lo divisamos tan pronto como meditemos con suficiente claridad lo ya dicho. En el Ser como presenciar se ostenta el concernimiento, que nos concierne a nosotros los hombres de tal manera que nosotros, percibiendo y asumiendo este concernimiento, hemos alcanzado lo privilegiado del ser hombre. Pero este asumir el concernimiento del presenciar reposa en el estar-dentro del ámbito del alcanzar, como el cual nos ha alcanzado el tiempo propio tetradimensional.

En cuanto que Ser y tiempo solo se da en el acontecer-apropiador, pertenece a este la peculiaridad de que él trae a lo suyo propio al hombre, en cuanto este recibe el Ser por estar-dentro del tiempo propio. Apropiado de esa manera, pertenece el hombre al acontecimiento-apropiador.

Este pertenecer reposa en la privilegiada reapropiación del acontecimiento-apropiador. Mediante ella está el hombre introducido en el acontecimiento-apropiador. En ello estriba que nosotros no podamos jamás poner ante nosotros al acontecimiento-apropiador, ni como algo o-puesto, ni como lo omniabarcante. Por eso, el pensar representativo-fundamentador corresponde tan poco al acontecimiento-apropiador como el decir solamente proposicional).

En cuanto que tiempo tanto como Ser, como dones del acontecer-apropiante, hay que pensarlos solo desde este, correspondientemente también tiene que ser meditada la referencia del espacio al acontecimiento-apropiador. Por cierto que esto puede resultar bien si nosotros hemos meditado, previamente, la proveniencia del espacio desde lo peculiar del lugar, suficientemente pensado. (Cf. "Construir Habitar Pensar", 1951; en *Vorträge und Aufsätze,* 1954, pág. 145 ss. [Véase esa conferencia en este mismo volumen]).

El intento en "Ser y Tiempo", § 70, de retrotraer la espacialidad del ser-ahí a la temporalidad no se puede mantener.

Por cierto que ahora, en el perescrutar a través del Ser mismo, a través del tiempo mismo, en la intuición a la destinación de Ser y al alcanzar de espacio-tiempo, se volvió visible lo que dice "acontecimiento-apropiador". Empero, ¿llegamos por este camino a alguna otra parte que a meras imaginaciones? Apoyándose en esta sospecha habla la opinión de que el acontecimiento apropiador tendría que "ser", empero, algo ente. Mas: el acontecimiento-apropiador ni *es,* ni *hay* el acontecimiento-apropiador. Decir lo uno o lo otro significa una inversión del asunto, igual que si quisiéramos derivar el manantial de la corriente.

¿Qué queda por decir? Solo esto: el acontecimiento-apropiador acontece-apropia [*Das Ereignis ereignet*]. Con ello, nosotros decimos, desde lo Mismo y hacia lo Mismo, lo Mismo. Según las apariencias, eso no dice nada. Tampoco dirá nada, mientras oigamos lo dicho como una mera frase y la sometamos al examen de la Lógica. Pero, ¿qué, si nosotros asumimos asiduamente lo dicho como apoyo para el meditar y con ello reflexionamos en que esto Mismo ni siquiera es algo nuevo, sino lo más antiguo de lo antiguo en el pensar occidental: lo primigenio, que se alberga en el nombre ʼΑ-λήϑεια. Desde lo que es suscitado mediante esto inicial a todos los motivos centrales del pensar habla una reunión que une a todo pensar, suponiendo que este se entrame a la llamada de lo que hay que pensar.

Se trataba de pensar a Ser en lo suyo propio, perescrutando a través del tiempo propio –desde el acontecimiento-apropiador– sin respecto a la relación de lo Ser con lo ente.

Pensar Ser sin lo ente significa: pensar Ser sin respecto a la Metafísica. Ahora bien, tal respecto domina también en el intento de superar la Metafísica. Por eso, se trata de abandonar el superar y de abandonar la Metafísica a sí misma.

Si una tal superación sigue siendo necesaria, entonces concierne a aquel pensar que se introduce propiamente en el acontecimiento-apropiador, para decirlo desde él y hacia él.

Se trata de superar constantemente los impedimentos que hacen fácilmente insuficiente a un tal decir.

Un impedimento de este tipo sigue siendo también el decir del acontecimiento-apropiador en el modo de una conferencia. Ella ha hablado solamente en proposiciones.

SEMINARIO DE LE THOR 1969

SEMINARIO DE LE THOR 1969[1]

MARTES 2 DE SEPTIEMBRE

El texto que va a servir de base al trabajo es *El único fundamento posible de una prueba de la existencia de Dios* (Kant, 1763), y, precisando más, el capítulo I: *De la existencia en general – Vom Dasein überhaupt.*

La meta de este seminario es aclarar *indirectamente* el texto de Kant. Es necesario, en efecto, mantener a la vista que Kant mismo modificó su comprensión del ser veinte años más tarde.

El camino sobre el cual va a ser intentada nuestra interpretación mediata es la *Seinsfrage*, la pregunta por el ser, tal como se desarrolla de *Sein und Zeit* hasta ahora.

Hagamos, pues, la pregunta: ¿Qué quiere decir "pregunta por el ser"? Ya que la pregunta por el ser, en tanto que pregunta, presenta grandes posibilidades de malos entendidos –como atestigua la duradera no-comprensión del libro *Sein und Zeit* (*Ser y Tiempo*).

¿Qué quiere decir: "pregunta por el ser"? *Frage nach dem Sein*? Cuando se dice "ser", de antemano se comprende esta palabra metafísicamente, es decir, a partir de la metafísica. Ahora bien, en la metafísica y su tradición "ser" quiere decir: lo que determina a lo ente en tanto que ente; por tanto, la pregunta por el ser significa metafísicamente: pregunta por lo ente *en tanto que* ente; dicho de otra manera: pregunta por el fundamento de lo ente.

En la historia de la metafísica se ha dado una serie de respuestas a esta pregunta. Por ejemplo: ἐνέργεια. Aquí se hace notar que la respuesta aristotélica a la pregunta "qué es lo ente en tanto que ente" es ἐνέργεια y no ὑποκείμενον. En efecto, el ὑποκείμενον es la interpretación de lo ente, no del ser. Concreta-

---

[1]   Traducción de María Teresa Poupin Oissel. La versión original en castellano no tiene notas. Las de la presente versión son del editor. Sus intervenciones van entre corchetes [ ]. Dentro de las notas se remite entre corchetes a la edición francesa y/o a la alemana. En el primer caso se alude a *Questions* IV (Gallimard, París, 1976); en el segundo, a GA 15 (*Gesamtausgabe* [GA] Vol. 15: *Seminare*, V. Klostermann, Frankfurt a. M., 1986). Al respecto, véase, *supra*, la Nota preliminar a la sexta edición. En los casos pertinentes se han transformado las referencias bibliográficas a textos *en español*. [Nota del editor].

mente: ὑποκείμενον es la entrada en presencia de una isla, o de una montaña, y esta entrada en presencia salta a la vista cuando se está en Grecia. En efecto, ὑποκείμενον es lo ente en su yacer, tal como se da a ver, es decir: lo que está ahí, bajo los ojos, viniendo por sí mismo a extenderse ahí. Es así como está la montaña en el campo y la isla en el mar.

Tal es la experiencia griega de lo ente

Para nosotros, lo ente en su conjunto –τὰ ὄντα– no es más que una palabra vacía. Para nosotros no hay ya esta experiencia de lo ente en sentido griego. Por el contrario, así en Wittgenstein: "*Wirklich ist, was dar Fall ist*" (real es, lo que es el caso; lo que quiere decir: lo que cae bajo una determinación, lo fijable, lo determinable). Frase propiamente fantasmagórica.

Para los griegos, por el contrario, esta experiencia de lo ente es tan rica, tan concreta y *atañe* al hombre griego hasta tal punto que existen sinónimos decidores (Aristóteles, *Metafísica* a): τὰ φαινόμενα, τὰ αλήθεα. Por esto, traducir literalmente τὰ ὄντα por lo ente no adelanta nada. Por ahí no se llega a lo que es lo ente para el Griego. Ya que precisamente es: τὰ αλήθεα, lo abierto en el no-retraimiento, eso a que, por un tiempo, se niega la escapada; es τὰ φαινόμενα, lo que desde sí mismo se muestra.

Aquí se planteó una pregunta complementaria a propósito del ὑποκείμενον. ¿Cuál es la diferencia de la experiencia de lo ente cuando es comprendido como ὑποκείμενον y cuando lo es como φαινόμενον? Sea un ente concreto, por ejemplo, la montaña del Luberon[2]. Si es vista como ὑποκείμενον, el ὑπό llama a un κατά, y precisando más al κατά de un λέγειν τι κατὰ τινός. Con seguridad, el Luberon no desaparece por el hecho de ser nombrado como ὑποκείμενον, pero no está más ahí en tanto que *fenómeno* –en tanto que dándose a ver desde sí mismo. No se presenta más desde sí mismo. En tanto que ὑποκείμενον es *eso de lo que* hablamos. Y aquí importa hacer una radical distinción a propósito de hablar, separando la pura nominación (*Nennen*, ὀνομάζειν) de la enunciación (*Aussagen*, λέγειν τι κατὰ τινός).

En la pura nominación, a lo que está presente lo dejo ser lo que es. Ciertamente, la nominación implica al que nombra –pero lo propio de la nominación es justamente que el que nombra no interviene sino *para borrarse delante de lo ente*. Entonces, lo ente es puro fenómeno.

En la enunciación, por el contrario, el que enuncia interviene intercalándose –y se intercala como el que cae sobre lo ente para hablar *sobre* él. Desde ese momento, lo ente ya no puede ser comprendido sino como ὑποκείμενον, y el nombre como un residuo de la ἀπόφανσις.

---

[2]   En las cercanías de Le Thor. [GA 15, p. 367, en nota].

Hoy día, que de antemano se comprende toda la lengua a partir de la enunciación, nos es muy difícil experimentar la nominación como pura nominación, fuera de toda κατάφασις, y de tal suerte que ella deje a lo ente entrar en presencia como puro fenómeno.

Pero, ¿qué es el *fenómeno* en sentido griego? En lenguaje moderno, el fenómeno griego es precisamente el no-fenómeno moderno; es la cosa misma, la cosa en sí. Abismo entre Aristóteles y Kant. Cuidarse aquí de toda interpretación retrospectiva. Entonces, es necesario hacerse la pregunta decisiva: Para los griegos, ¿en qué son sinónimos τὰ ὄντα y τὰ φαινόμενα? ¿Lo presente, lo que entra en presencia (*das Anwesende*) y lo que se muestra desde sí mismo (*das Erscheinende, das Sichzeigende*) en qué es todo uno? Para Kant, una tal unidad es simplemente imposible.

Para los griegos, las cosas aparecen.

Para Kant, las cosas me aparecen.

Entre los dos, pasó que lo ente devino *Gegen-stand* (objeto, o mejor: ob-stante). El término *Gegenstand* no tiene ningún equivalente en griego.

En Hegel, la filosofía griega es interpretada como "*bloß objektiv*" (puramente y simplemente objetiva), lo cual es la interpretación moderna y hegeliana de lo que era verdaderamente la filosofía griega. Lo que efectivamente quiere decir Hegel es que los griegos no pensaron aún lo subjetivo como mediación y, por tanto, como corazón de la objetividad. Diciendo así algo que por un lado corresponde al pensar griego, Hegel, no obstante, se cierra radicalmente el acceso al sentido griego de lo ente, ya que esta interpretación hegeliana subentiende que la filosofía griega no pensó hasta la mediación dialéctica, es decir, no pensó la consciencia como clave de la fenomenalización de los fenómenos. Si él piensa así, y así piensa, Hegel se cierra definitivamente a la experiencia griega de lo ente como fenómeno.

Los griegos, dice él aún, tienen la experiencia de lo inmediato. Pero en su espíritu, eso quiere decir algo negativo, una pobreza de debutantes, a quienes les falta aún la experiencia de la mediación dialéctica.

¿Qué ha pasado entre los griegos y Hegel?

El pensamiento de Descartes. Con él, dice Hegel, el pensamiento alcanza por primera vez "*ein fester Boden*", un suelo firme. De hecho, lo que hace Descartes, es determinar el suelo por la *firmeza* –por tanto, no dejar más ser a un suelo como es por sí mismo. Descartes, en realidad, abandona el suelo. Lo deja por la firmeza. ¿Cuál es esta firmeza? ¿De dónde viene en Descartes la firmeza del *firmum*? Lo dice él mismo: del *punctum firmum et inconcussum. Inconcussum* = inconmovible, es decir, inconmovible para el saber, para la consciencia, para la *perceptio* (con Descartes el saber deviene *perceptio*). En lo sucesivo el hombre es instalado en su posición [*Stellung*] de *representante* [Vorstellender].

Volviendo de ahí a los fenómenos, se plantea la pregunta: ¿a través de qué son *posibles* los φαινόμενα? Respuesta: por la ἀλήθεια. Los griegos son la humanidad que vivió inmediatamente en la apertura de los fenómenos –por la expresa capacidad ex-stática de dejarse dirigir la palabra por los fenómenos (el hombre moderno, el hombre cartesiano, *se solum alloquendo*, no se dirige la palabra sino a sí mismo).

Nadie ha estado aún a la altura de la experiencia griega de lo ente como fenómeno. Para presentir algo de ello, que se medite solamente el hecho de que no hay ninguna palabra griega para decir el ser del hombre en la ἀλήθεια. No la hay. Ni siquiera en la poesía griega, donde, no obstante, aquello está llevado a su cima. En cuanto a llamar a eso *existir*, el vocablo ha llegado a ser tan corriente, que se presta a todos los malos entendidos. Si no hay una palabra griega para esta existencia ex-stática, no es por carencia, sino por exceso. Los griegos, en su ser, pertenecen a la ἀλήθεια, donde lo ente se desvela en su fenomenalidad. Tal es su destino: Μοῖρα.

Situándonos ahora delante de la sinonimia entre *ente* y *fenómeno*, preguntémonos: ¿cómo sobreviene la filosofía del seno de esa estancia de los griegos en medio de los fenómenos? ¿Cómo la filosofía no puede y no ha podido nacer sino entre los griegos? ¿De dónde le viene a la filosofía el impulso primero que la pone en camino? En una palabra: ¿cuál es el nacimiento de la filosofía? Estas preguntas vuelven a una pregunta central: En la relación de la humanidad griega con lo ente como adverado y fenómeno, ¿hay algo que haga necesaria a la filosofía (en busca del ser de lo ente)?

Por difícil que sea para nosotros realizar de nuevo lo que han hecho los griegos, pensando lo ente como fenómeno fuera del retraimiento, como levantarse-fuera-del retraimiento (en el sentido de la φύσις), preguntémonos: ¿qué pasa en el hecho de levantar-se-en-la-ἀλήθεια? ¿Qué es lo que se encuentra de inmediato nombrado con el verbo φύειν?

Es la *superabundancia*, la *sobremedida* de lo presente. Pensar aquí en la anécdota de Tales: es ese hombre fascinado por una superabundancia estelar que lo fuerza a dirigir la mirada *únicamente* hacia el cielo. En el clima[3] griego el hombre está abismado por la entrada en presencia de lo presente, que le constriñe a la pregunta por lo presente *en tanto que* presente. La relación con esta afluencia de la presencia, la nombran los griegos θαυμάζειν (cf. Platón, *Teeteto* 155 d).

En el extremo opuesto, se puede decir que cuando los astronautas ponen pie en la Luna, la Luna desaparece *en tanto que* Luna. Ella no sale más, ni se pone. No es más que un parámetro de la empresa técnica del hombre.

En todo eso, lo importante es ver bien que la privación, el ἀ de ἀλήθεια, se acomoda al exceso. Privación no es negación. Cuanto más crece lo que designa el verbo φύειν, tanto más vivaz es la fuente de donde aquello se levanta, la *Verborgenheit* en la *Unverborgenheit*.

---

[3]   Hölderlin, Segunda Carta a Böhlendorff. *Correspondencia Completa*, Ediciones Hiperión, Madrid, 1990, pp. 552-554. [*Questions* IV, p. 264 - GA 15, p. 331, en nota 2].

En consecuencia, insistir siempre en la dimensión perfectamente excesiva en la que tiene nacimiento la filosofía. En efecto, la filosofía es la respuesta de una humanidad alcanzada por el exceso de la presencia –respuesta ella misma excesiva, lo que lleva a precisar que la filosofía en tanto que filosofía, no es una manera griega de existir, sino una manera *hipergriega*. Aquí se entiende el otro lado de la anécdota sobre Tales, tan alcanzado por eso que mira, que ya no ve allí las cosas corrientes, a sus pies, y cae en el pozo. Así, se puede resumir: los griegos están atareados *en* la ἀλήθεια de tal manera que ordinariamente donde están ocupados es *en* la ἀλήθεια; pero, quienes se ocupan *con* la ἀλήθεια son los más griegos de los griegos, los filósofos; no obstante, jamás llegaron a hacer *la pregunta por la* ἀλήθεια (como tal).

La pregunta se plantea entonces: ¿bajo qué forma y en qué medida la ἀλήθεια hace aparición para los griegos? Se responde: bajo la forma del τò αὐτό, de νοεῖν, y εἶναι –tal como está dicho en el Poema de Parménides.

Esta respuesta lleva a interrogarse sobre el sentido griego de *saber*. En griego, saber se dice νοεῖν e ἰδεῖν –nombrando ambos el ser-abierto a lo que viene a darse. Desde ahí se puede comprender la relación del τò αὐτό parmenídeo con el λόγος de Heráclito: ambos dicen ese recogimiento en el cual se acuerda el ser.

Por esto hay que responder: para los griegos, la ἀλήθεια hace aparición en tanto que λόγος –y λόγος, mucho más radicalmente que "hablar", quiere decir: *dejar*-entrar-en-presencia.

Hemos partido de la pregunta ¿qué quiere decir *Seinsfrage*? Comprendida de manera metafísica, como pregunta por el ser de lo ente, *esta* pregunta conduce precisamente a que la pregunta por el ser *en tanto que ser* no sea jamás planteada.

Confirmémoslo examinando una de las respuestas eminentes a la pregunta metafísica del ser de lo ente –la de Platón.

El εἶδος es el ser de lo ente; no menos, por lo demás, que la *idea* en su acepción cartesiana en los tiempos modernos. ¿Qué es el εἶδος en tanto que primera respuesta a la pregunta griega: qué es el ser de lo ente? ¿Cómo comprender esta respuesta a partir de lo que hemos visto?

Que el ser de *este* libro sea "idea", ¡vaya que es exactamente incomprensible! Para Platón, este libro es un μὲ ὄν. Sin embargo, no es un οὐκ ὄν, una nada, un no-ente, ya que helo ahí. Pero no es un ente, ya que *no es* el *este* lo que lo hace ser como este ente que él es.

Este libro no es más que una cierta manera de volver sensible la esencia-libro. Distinguir aquí οὐκ ὄν de μὲ ὄν, negación de privación. La privación se traduce por una carencia, y esa carencia destella en la diferencia entre εἶδος y εἴδωλον. Este libro no es εἶδος sino εἴδωλον.

Sin embargo, hay muchos libros que no son *este* libro, y que son realmente libros. ¿Cuál es la pura esencia del libro? ¿En qué sentido se puede decir que el εἶδος es el ὄντος ὄν? ¿En qué consiste la superabundancia excesiva (*Übermaß*) en el caso de este libro? ¿En qué corresponde exactamente la idea platónica a eso que los griegos llamaban *presencia*, οὐσία, *Anwesenheit*?

Cambiar, alterarse, es ausentarse: *abwesen*. Solo la idea es pura presencia, presencia jamás ausente, presentar-se-en-permanencia. Eso es lo que superabunda: la presencia entrando en presencia, *die anwesende Anwesenheit* –eso es el ὄντος ὄν. De eso Nietzsche tiene el más vivo sentimiento, especialmente en el texto: *Cómo el mundo-verdad llegó a ser fábula (Crepúsculo de los ídolos)*[4].

Se observa entonces que en Platón es necesario entender siempre "lo ente" en sentido verbal: *das Seiend*, antes que en un sentido nominal, *das Seiende*.

No perder nunca de vista que las determinaciones del φαίνεσθαι y del ἀληθές juegan plenamente en el εἶδος platónico. En ἰδέα se está siempre tentado de entender ἰδεῖν, aun cuando lo que prima es el rostro, el aspecto que tiene la cosa, no la vista que se tiene de ella y que no podemos tomarla sino porque ella primeramente la *da*. Nada es menos griego que aquello que dice Schopenhauer de Platón (frase sobre el desierto que existe por el solo hecho de que yo lo piense); Aristóteles, al contrario de Schopenhauer: los astros no brillarían menos, aunque nadie los viese[5].

¿Qué quiere decir ahora *Seinsfrage* en *Ser y Tiempo*? En *Ser y Tiempo* la pregunta no es: ¿qué es lo ente?, sino: ¿qué es el "es"?

Inmediatamente se cae en dificultades. En efecto, si el "es" *es*, ¡es un ente! Y si, por otro lado, no es ¿será la simple cópula vacía de un juicio?

De esta aporía hay que salir. Desde un punto de vista puramente gramatical, ser no es solamente un verbo, es un auxiliar. Pero si se inquiere más adentro que la gramática, es necesario preguntar: *ser*, en tanto que infinitivo, ¿no es más que una abstracción derivada del "es" –o bien no se puede decir "es" sino cuando por adelantado el *ser* está abierto y manifiesto?

Por eso, *Ser y Tiempo* aborda la pregunta en la óptica del *sentido* del ser.

Sentido, *Sinn*, tiene en *Ser y Tiempo* una significación totalmente precisa, aun cuando hoy día ha llegado a ser insuficiente. ¿Qué quiere decir *Sinn von Sein* (sentido del ser)? Eso se comprende a partir del dominio de proyecto (*Entwurfsbereich*) que despliega la comprensión del ser (*Seinsverständnis*). Comprensión, *Verständnis*, debe ser entendida, a su vez, en el sentido primero de *Vorstehen*: estar de pie delante, estar a nivel con, ser de la talla para sostener eso ante lo cual se está[6].

Sinn se comprende a partir de *Entwurf*, que se explica por *Verstehen*.

---

4   *Crepúsculo de los ídolos*, Ed. Alianza, Madrid, 1973, pp. 51-52. [*Questions* IV, p. 267 – GA 15, p. 333, en nota 4].

5   *Metafísica* Z 1041 a. [*Questions* IV, p. 267 – GA 15, p. 334, en nota 5].

6   Cf. *Ser y Tiempo*, Ed. Universitaria, Santiago de Chile, 1997, § 31, pp. 166 s. (GA 2: *Sein und Zeit*, pp. 190 s.) [*Questions* IV, p. 268, en nota – GA 15, p. 334, en nota 6].

El inconveniente de este ángulo de ataque es que deja demasiado abierta la posibilidad de entender el proyecto (*Entwurf*) como una *performance* humana; desde ese momento no queda más que ver el proyecto como estructura de la subjetividad –lo que hace Sartre apoyándose en Descartes (en quien la ἀλήθεια no está presente en cuanto ἀλήθεια).

Para luchar contra ese inconveniente, para resguardar al *Entwurf* la significación en la que está tomado (la de apertura abriente), el pensar, después de *Ser y Tiempo*, reemplaza la locución "sentido del ser" por la de "verdad del ser". Y para evitar todo contrasentido sobre verdad, para evitar que sea comprendida como rectitud, "verdad del ser" es comentada por *Ortschaft des Seins* –verdad como localidad del ser. Esto presupone, claro está, una comprensión del ser-lugar del lugar. De donde viene la expresión *Topología del ser* [Seyn], que se encuentra, por ejemplo, en *La experiencia del pensar*[7]; ver también el texto editado por Franz Larese: *El arte y el espacio*[8].

JUEVES 4 SEPTIEMBRE

Se comienza por los complementos al protocolo del 2 de septiembre.

Se ha pasado demasiado rápidamente sobre la distinción entre ὑποκείμενον y φαινόμενον. En esa ocasión no se insistió bastante sobre eso a lo que ambos se refieren, divergiendo:

a) el φαινόμενον se relaciona, en efecto, y presupone siempre como su horizonte a la ἀλήθεια –pero la ἀλήθεια siempre comprendida de antemano a partir del λέγειν (aun en Homero; para este asunto ver *Hegel y los Griegos, subfine*[9]). Esta comprensión decisiva y primera de la ἀλήθεια como ἀλήθεια del λόγος bloquea, para los mismos griegos, la posibilidad de pensar la ἀλήθεια como ἀ-λήθεια (como no-retraimiento), es decir, como Claror. Lo importante, aquí, es que solo el pensamiento del Claror del ser puede aportar la claridad necesaria para hacer inteligible el λόγος mismo.

b) el ὑποκείμενον es lo ente (por tanto, el φαινόμενον), pero en tanto que expresamente tomado en consideración al interior de un λέγειν τι κατὰ τινός (de un "decir algo a propósito de algo"). Se observa entonces que el análisis aristotélico del lenguaje acaba [*achève*], de alguna manera, con la comprensión más ini-

---

[7] *Desde la experiencia del pensamiento / Aus der Erfahrung des Denkens / Des de l'experiència del pensament*, Ediciones Península / Edicions 62, Barcelona, 1989 (GA 13: *Aus der Erfahrung des Denkens*, pp. 75-86). [*Questions* IV, p. 269 – GA 15, p. 335].

[8] *El arte y el espacio / Die Kunst und der Raum*, Ed. Herder, Barcelona, 2009 (GA 13, pp. 203-210). [*Questions* IV, p. 269 – GA 15, p. 335].

[9] *Hitos*, Ed. Alianza, Madrid, 2000, p. 358 (GA 9: *Wegmarken*, p. 443). [*Questions* IV, p. 269 – GA 15, p. 335, en nota].

cial del lenguaje, tal como ella gobierna ya la poesía de Homero (como poesía épica). En griego, nombrar significa, de antemano y siempre, *enunciar*, *aussagen*, y enunciar es manifestar algo *como* algo. En esa comprensión sub-yacente se mueve la poesía homérica (meditar aquí el alcance de la palabra de Mallarmé, citada en Henri Mondor, *Vie de Mallarmé*, p. 683: "La poesía se ha apartado completamente de su camino desde la gran desviación homérica").

Subrayando Heidegger que, por el contrario, para Hölderlin, nombrar es lanzar un llamado (*"bei Hölderlin ist das Nennen ein Rufen"*), se constata la naturaleza profundamente *no-poética* de la comprensión griega de la lengua. Y, sin embargo, ¡no hay más alta poesía que en Grecia!

No obstante, una cosa es segura: la concepción del decir como enunciar bloquea el acceso a la comprensión de la esencia de la poesía. Como documento, basta con leer la *Poética* de Aristóteles.

En segundo lugar, se vuelve sobre la distinción entre εἶδος y εἴδωλον, remarcando que la naturaleza de la *carencia*, presente en el εἴδωλον, es alterar la presencia del εἶδος. La madera –de la que está hecho un bastón– para Platón es, más bien, la confusión que el soporte del εἶδος. Lo que se ve, por ejemplo, si, alejando aún más el εἶδος-bastón, sumerjo este bastón en el agua: entonces el bastón se quiebra. Así, se puede decir que para Platón la madera del bastón quiebra el εἶδος-bastón; siendo el resultado de esta quiebra, este bastón, ídolo de bastón: μὴ ὄν. En Aristóteles, precisando para terminar estos complementos, el εἶδος deviene μορφή (la μορφή implicando la ποίησις); y la ὕλη deviene lo *de qué* para la μορφή (la madera para el εἶδος-bastón) –donde se percibe netamente la acentuación del carácter poiético en el análisis aristotélico de lo ente.

Reanudación del Seminario:

La sesión precedente acabó con una rememoración de la puesta en marcha de la pregunta por el ser en *Ser y Tiempo*. Heidegger se propone ahora exponer el proceso de pensamiento que ha dado nacimiento a la obra.

Comienza por dar el nombre propio del método seguido: es la *destrucción* –que es necesario entender estrictamente como *de-struere*, *ab-bauen*, des-hacer, y no devastar.

Pero, ¿qué es lo deshecho? Respuesta: lo que recubre el sentido del ser, las estructuras acumuladas unas sobre otras y que enmascaran el sentido del ser.

La Destrucción apunta entonces a poner en descubierto el sentido inicial del ser. Ese sentido inicial es la *Anwesenheit* –el ser-llegado-en-presencia[10]. Ese senti-

---

[10]   Esa frase –"el ser-llegado-en-presencia" [l'être-arrivé-en-présence]– falta en la edición alemana. Cf. GA 15: *Seminare*, p. 337.

do gobierna, inadvertidamente, toda la comprensión griega del ser. Cuando Platón determina la *idea* como *óntos ón*, fija de una manera determinante el ser de lo ente como presencia entrando en presencia (*anwesende Anwesenheit*).

Pero en esta determinación por la *presencia* yace un momento *temporal*. Esto constriñe al pensar, en busca del sentido del ser, a plantear expresamente la pregunta por la relación entre *el ser* Y *el tiempo*.

Al llegar a este planteamiento surge una nueva dificultad: ¿de qué tiempo se trata, y cómo pensar el tiempo? Ahora bien, nos encontramos con que Aristóteles ha escrito, en *Física IV*, el tratado fundamental para todo el pensamiento filosófico del tiempo. ¿Es posible referirse al análisis aristotélico para el planteamiento de la pregunta de *Ser y Tiempo*? No. Pues Aristóteles piensa el tiempo *a partir* de la interpretación griega del ser —en la cual está subyacente (en tanto que entrada en presencia) una determinación temporal. Dicho de otra manera, Aristóteles hace, a propósito del tiempo, la pregunta ¿qué es el tiempo? —preguntando así de hecho: ¿qué es lo que en el tiempo es ente? Sin tener en cuenta el hecho de que en esta reducción trabaja de antemano y subrepticiamente una pre-determinación temporal.

Toda la metafísica hasta Hegel continuará pensando el tiempo, cada vez, a partir de las interpretaciones reinantes del ser del ente. Así, por ejemplo, en Kant, el tiempo es comprendido en el horizonte de la ob-jetividad (*Gegen*-ständ*lichkeit*), como lo que *se mantiene constantemente* en el flujo continuo de los ahora.

Hay, pues, en la metafísica, comenzando por Aristóteles, un verdadero cortocircuito de la meditación del tiempo, donde se ilustra lo que *Ser y Tiempo* llama el recubrimiento del sentido del ser. Por tanto, el pensar debe emprender la puesta en marcha de una nueva manera —no-metafísica— de pensar el tiempo; manera que no sea regida, sin saberlo, por el presupuesto ontológico de la entidad del tiempo, cuya incidencia sobre el concepto metafísico de tiempo hace que este esté enteramente centrado sobre el *presente* (en efecto, solo el presente *es*; y al lado del presente, pasado y porvenir están afectados de carencia de ser, y, en consecuencia, son μὴ ὄντα).

¿Cómo es posible un pensar no-metafísico del tiempo? Es posible con el análisis de la temporalidad del *Dasein*. El carácter esencial de esta temporalidad reposa en el *ex-stasis*, es decir, en la apertura fundamental del *Dasein* en la ἀλήθεια. En efecto, el *ex-stasis* no es otra cosa que la relación del *Dasein* a la ἀλήθεια, donde se origina toda temporalidad.

En esta perspectiva, el tiempo no es más sucesión de ahoras, sino horizonte mismo de la comprensión del ser. La analítica del *Dasein* suministra, pues, el instrumento que permite discernir en su sentido no-metafísico el sentido del ser. Así, la destrucción es llevada a su término. Pero entonces aparece que los diversos recubrimientos del sentido inicial del ser mantienen una relación esencial con lo que recubren. La historia de la metafísica, entonces, cambia radicalmente de significación. Sus diversas etapas pueden ser comprendidas desde ahora positivamente, como avatares sucesivos del sentido inicial, en la unidad de un solo destino –de donde el nombre de *Seinsgeschick* (destino del ser) para designar las épocas del ser.

En la historia de este retraimiento del ser, que es la historia de la metafísica, el pensamiento, en efecto, puede seguir la historia del ser mismo y, en consecuencia, iniciar un paso siguiente de su estar en camino: tomar en consideración al ser *en cuanto* ser.

SÁBADO 6 DE SEPTIEMBRE

La misma mañana, llegada de Roger Munier; Heidegger desea examinar siete preguntas suyas sobre la técnica, presentadas el 11 de septiembre de 1966[11] en este mismo lugar.

He aquí las siete preguntas:

1) Usted habla en *Gelassenheit* de "el poder oculto en la técnica moderna"[12]. ¿Qué es este poder, sobre el cual aún no sabemos poner nombre y que "no procede del hombre"[13]? ¿Es él positivo en su principio?

2) Parece admitir usted que sería necesario, si no obedecerle, al menos corresponderle de una cierta manera, integrar lo humano a la nueva relación que él instaura entre el hombre y el mundo.

Al respecto, lo que usted dice de Hebel, el amigo de la casa, es significativo: "Nosotros erramos hoy en una casa del mundo, donde el amigo está ausente, aquel a quien sus tendencias inclinan, con igual fuerza, hacia el universo técnicamente dispuesto *y* hacia el mundo concebido como la casa de un hábitat más original. Falta el amigo que podría reinvestir el carácter mensurable y técnico de la naturaleza en el abierto secreto de una naturalidad de la naturaleza de nuevo experimentada"[14]. ¿Qué pensador podrá alguna vez ayudarnos a reconciliar estos dos dominios que han llegado a ser extraños el uno al otro y que "se alejan el uno del otro a una velocidad siempre más alocada"[15]: "la naturaleza técnicamente dominable que es el objeto de la ciencia, y la naturaleza natural del… morar humano"[16]?

En una palabra, ¿quién podrá definir las condiciones de un nuevo arraigo?

---

[11]   En el curso del *Seminario de Le Thor 1966*. [GA 15, p. 339].

[12]   *Serenidad*, Ediciones del Serbal, Barcelona, 1989, p. 23 (GA 16: *Reden und anderen Zeugnisse eines Lebensweges*, p. 523). [*Questions* IV, p. 274 – GA 15, p. 340, en nota 2].

[13]   *Ibídem*, p. 24 (*Ibídem*, p. 524). [*Questions* IV, p. 274 – GA 15, p. 340, en nota 3].

[14]   *La experiencia del pensar* seguido de *Hebel, el amigo de la casa*, Ediciones del Copista, Córdoba, Argentina, 2000, p. 74 (GA 13, p. 146). [*Questions* IV, p. 274 – GA 15, p. 340, en nota 4].

[15]   *Ibídem*, p. 73 (*Ibídem*.). [Nota del editor]

[16]   *Ibídem*. (*Ibídem*.). [GA 15, p. 340, en nota 5].

3) La *Gelassenheit*, la actitud de aquiescencia, implica ante todo una reserva prudente. Ella es apertura al secreto, a lo desconocido que representa para nosotros el mundo dominado técnicamente hacia el cual vamos. En primer lugar, ella es rechazo a condenar ese mundo. Pero hay más. Usted dice expresamente que esa "otra relación con las cosas" que el mundo técnico exige sin duda de nosotros –"la construcción y utilización de máquinas"– "ella misma no está desprovista de sentido"[17]. ¿En qué sentido lo entiende usted?

4) En otros términos, ¿qué valor exacto se atribuye a los objetos técnicos? ¿Tienen otro alcance que ayudarnos simplemente a mejorar las condiciones de nuestra vida material y, por eso mismo, liberarnos para tareas más altas? ¿Tienen un valor en sí, y qué valor?

5) Si no se quiere considerar sino el peligro que representa su invasión creciente, ¿no se puede decir que esta invasión misma, por su exceso, es de naturaleza tal como para llevarnos hacia la atención a lo simple?

   La proliferación de objetos técnicos, ¿no terminará por engendrar una pobreza esencial, a partir de la cual, y por el recoveco mismo de la errancia [*errance*], llegará a ser posible un retorno del hombre a la verdad de su esencia?

6) ¿O es necesario pensar que una nueva dimensión de la esencia del hombre está por descubrirse, a partir de la experiencia que el hombre ha hecho de su poder sobre la naturaleza? La lectura positiva del mundo y de los fenómenos naturales hace perder al hombre cada día más una ingenuidad inmemorial. Sin embargo, ¿es un mal si eso nos vuelve atentos a lo que señalaban esas apariencias del mundo, en lo sucesivo dominadas, si debieran nacer de ellas otros modos más radicales de expresión del misterio que, con todo, ellas continúan atestiguando? ¿Qué valor hay que otorgarle a esta visión nueva y no-poética del mundo que nos rodea?

7) De hecho, todo lo que acaba de ser evocado es aún conjetura. Estamos en esto solo para interrogarnos sobre el sentido de este universo técnico, cuyo poder es cada día más grande. ¿Se puede esperar que él se aclare al nivel de la esencia del hombre o por sí mismo debe permanecernos cerrado? ¿En qué sentido hay que entender esta afirmación según la cual: "el sentido del mundo técnico se oculta (*verbirgt sich*)"[18]?

Después de la lectura de estas preguntas, Heidegger recuerda que le fueron propuestas por escrito hace tres años, y que hasta ahora han permanecido sin respuesta.

La larga demora indica bastante bien la dificultad que suscitan. No es fácil responder a estas preguntas. Ante todo, se trataría quizás de preparar la verdade-

---

[17] *Serenidad*, ed. cit., p. 27 (GA 16, p. 527). [GA 15, p. 341, en nota 6].
[18] *Ibídem*, p. 28. (*Ibídem*.). [GA 15, p. 342, en nota 7].

ra *exposición* que presuponen estas preguntas; dicho de otra manera: desplegar la pregunta por la esencia de la técnica.

Ahora bien, nos encontramos con que, por un feliz azar, el trabajo emprendido en Thor desde hace dos sesiones se ha centrado sobre el texto *La tesis de Kant sobre el ser*[19], donde se estudia la comprensión del ser que, aunque de modo no reconocido, está en el fondo de toda la ciencia moderna y de su espíritu técnico.

Así, desde el comienzo, se tiene una unidad de pregunta donde vienen a articularse, por una parte, la interpretación moderna del ser como *posición*, y, por otra, el conjunto de presupuestos, tenidos como obvios, en los que el pensamiento técnico moderno encuentra, por decirlo así, su sustento.

Existe un texto de Kant donde esta unidad de articulación aparece explícitamente: es el prefacio a los *Primeros principios metafísicos de una ciencia de la naturaleza* –donde ya el título señala la juntura de los dos dominios.

Este prefacio de Kant, indica a la pasada Heidegger, sería un excelente texto para un seminario: en efecto, allí se encuentra entrabado el problema de la *movilidad* –ya tan central para la *Física* de Aristóteles– pero que, notable acontecimiento y signo de modernidad, Kant ya no la tomó más dentro del cuadro de las categorías, lo que viene a decir que la relación de la movilidad con *el ser* queda en Kant inexplicada.

Se ve, pues, aquí, en un ejemplo eminente, la dificultad de pensar a la vez, o, más bien, la una con relación a la otra, la pregunta por la técnica y la pregunta por el ser –que, no obstante, están inextricablemente ligadas.

Por eso, el seminario propiamente dicho, después de la lectura del protocolo de la sesión precedente, reanuda la explicación de la locución *Seinsvergessenheit*.

Corrientemente se comprende *vergessen* en el sentido de olvidar, como cuando se olvida el paraguas en alguna parte. No es este el sentido en el que el ser está olvidado.

Es necesario entender siempre *vergessen* y *Vergessenheit* a partir de la Λήθη y de ἐπιλανθάνεσθαι –lo que elimina todo carácter negativo.

Así, cuando Heráclito, por ejemplo, dice: φύσις κρύστεσθαι φιλεῖ, el retirar-se es el corazón mismo del movimiento de aparecer. A propósito de esto, se hace una advertencia de traducción: φιλεῖ no puede verterse por "ama" (entendido ónticamente como inclinación ocasional). Φιλεῖ quiere decir aquí: "es esencial a… para que despliegue su propio ser".

Desde lo cual el fragmento deviene: la eclosión tiene por necesidad propia el retraimiento. En la traducción de Jean Beaufret: "Nada es más propio a la eclo-

---

[19]   *La tesis de Kant sobre el ser*; en *Hitos*, ed. cit., pp. 361-388 (GA 9, pp. 445-480). [*Questions* IV, p. 276 – GA 15, p. 342, en nota 8].

sión que el retraimiento". O mejor: "Nada es más *caro* [*cher*] a la eclosión que el retraimiento".

Tal es en Heráclito la noción eminente de φύσις. Pero, ¿qué quiere decir φύσις? ¿Hacia qué hace ella signo?

Más que hacia la *Natura* –donde, a pesar del acento manifestador del *nasci*, el retraimiento falta completamente– la φύσις hace signo hacia la ἀλήθεια misma. En esta palabra de Heráclito, pues, transparece plenamente aún el sentido perfectamente positivo de la *Vergessenheit*, transparece que el ser no está "sujeto al olvido", sino que *él mismo se retira*, en tanto que y porque es manifestación. Recordado esto, se vuelve al examen de la "pregunta por el ser".

Pregunta por el ser significa tradicionalmente pregunta por el ser de lo ente; dicho de otra manera, pregunta por la entidad de lo ente, en la cual se determina lo *ente en tanto que* ente. Esta pregunta es *la* pregunta metafísica.

Sin embargo, desde *Ser y Tiempo* "pregunta por el ser" toma un sentido totalmente diferente. Allí se trata de la pregunta por el ser en tanto que ser. Esta pregunta, en *Ser y Tiempo*, lleva temáticamente el nombre de "pregunta por el sentido del ser" [*Frage nach dem Sinn von Sein*].

Esta formulación fue abandonada más tarde por la de "pregunta por la verdad del ser" –y finalmente por la de "pregunta por el lugar o por la localidad del ser" – de donde el nombre *Topología* del ser.

Tres términos que se turnan, marcando las etapas en el camino del pensamiento:

SENTIDO — VERDAD — LUGAR (τόπος)

Si se busca clarificar la pregunta por el ser, es necesario asir lo que liga, y lo que diferencia estas tres formulaciones sucesivas.

Primeramente, *verdad*:

Nótese que la expresión "verdad del ser" no tiene ningún sentido si se entiende verdad como rectitud de un enunciado. *Verdad* está entendida aquí, por el contrario, como "estado de no-retraimiento" (*Unverborgenheit*), y más precisamente aún, si uno se sitúa en la óptica del *Dasein*, como *Lichtung*, el Claror. Verdad del ser quiere decir Claror del ser.

¿Qué pasó, pues, en y por el cambio que reemplaza el *sentido* por *verdad*?

En primer lugar, ¿qué quiere decir "sentido"? En *Ser y Tiempo*, el sentido es definido por el dominio de proyecto; y el proyecto es el cumplimiento del *Dasein*, es decir, de la instancia ex-stática frente a la apertura del ser. El *Dasein*, ex-sistente, despliega *sentido*. Abandonando el término sentido del ser por el de verdad del ser, el pensamiento surgido de *Ser y Tiempo* en adelante insiste más sobre la apertura misma del ser que sobre la apertura del *Dasein* frente a la apertura del ser.

Tal es la significación de la Vuelta (*die Kehre*), por la cual el pensamiento se vuelve siempre más resueltamente hacia el ser en tanto que ser.

Entonces, ¿cuál es ahora el lazo que une y refiere, mutuamente, *sentido* y *verdad* (como no-retraimiento)?

Sentido, en sentido corriente, significa significación. Así, por ejemplo, el título de Brentano: *De la significación múltiple del ente en Aristóteles.* El sentido es comprendido aquí como donación de sentido, es decir, como atribución de una significación. También en Husserl, en el capítulo de las *Investigaciones Lógicas* intitulado "Expresión y significación", se trata de actos "dadores de significación".

Ahora bien, *Ser y Tiempo* intenta, no ya proporcionar una nueva significación del ser, sino, más bien, abrir la escucha para la palabra del ser –para ser interpelado por el ser. Se trata, para *ser* el Ahí, de ser interpelado por el ser.

Pero aquí se plantea una pregunta: ¿habla el ser? ¿Y no estamos ya en peligro de reducir el ser a un ente-parlante? ¿Pero quién decide que solo un ente puede hablar? ¿Quién ha medido la esencia de la palabra? Está claro que estas reflexiones llevan derechamente a una nueva meditación sobre la palabra: *Unterwegs zur Sprache* (*De camino al habla*).

Entretanto, ya con estas observaciones algo se ha desprendido espontáneamente: todas nuestras reflexiones se apoyan en una distinción radical, formulable de esta manera: el ser no es ente.

Esta es la *diferencia ontológica.*

¿Cómo comprenderla? *Diferencia,* διαφορά, es tener *aparte* lo uno de lo otro. La diferencia ontológica mantiene a distancia, el uno del otro, a ser y a ente.

Esta diferencia no es hecha por la metafísica, aunque sostiene y porta a la metafísica. En lenguaje kantiano, la diferencia ontológica es la condición de posibilidad de la Ontología.

¿Por qué no puede la metafísica tener por tema la diferencia ontológica? Por la razón de que si fuera así, la diferencia ontológica sería un ente y no más la diferencia de ser y de ente. Aquí se hace clara la imposibilidad del proyecto diltheyano de una metafísica de la metafísica.

En resumen, se puede decir: en toda la filosofía corre, subyacente y nunca como tema, la diferencia de ser y de ente. Pero, desde que se emprende con *Ser y Tiempo* la escucha del ser en tanto que ser y desde que, en consecuencia, la diferencia ontológica deviene tema explícito, el pensamiento ¿no se ve constreñido a enunciar la frase extraña: "el ser no es ente [*étant*]", es decir, "el ser es nada [*néant, n'é(t)ant*]"?

Extraña en este sentido que se diga del ser que "es", mientras que solo lo ente *es.* Resistencia obstinada de la diferencia a dejarse decir *como* diferencia; del ser, a dejarse decir *como* ser.

Heidegger indica que él prefiere abandonar aquí el "es" –y escribir simplemente:

Ser : Nada

Sin embargo, ¿no se va a objetar que esas formulaciones, cuya extrañeza acabamos de subrayar, están, de hecho, *ya* presentes en la metafísica? Así, Hegel, al comienzo de la *Lógica*[20] ¿no enuncia: *"El ser puro y la nada pura es por consiguiente lo mismo"*? Aquí se plantea la cuestión, en primer lugar, de comprender correctamente la frase. Más radicalmente todavía: ¿qué relación puede haber entre el ser y la nada en Hegel, y la formulación a la que conduce el reconocimiento extrametafísico de la diferencia ontológica, como fuente en retraimiento de la metafísica? Para abordar esta cuestión el seminario se interroga entonces sobre el *lugar*, dentro del pensamiento de Hegel, en el que se encuentra la proposición susodicha.

Se encuentra al comienzo de la *Lógica*. La *Lógica* en realidad está intitulada *Wissenschaft der Logik* (Saber [en su articulación orgánica][21] de la lógica). La proposición habla desde el horizonte de un *Wissen*, de un Saber (que Hegel metaforiza diciendo que se trata de pensamientos de Dios antes de la creación).

Este Saber tiene un estricto sentido filosófico. No es un saber en el sentido en que la ciencia de la naturaleza es un saber. Se trata más bien del Saber, del que Fichte hizo el centro y nudo de su pensamiento en la *Wissenschaftslehre* (Doctrina del Saber) de 1794.

Se trata, más radicalmente que de todo saber de objeto, del Saber mediante el cual *se* sabe *el* que sabe. Con Fichte se asiste a la absolutización del *cogito* cartesiano (que no es *cogito* sino en la medida en que es *cogito me cogitare*) en SABER ABSOLUTO.

El Saber absoluto es el lugar de la certidumbre absoluta, en la cual el Saber absoluto se sabe a sí mismo. Solamente así puede comprenderse la *Wissenschaft*, o Saber del Saber –que deviene entonces sinónimo estricto de "filosofía".

Por tanto, el lugar donde se despliega la proposición hegeliana puede ser definido precisamente: *Bewußtsein*, el lugar del ser-consciente. La constitución del ser-consciente implica que no hay consciencia de un objeto sino porque la consciencia es más radicalmente ser-consciente-de-sí. Precisando aún más –y se reconoce aquí el aporte kantiano que se añade al tema cartesiano– la certidumbre de lo que sea pasa por la mediación de la certidumbre-de-sí. Dicho de otra manera: todo saber de la objetividad es primero un Saber-de-sí.

Ahora puede comprenderse por qué el *ser*, en Hegel, es lo inmediato indeterminado. Frente a la consciencia, que no es consciencia de algo sino en tanto que ella es primero y radicalmente reflexión de la consciencia sobre ella misma, el ser es *el antípoda* de la consciencia. Frente a la consciencia que es mediación, él es lo in-mediato. Frente a la consciencia, que es determinación, él es lo indeterminado. Por eso, el ser en Hegel es el momento de la alienación absoluta de lo Absolu-

---

[20]   Libro Primero, Primera Sección, Primer Capítulo, C 1. [*Questions* IV, p. 281 – GA 15, p. 347, en nota 9].

[21]   Los corchetes están en el original.

to. Por eso, la Nada es lo mismo que el ser. Compréndase que Nada está también tomada radicalmente a partir de la consciencia, igual que el ser.

En la conferencia *¿Qué es metafísica?*, el punto de partida es, de antemano, cambiado completamente. En efecto, la conferencia no habla a partir del ser-consciente de la consciencia, sino a partir del ser-el-Ahí [*être-le-Là*], del *Dasein*.

Queda por dar el último paso, el más difícil, para el que comienzan a faltar las fuerzas, después de más de dos horas de trabajo[22]: interrogarse sobre la diferencia de experiencia de lo No-ente [*Néant*], de la Nada [*Rien*], en *¿Qué es metafísica?* y en la proposición hegeliana.

La sesión se termina con el recuerdo de la proposición "por qué hay ente y no más bien nada", fórmula enunciada por primera vez por Leibniz, la segunda vez por Schelling y retomada una tercera vez por la conferencia *¿Qué es metafísica?*[23]

Meditar las tres caras sucesivas de la proposición, es estar en camino hacia una noción nueva del ser —con la cual, sin duda, sería posible abordar en su verdadera seriedad las preguntas sobre la técnica, que abrieron la presente sesión de trabajo.

DOMINGO 7 DE SEPTIEMBRE

(*En el Rebanqué*)

En la proposición de Hegel "*Das reine Sein und das reine Nichts ist also dasselbe*" figuran las mismas palabras *Ser* y *Nada* (Rien) que en la conferencia *¿Qué es Metafísica?* Al respecto, una pregunta: ¿en qué medida es posible emplear los mismos nombres en el interior y al exterior de la metafísica? Heidegger remite aquí a las últimas páginas de *De camino al habla*:

«Que la idea de una metamorfosis posible y suficiente de la lengua haya penetrado en el pensamiento de Wilhelm von Humboldt, lo atestiguan los términos de su ensayo *Sobre la diversidad de estructura de las lenguas humanas*. Según escribe su hermano en el prefacio, Wilhelm von Humboldt trabajó en este ensayo hasta su muerte "solitariamente y en la proximidad de una *tumba*". Wilhelm von Humboldt, cuyas miradas oscuras y profundas hasta el ser de la lengua no debemos cesar de admirar, declara:

"La *aplicación* a los fines internos de la lengua de formas sonoras preexistentes... puede ser pensada como posible en los periodos medios de la *formación de la lengua*. Por una iluminación interior y por la gracia de circunstancias exterio-

---

[22]   Se suprime la frase "para el que comienzan a faltar las fuerzas, después de más de dos horas de trabajo"en la versión en francés (pero se conserva en la edición en alemán).

[23]   En *Hitos*, ed. cit., pp. 93-108 (GA 9, pp. 103-120). La proposición "por qué hay ente y no más bien nada" está al final de la conferencia.

res favorables, un pueblo podría impartir a la lengua que ha heredado una forma tan diferente que con ello llegaría a ser una lengua totalmente otra y nueva"» (§ 10, p. 84).

Más adelante, se puede leer (§ 11, p. 100):

«"Sin modificar la lengua en sus sonoridades, y menos aún en sus formas y leyes, frecuentemente es el *tiempo* el que –por un desarrollo creciente de las ideas, una elevación de la fuerza de pensamiento y un ahondamiento de la capacidad de sentir– introduce en ella lo que antes no poseía. Entonces, en la misma morada viene a instalarse un sentido nuevo; bajo el mismo sello se ofrece algo diferente; y obedeciendo a las mismas leyes de unión se anuncia otro escalonamiento del curso de las ideas. Eso es el fruto constante de la *literatura* de un pueblo y, al interior de esta, sobre todo de la *poesía* y de la *filosofía*"»[24].

Este texto indica la posibilidad de que la lengua metafísica, sin cambiar de términos, llegue a ser una lengua no-metafísica. El seminario comienza entonces por el examen de las dos condiciones de este cambio:

1. *La iluminación interior.*

2. *Las circunstancias exteriores favorables.*

Primeramente: ¿qué es exigido para que una tal iluminación interior se produzca? Respuesta: que el ser mismo se manifieste; dicho de otro modo, que el *Dasein* despliegue lo que *Ser y Tiempo* llama una "comprensión del ser". Que, en *Ser y Tiempo*, la cuestión del ser *como* ser sea planteada como pregunta, es una transformación tal de la comprensión del ser que llama a una renovación de la lengua. Pero la lengua de *Ser y Tiempo* carece de seguridad, dice Heidegger. La mayor parte del tiempo ella habla aún con expresiones sacadas de la metafísica e intenta decir lo que tiene que decir con la ayuda de formaciones nuevas, creando vocablos nuevos. En 1959, aporta Jean Beaufret, Gadamer decía de su maestro: "es Hölderlin quien le ha desatado la lengua". Heidegger precisa entonces que a través de Hölderlin él comprendió la inutilidad de forjar vocablos nuevos; bastante después de *Ser y Tiempo* fue cuando se dio cuenta de la necesidad de un retorno a la simplicidad esencial de la lengua.

En segundo lugar: en lo que concierne a las circunstancias favorables, es necesario observar hoy día dos fenómenos graves:

a) La decadencia y el empobrecimiento de la lengua misma resultan evidentes si se compara la pobreza de la lengua hablada hoy día con la riqueza de la lengua recopilada, aún en el siglo pasado, por los Grimm.

---

[24] *De camino al habla*, Ediciones del Serbal, Barcelona, 1990, pp. 242 s. (GA 12: *Unterwegs zur Sprache*, pp. 256 s.).

b) En reacción, un movimiento inverso que tiende a tomar como patrón de la lengua las posibilidades de cálculo del ordenador. El peligro, aquí, reside en la fijación de la lengua fuera de sus posibilidades de crecimiento natural.

Roger Munier hace notar que, en efecto, es un carácter esencial de las lenguas de la informática constituir con todas las piezas, a partir de un análisis reductor, una estructura nueva y absolutamente pobre de lo que funcionará en adelante como esencia de la lengua en todas las operaciones técnicas. La lengua es así decapitada e inmediatamente conformada con la máquina. Está claro que la relación con la lengua que hace posible tal fenómeno es la comprensión de esta como simple instrumento de información.

Hasta donde se puede presumir, las condiciones exteriores de hoy día son *desfavorables*. Entre la filosofía y esa interpretación de la lengua no hay ya el menor terreno común para un diálogo.

¿Qué consecuencia práctica sacar de este estado de hecho? Dicho de otra manera: ¿Qué le queda por hacer al filósofo?

El presente seminario constituye ya una forma de respuesta. "Y por eso yo estoy aquí", dice Heidegger. Para algunos, se trata de trabajar incansablemente, fuera de toda publicidad, en mantener vivaz un pensamiento atento al ser, sabiendo que este trabajo debe tender a fundar, en un lejano futuro, una posibilidad de tradición –además, sin olvidar jamás que no se puede dejar a un lado, en diez o veinte años, una herencia bimilenaria.

En lugar de eso, la "filosofía" de hoy se limita a correr tras la ciencia, malconociendo las dos únicas realidades de la época presente: el desarrollo *económico* y el *equipamiento* que lo requiere.

El marxismo tiene consciencia de esas realidades . Pero también propone otras tareas: los filósofos no han hecho más que *interpretar* el mundo de diversos modos; de lo que se trata es de *transformarlo*[25].

Crítica de esta tesis: ¿hay una oposición diametral entre la *interpretación* y la *transformación* del mundo? ¿No es ya toda interpretación transformación del mundo –suponiendo que esta interpretación sea la obra de un pensamiento auténtico? Y, por otra parte, ¿no supone toda transformación del mundo una previsión teórica con carácter de instrumento?

Así, ¿de *cuál* transformación del mundo se trata en Marx? De una transformación en las relaciones de producción. Pero, ¿dónde tiene su lugar la producción? En la Praxis. Pero esta praxis, ¿por qué está determinada? Por cierta teoría que determina la noción misma de producción en tanto que producción del hombre por sí

---

[25] *Ideología alemana*, "Tesis sobre Feuerbach", 1. Ad Feuerbach, 11ª, Ediciones Akal, Serie Clásicos, Madrid, 2014, p. 502. Cf. *La tesis de Kant sobre el ser;* en *Hitos*, ed. cit., p. 362 (GA 9, pp. 446 s.). [GA 15, p. 352, en nota 1].

mismo. Marx tiene, pues, una representación teórica del hombre –representación bien precisa y que incluye la filosofía hegeliana como base[26].

Invirtiendo a su manera el idealismo de Hegel, Marx exige que se dé preeminencia al ser sobre la consciencia. Como no hay consciencia en *Ser y Tiempo*, ¡se puede creer que en eso se está leyendo a Heidegger! Al menos así ha leído Marcuse *Ser y Tiempo*.

El ser, para Marx, es proceso de producción. Esa es la idea que él recibe de la metafísica, a partir de la interpretación hegeliana de la vida como proceso. No puede haber noción práctica de producción sino a partir de una concepción del ser procedente de la metafísica.

Encontramos ahí la estrecha conexión entre la teoría y la práctica, en las que Augusto Comte veía dos hermanas. Hermanas, puede ser, pero, dice Heidegger, ¡nacidas de padre y madre desconocidos!

¿Qué se entiende hoy día por teoría? ¿Se trata de una programación? Sin embargo, un programa de concierto no es una teoría de la música. Teoría es el griego θεωρία. Θεωρία mienta la residencia en la mirada que mantiene al ser en lo que es.

En la *Ética a Nicómaco* (X, 5-6), es para el hombre la más alta manera de estar-en y a-la obra; según esto, es la más alta praxis humana. En efecto, lo propio de la θεωρία, precisa Jean Beaufret, es dividirse en tres πραγματείαι (ocupaciones).

¿Dónde emerge de nuevo la teoría con un sentido fundamental? Con el *Cosmotheoros* de Kepler, seguido por la *Física* de Galileo y los *Principia* de Newton. ¿De qué se trata? Galileo lo dice con toda claridad: "*subjecto vetustissimo novam promovemus scientiam*". El asunto en cuestión es el movimiento –que Aristóteles fue el primero en considerar como tal: ἡ τοῦ δυνάμει ὄντος ἐντελέγεια (ἐνέργεια)[27] ἦ τοιοῦτον κίνησίς ἐστιν (*Física* Γ 1, 201 a 10-11).

Esta definición, que llegará a ser para la escolástica *motus est actus entis in potentia prout in potentia*, será para Descartes y Pascal objeto de risa. Ellos se ríen de esto solo porque no tienen ya a la vista lo que aparecía, por el contrario, con toda claridad para Aristóteles: el movimiento de la movilidad *como fenómeno*. Lo que quiere decir que la ἀλήθεια ha desaparecido donde podían aparecer para Aristóteles las múltiples figuras del movimiento en su unidad secreta; de ellas, con Galileo, solo una viene a ocupar todo el lugar: la φορά. Pero la φορά misma ha cambiado de sentido, porque el concepto de lugar (τόπος), al que ella se refiere, se borra a sí mismo ante el de posición de un cuerpo en el espacio geométricamen-

---

[26] "Sin Hegel, Marx no habría podido cambiar el mundo", dice Heidegger con calma («posément» es vertido como «nachdrücklich»). [*Questions* IV, p. 287, en nota – GA 15, p. 353, en nota 2].

[27] La palabra ἐνέργεια entre paréntesis aparece en la versión original en castellano, pero no en la francesa de *Questions*, IV. Tampoco aparece en la traducción al alemán.

te homogéneo, para el cual los griegos no tenían aún nombre. Se trata, pues, de un proyecto matemático de la naturaleza sobre la homogeneidad del espacio.

¿Por qué este extraño proyecto? Para que la naturaleza devenga calculable, siendo esta misma calculabilidad puesta como principio de un dominio.

¿Dónde estamos exactamente? Fue la cuestión de la teoría y la práctica la que nos condujo aquí. Poner la naturaleza como calculable y dominable a la manera de Galileo, esa es la nueva teoría cuya peculiaridad es hacer posible el método experimental.

Mas, ¿cuál es el sentido *ontológico* de los conceptos de Galileo y de Newton, aquellos de homogeneidad, tridimensionalidad del espacio, de movimiento local, etc.? Que el espacio y sus propiedades pasan por verdaderamente entes. He aquí lo que significa hipótesis en Newton: mis hipótesis, dice, no las forjo; no hay nada de imaginario en ellas.

Pero, ¿qué pasa más tarde con Niels Bohr y los físicos modernos? Él no cree ya ni por un solo instante que el modelo de átomo que ellos proponen constituya el ente como tal. La palabra hipótesis –por tanto la teoría misma– ha cambiado de sentido. No es más que un "supuesto que" a desarrollar. Ella tiene hoy un sentido solamente metodológico, y ningún sentido ontológico, lo que de ningún modo impide a Heisenberg continuar pretendiendo que *describe* la naturaleza. Pero, entonces, ¿qué quiere decir para él "describir"? En realidad, la vía de la descripción es obstruida por la experimentación; la naturaleza se dice "descrita" a partir del momento en que es llevada a una forma matemática, cuya función es, apuntando a la experimentación, terminar en la exactitud. Pero, ¿qué entender por exactitud? Es la posibilidad de una repetición idéntica de la experiencia en el marco del esquema: "si x…, entonces y". Entonces la experimentación apunta al *efecto*. Si el efecto no se sigue, se cambia la teoría. La teoría es, pues, esencialmente modificable, por tanto puramente metodológica. En el fondo no es más que una de las variables de la investigación.

Todo esto termina en la tesis sobre el ser de Max Planck: "Es real lo que es mensurable". Por lo tanto, el sentido del ser es la mensurabilidad –que apunta, no tanto a saber "cuánto", sino a servir finalmente al señorío y dominación del ente como objeto. Tal es el pensamiento de Galileo, anterior aun al *Discurso del Método*.

Comenzamos a ver en qué la técnica no reposa sobre la física, sino, por el contrario, la física sobre la esencia de la técnica.

Complementos sobre el *efecto*:

Efecto quiere decir:

1. Consecuencia de lo que es "anticipado" en la teoría.

2. Fijación objetiva de la *realidad* sobre la base de la repetición *ad libitum* de la experiencia.

La noción científica de efecto se aclara con el enunciado de la segunda analogía de la experiencia de Kant: "Todo lo que comienza a ser supone algo a lo que sucede *según una regla*"[28]. Bien comprendido "a lo que" en el sentido de la simple sucesión y no en el sentido de *a partir* de. Para la física moderna el trueno sigue al rayo, sin más. Esta física no ve a la naturaleza sino como sucesión de cosas, las unas a las otras, y no ya como sucesión de cosas *saliendo* las unas de las otras, como en Aristóteles.

Lo que, para Aristóteles, era *Auseinanderfolge* (sucesión por salida fuera de, ἐκ-εἰς) devino *Aufeinanderfolge* (sucesión según el antes y el después) –no siendo el primer pensamiento más que el de una "cualidad oscura", descrita por los cartesianos, aunque rehabilitada, en un cierto sentido, por Leibniz.

MARTES 9 DE SEPTIEMBRE

Heidegger comienza agregando algunos complementos a la determinación del concepto de teoría esbozado en la sesión precedente. Hace notar que la concepción que tienen Newton y Galileo de la teoría está situada en medio de la θεωρία en sentido griego y la acepción contemporánea del vocablo. De la interpretación griega ella mantiene una perspectiva ontológica de la naturaleza considerada como conjunto de movimientos en el espacio y en el tiempo. La teoría contemporánea, por el contrario, abandona esta ambición ontológica, ella no es sino la fijación de los elementos necesarios para una experiencia o, si se prefiere, el modo de empleo para poner a punto una experiencia.

Jean Beaufret alude entonces a *Conferencias y artículos* (*Vorträge und Aufsätze*): los fenómenos no aparecen más, pero se anuncian (*melden sich*)[29]. El *sich melden*, comenta Heidegger, debe ser comprendido en el sentido en que la teoría de la física contemporánea, por operatoria que sea, no puede, sin embargo, llegar a parar a un sistema totalmente inventado, sino que debe dar siempre noticias de la naturaleza. Solo que tales noticias no son una descripción de la naturaleza. Están orientadas exclusivamente sobre la calculabilidad del objeto. Si hay descripción, ella no consiste en llevar ante los ojos el aspecto de un objeto, sino que se limita a fijar algo de la naturaleza en una fórmula matemática, que es una ley de movimiento.

Heidegger toma entonces por ejemplo la fórmula universal del mundo, en la que trabaja desde hace largo tiempo Heisenberg. Esta fórmula, por muy posible que sea, no podría ser una descripción de la naturaleza; no puede ser sino una

---

[28] *Crítica de la razón pura*, Ediciones Alfaguara, Madrid, 1978, p. 220. [GA 15, p. 356, en nota 4].

[29] Véase al respecto *La pregunta por la técnica*; en *Conferencia y artículos*, Ediciones del Serbal, Barcelona, 1994, pp. 24 s. / *Filosofía, Ciencia y Técnica*, Ed. Universitaria, Santiago, 2007, p. 138 (GA 7: *Vorträge und Aufsätze*, pp. 23 s.). [GA 15, p. 357, en nota 1].

ecuación fundamental: aquello con lo que es necesario contar para que se pueda, cada vez, calcular sobre cualquier cosa. Pero, ¿cuál es la determinación fundamental de la naturaleza en la física? ¿La calculabilidad? Queda por saber lo que es calculable. ¿Será la energía? Aún hay que entender lo que esta palabra significa. De hecho, la física experimental moderna, a semejanza de Aristóteles, busca siempre las leyes del movimiento. Tal es el sentido de la fórmula universal fundamental, que ella permitiría deducir en su variedad infinita todas las posibilidades del movimiento. Heidegger pregunta entonces qué significaría para la física el descubrimiento de tal fórmula. La respuesta es: el fin de la física. Tal fin cambiaría radicalmente la situación del hombre. Lo colocaría ante la alternativa siguiente:

- o bien abrirse a una relación muy distinta con la naturaleza;
- o, terminada la tarea de exploración, instalarse en la pura y simple explotación de lo descubierto.

Aquí se anuncia, más inquietante que la conquista del espacio, la transformación de la biología en *biofísica*. Eso significa que el hombre puede ser producido, conforme a una visión determinada, como cualquier objeto técnico. Nada es aquí más normal que preguntarse si la ciencia sabrá detenerse a tiempo. Pero tal detención es en principio imposible. En efecto, no se trata de poner un límite a la curiosidad humana, de lo que habla Aristóteles. El trasfondo de la historia es más bien una relación moderna de *poder*, una relación política. En esta perspectiva, sería necesario meditar aquí la aparición de una nueva forma de nacionalismo, fundado sobre el poder técnico y no ya (por ejemplo) sobre los caracteres étnicos. Consideradas las dos hipótesis: fin de la física o institución de una nueva relación con la naturaleza, suponiendo el descubrimiento de la fórmula fundamental universal, el físico presente objeta la antigüedad de la idea de tal fórmula, a la que se había creído llegar desde fines del siglo XIX (Maxwell), y para cuyo descubrimiento la relatividad ha aportado nuevos obstáculos.

Jean Beaufret responde: se trata, más que de un descubrimiento óntico, de un predescubrimiento ontológico. Ontológicamente hablando, la física ya está acabada.

Lo importante, agrega Heidegger, es comprender que la física no puede dar el salto fuera de sí misma. Ese salto tampoco puede ser realizado por la política, en la medida en que esta vive hoy en la dimensión de la ciencia, para ella y por ella. El peligro supremo es que el hombre, fabricándose a sí mismo, no experimente ya otras necesidades que aquellas suscitadas por la necesidad de su autofabricación. Donde reencontramos la cuestión de la lengua de los ordenadores.

Lo que aparece en esta hipótesis verosímil es, a la vez, el fin de la lengua y el fin de la tradición. Pero lo inquietante es, más que la tabla rasa, su no-aparición como tal. La afluencia de información oculta la desaparición del pasado, la prospectiva no es sino un nombre para el bloqueo del porvenir.

En cuanto al interés de [Norte] América [=Estados Unidos de América] por la *Seinsfrage*, él oculta a los ojos de los interesados la realidad de [Norte] América [=Estados Unidos de América]: colusión de la industria y de los militares (el desarrollo económico y el equipamiento que requiere).

Pero la decisión no pertenece al hombre. Lo importante, si se quiere llegar a ello, es comprender que el hombre no es un ente que se hace a sí mismo, sin lo cual se permanece en la oposición, pretendidamente política, entre la sociedad burguesa y la sociedad industrial, olvidando que la idea de sociedad no es más que una transformación [*avatar*] o un espejo, o un ensanchamiento de la subjetividad.

Los Griegos no tenían cultura ni religión, ni relaciones sociales. La historia griega no duró más que trescientos años. Pero la limitación esencial, la finitud, es, quizás, la condición de la existencia auténtica. Para el hombre que vive realmente, hay siempre tiempo.

Después de estas reflexiones sobre la época, Heidegger vuelve a la cuestión planteada en una sesión precedente: ¿cómo se diferencia la frase de Hegel "el ser puro y la nada pura son lo mismo" y la tesis de *¿Qué es metafísica?* sobre las relaciones entre ser y nada? Para Hegel, el ser tanto como la nada son lo absoluto en su más extrema alienación. Pero, ¿y para Heidegger?

La identidad entre el ser y la nada se dice a partir de la diferencia ontológica. Pero, ¿en qué dimensión se mueve la determinación hegeliana, vista a partir de la diferencia ontológica? La proposición de Hegel no conduce a la diferencia ontológica, ella *es* una frase ontológica, como lo indica el título mismo de la obra de Hegel. En cuanto tal, ella es soportada por la diferencia ontológica. En efecto, toda la *Lógica* es un conjunto de proposiciones ontológicas, enunciadas bajo la forma dialéctico-especulativa, a partir de lo cual se comprende que la *Lógica* congregue los pensamientos de Dios antes de la creación. Pero, ¿qué quiere decir "creación"? Creación es creación del mundo. En alemán: *Herstellung*, en griego: ποίησις. Son creados los entes. Sin embargo, la producción de entes ¿de qué tiene necesidad? Aquí hay que acordarse del ejemplo aristotélico del arquitecto. El arquitecto crea a partir del εἶδος. Dios, antes de la creación, piensa el εἶδος del mundo, es decir, la totalidad de las categorías. Tal es el sentido de la ontología o *Lógica* hegeliana. Así presenta ella la ontología sobre la cual Dios toma la medida de su creación. En términos kantianos, tal es el sentido del *intuitus originarius*.

Vista desde la diferencia ontológica, la proposición de Hegel se mueve sobre una de las vertientes de la diferencia: la vertiente ontológica. Su tarea es enunciar el ser de lo ente –que, desde Kant, es la objetividad del objeto.

Pero, ¿qué le ocurre a la nada en *¿Qué es metafísica?* ¿A partir de qué Heidegger puede enunciar:

Ser : Nada : Mismo?

213

A partir de un cuestionamiento sobre la esencia de la metafísica, la que no es nada metafísico. La palabra de Heidegger no está *ni* del lado de lo ente, *ni* simplemente del lado del ser –está allí donde el horizonte de la diferencia misma deviene visible. La diferencia ontológica es, si se quiere, la condición de posibilidad de la metafísica, el lugar donde ella se mantiene.

Pero, ¿cuál es el tema del enunciado heideggeriano? Es la diferencia misma. Heidegger habla de la diferencia sin mantenerse en ella, con lo cual él ha dejado la metafísica. Entonces se puede preguntar lo que caracteriza a la nada que está en cuestión. Si la nada no es negativa ¿cuál es la cualificación para ella? Es, recuerda Heidegger, la *nichtendes Nichts* (la nada neantizante). La esencia de la nada consiste en alejarse de lo ente, en tomar distancia de lo ente. Solo en este distanciamiento lo ente puede llegar a ser manifiesto en cuanto tal. La nada no es la simple negación de lo ente. Al contrario, la nada en su neantizar nos reenvía a lo ente en su manifestación. El neantizar de la nada "es" el ser.

Tal es el sentido de la conferencia pronunciada ante el cuerpo reunido de sabios y de facultades: mostrar a los sabios que hay otra cosa además del objeto de sus preocupaciones, y que esta otra cosa hace precisamente posible que haya eso mismo de lo que ellos se ocupan.

Entonces se esclarece la frase final de la conferencia, que plantea la pregunta de fondo de la metafísica: ¿por qué, pues, hay ente y no más bien nada?

Esta frase proviene de Leibniz. Pero la respuesta leibniziana es teológica. Se limita a reenviar al ente supremo, creador del mejor de los mundos posibles.

Por el contrario, la pregunta de Heidegger no inquiere sobre la causa primera, sino que intenta retroceder del olvido del ser. Ella quiere decir: ¿de dónde viene que ustedes se ocupen tanto de lo ente y tan poco del ser?

¿Por qué lo ente ha llegado a primer plano dentro del pensamiento del hombre? ¿De dónde viene la desaparición, la nada neantizante? Con otros términos: ¿quién comanda la dominación de la *Verfall an das Seiende* (del declinar en lo ente)? *Verfall* (el declinar [*l'aval*], la pendiente, la "suerte" [la "chance": la "oportunidad"]) no hay que entenderla ónticamente como *caída* [*chute*], sino ontológicamente como determinación esencial del *Dasein* cotidiano. El *Verfallen*, entendido ontológicamente, es la naturalidad misma del *Dasein*, de tal modo que él no puede ocuparse de las cosas sino *no* ocupándose del ser. Pero ocuparse de lo ente solo es posible y comprensible por el descenso [*déval*] a partir del ser. Si es necesario que en la vida humana el ser permanezca atemático, si, en otros términos, la finalidad de *Ser y Tiempo* no es retraer al *Dasein* cotidiano a una tematización del ser, que no constituye lo suyo propio, no deja de ser cierto que la "vida humana" no sería posible, en tanto que tal, sin el esclarecimiento, previo e ignorado, del ser.

Tal es el sentido de los análisis célebres, y no obstante malentendidos, de la utensilidad en *Ser y Tiempo*. El carácter de utensilio de los objetos no tiene necesidad, para ser, de devenir temático, y, sin embargo, es sobre la silla *en tanto que* silla donde yo estoy sentado.

JUEVES 11 DE SEPTIEMBRE

La distinción entre *nichten* y *verneinen* –entre neantizar y negar. ¿Realza la distinción de οὐκ y μή en griego? Si *Nichten* está del lado del οὐκ griego, entonces *nicht* quiere decir vacío total (*nihil negativum*); lo ente es simplemente negado: no hay ente. Al contrario, si se entendiera el *nicht* de *Nichten* en el sentido de μή, querría decir una cierta falta del lado del ser. Pero si el ser y la nada son lo mismo, la nada en cuestión no puede significar una privación. Por tanto, no se trataría de comprender *Nichten* de manera privativo-negativa. Se trata de algo distinto, completamente propio y particular.

Guardemos siempre ante la vista la tesis:

Ser : Nada : Mismo

Nada es la característica del ser. Este no es lo ente –pero, en un sentido totalmente diferente de la proposición: el ente no es (que sería una proposición óntica). Decir, por el contrario: la nada caracteriza al ser, es un enunciado ontológico. Visto a partir del horizonte óntico, el ser no es justamente de lo ente; visto a partir de las categorías, eso no *es*. Dicho de otra manera: en la medida en que la nada y su neantizar no son comprendidos negativamente, el ser es algo totalmente *otro* que lo ente. Lo importante en la fórmula participial *neantizante*, es que el participio indica una cierta "actividad" del ser, solo por la cual lo ente *es*. Se puede hablar de proveniencia, a condición de apartar todo matiz óntico-causal: hay sobrevenida del ser, como condición del advenimiento de lo ente: el ser deja ser a lo ente.

Comprender aquí que el sentido más profundo de *ser* es el *dejar* (*lassen*). Dejar ser a lo ente. Este es el sentido no-causal, el de "*lassen*", de *Tiempo y Ser*. Este "dejar" es algo fundamentalmente diferente de "hacer". La tendencia del texto *Tiempo y Ser* sería emprender la tarea de pensar este "dejar" más originalmente aún como "dar".

Este *dar* es el *Geben* de la expresión: *Es gibt* (traducida habitualmente por "hay" –a propósito de esto, Heidegger precisa que "hay" es demasiado óntico, en tanto que hace signo hacia una presencia de entes).

"*Es gibt*":

Es gibt es, en latín: *habet*. Construido con acusativo, eso expresa una relación óntica.

Se trata aquí de trabajar quitando las posibilidades de confusión. Pues, tal como se acaba de ver, la locución *Es gibt* no está al abrigo de una comprensión óntica. Por tanto, subrayemos:

215

Se está tentado de entender *es gibt* en el sentido de "eso deja *entrar en presencia*". Y el dar del *"es gibt"* es comprendido ónticamente en la acentuación del *entrar-en-presencia* (Anwesen-*lassen*). Así, cuando yo digo en castellano: hay truchas en este arroyo, el "hay" está entendido en dirección de la presencia de entes, de su cercanía en la presencia –y "dejar entrar en presencia" está entendido, en el límite, como "hacer entrar en presencia". Entendido así, el *es gibt* se comprende ónticamente, de manera que el acento cae sobre el hecho de ser.

Pero si el "es gibt" es pensado en dirección de una interpretación del *lassen* mismo, entonces la acentuación cambia.

Ya no es la entrada en presencia la que está subrayada, sino el *dejar* mismo. *Es gibt* significa estrictamente entonces: "*dejar* el entrar en presencia". Entonces no es, en absoluto, la presencia de lo ente lo que llama la mirada, sino aquello sobre el fondo de lo cual se destaca enmascarándolo –el dejar mismo, la donación del "dar que no da sino su donación, pero que, dándose así, no obstante, se retiene y se sustrae" (*Tiempo y Ser*; en *L'endurance de la pensée* (*La per-duración del pensar*), p. 31)[30].

Quizás se ofrezca entonces la posibilidad de salir de la inextricable dificultad que se tiene para decir "lo imposible": "el ser es". Quizás se pueda decir más bien: "*Es gibt Sein*" –"eso da ser", en el sentido de: "eso *deja* ser".

Digamos, para resumir (Cf. *Zur Sache des Denkens*, p. 40)[31] que ese "dejar ser" admite tres acepciones.

La primera, que hace signo hacia eso que es (hacia lo ente). A esta primera acepción se opondría aquella donde la atención es atraída menos hacia *lo* que hay, que hacia *la entrada en presencia* misma. Se trata, entonces, de una interpretación del ser tal como la da la metafísica.

Pero en el corazón de esta segunda acentuación toma lugar la tercera, donde el acento está, esta vez, decididamente puesto sobre el *dejar* mismo, que *deja* el entrar en presencia. Dejando (¿abandonando?) la entrada en presencia, es decir, dejando al ser, esta tercera acentuación hace signo hacia la ἐποχή del ser. En esta tercera acepción se está puesto ante el ser *en tanto que* ser, y no ya ante una de las figuras de su destinación.

Cuando la acentuación es: Anwesen *lassen* (traducción forzada: "el entrar en la presencia, el *dejar*"), el nombre mismo del ser no tiene ya lugar de ser. El *dejar*

---

[30]   *Tiempo y Ser*; en *Filosofía, Ciencia y Técnica*, ed. cit., p. 297 / *Tiempo y Ser*, Ed. Tecnos, Madrid, 2001, p. 28 (GA 14: *Zur Sache des Denkens*, p. 12). [*Questions* IV, p. 300 – GA 15, p. 364, en nota 1].

[31]   "*Protocolo a un seminario sobre la conferencia* 'Tiempo y Ser'"; en *Tiempo y Ser*, Eds. del Departamento de Estudios Históricos y Filosóficos, Universidad de Chile, Sede Valparaíso, Viña del Mar, 1975, pp. 44 s. / *Tiempo y ser*, Ed. Tecnos, ed. cit., pp. 56 s. (GA 14, pp. 45 s.). [*Questions* IV, p. 300 – GA 15, p. 365, en nota 2].

es entonces el puro dar, que él mismo reenvía al *Es* (al Eso) que da, y que es comprendido como el *Ereignis.*

Llegado el seminario a este lugar, emprende la tarea de aclararse la noción de *Ereignis.*

La primera indicación subraya que la palabra francesa acontecimiento [*avènement*] es totalmente inadecuada para traducir *Ereignis.* Nos retrotraemos entonces a la traducción intentada para *Tiempo y Ser*: *Ereignis,* el apropiamiento.

Siguen las preguntas: ¿qué relación mantiene lo *Ereignis* con la diferencia ontológica? ¿Cómo decir lo *Ereignis*? ¿Cómo se articula con la historia del ser? ¿Sería el ser la faz de lo *Ereignis* para los Griegos? ¿Se puede, en fin, decir "Sein ist durch das Ereignis ereignet?" Respuesta: sí.

Para entrar un poco en estas difíciles preguntas (que siguen siendo *demasiado* difíciles mientras su comprensión no esté suficientemente preparada), retengamos primeramente una serie de *indicaciones* susceptibles de procurar vías de acceso, variadas y convergentes a la *pregunta* por lo *Ereignis.*

– El mejor texto para abordar esta pregunta es la conferencia *El principio de Identidad*[32] –que habría que *oír* más bien que leer[33].

– Uno de los buenos caminos para llegar al *Ereignis* sería llevar la mirada hasta dentro de la esencia del *Ge-stell* [*l'arraisonnement* = la disposición] en cuanto él es un paso de la metafísica al otro pensar ("una cabeza de Jano", dice *Zur Sache des Denkens,* p. 57)[34], ya que el *Ge-stell* es esencialmente ambiguo. Eso lo decía ya *El Principio de Identidad*: lo *Ge-stell* (como unidad reunidora de todos los modos del *stellen,* del "poner") es acabamiento y cumplimiento de la metafísica, y, al mismo tiempo, preparación descubriente de lo *Ereignis.* Por eso, no se trata, en absoluto, de ver el advenimiento de la técnica como un acontecimiento negativo (pero, menos todavía, como un acontecimiento positivo, en el sentido de paraíso en la tierra).

– El negativo fotográfico de lo *Ereignis* es lo *Ge-stell.*

– No se podría llegar a pensar lo *Ereignis* con los conceptos de ser y de historia del ser; menos aún con ayuda del griego (que se trata precisamente de "superar"). Con el ser desaparece también la diferencia. También habría que ver, de manera anticipada, que la continua referencia a la diferencia ontológica, de 1927 a 1937, fue como un *impasse* necesario.

---

[32] En *Identidad y Diferencia,* Ed. Anthropos, Barcelona, 1988 (GA 11: *Identität und Differenz*) [*Questions* IV, p. 301 – GA 15, p. 366].

[33] Alusión al disco de larga duración 33 1/3 r.p.m., Pfullingen, 1957. [GA 15, p. 366, en nota 3].

[34] "*Protocolo a un seminario sobre la conferencia* 'Tiempo y Ser'", en *Tiempo y Ser,* Eds. del Departamento de Estudios Históricos y Filosóficos, Universidad de Chile, ed. cit., p. 63 / *Tiempo y ser,* Ed. Tecnos, ed. cit., p. 72 (GA 14, pp. 62 s.). [*Questions* IV, p. 301 – GA 15, p. 366].

- Con lo *Ereignis*, esto no es ya griego en absoluto; y lo más fantástico aquí es que el griego continúa guardando su significación esencial y, *a la vez*, no llega del todo a hablar como lengua. La dificultad estaría, quizás, en que la lengua habla demasiado rápidamente. De ahí el intento de ir *De camino al habla*.

- Con lo *Ereignis*, la historia del ser no está en su término, pero ella aparece *como* la historia del ser. No hay época de lo *Ereignis*. *Das Schicken ist aus dem Ereignen* (el envío de la destinación es a partir del apropiamiento).

- Ciertamente, se puede decir: *das Ereignis ereignet das Sein* (el apropiamiento apropia al ser), pero subrayando que en los griegos el ser no es ni pensado ni puesto en cuestión *en tanto que* ser. La vuelta a lo Griego no tiene sentido sino como vuelta al ser.

- El *Schritt zurück* (el paso que retrocede de la metafísica) solo tiene el sentido de hacer posible, en el recogimiento del pensar sobre él mismo, una mirada anticipadora sobre lo que viene. Significa que el pensamiento se retoma a fin de percibir en la esencia de la técnica el signo anunciador, *den verdeckenden Vorschein*, la pre-aparición recubridora de lo *Ereignis* mismo.

Intentemos ahora destacar esta pre-aparición de lo *Ereignis* bajo el velo de lo *Ge-stell*.

Hay que empezar por volver de nuevo a la historia del ser. Las diferentes épocas de la historia del ser –las diferentes y sucesivas suspensiones del ser en su envío destinal– son las épocas de las diversas maneras en las que se destina la *presencia* al hombre occidental. Si se toma una de estas destinaciones, tal como ella se envía al hombre en el siglo XIX y en el siglo XX, ¿qué es de ello?

El modo de esta destinación es la *objetividad* (como ser-objeto del objeto). Pues cuanto más se despliega la técnica moderna, tanto más se transforma la objetividad, *Gegenständlichkeit*, en *Beständlichkeit* (tenerse a disposición). Ya hoy día no hay más *objetos*, *Gegenstände* (el ente en tanto que se tiene de pie ante un sujeto que lo tiene a la vista) –ya no hay más que *Bestände* (el ente que está listo para el consumo); en francés, quizás se podría decir: no hay más *substances* [substancias], sino *subsistences* [subsistencias], en el sentido de "reservas". De ahí las políticas de la energía y de *l'aménagement* [ordenamiento] del territorio, que no se ocupan, efectivamente, con objetos, sino que, dentro de una planificación general, ponen sistemáticamente en orden al espacio, en vistas de la explotación futura. Todo (lo ente en su totalidad) toma lugar de golpe en el horizonte de la utilidad, del co-mandar [*commandement*] o, mejor aún, del *comanditar* [*commanditement*] de lo que es necesario apoderarse. El bosque deja de ser un objeto (lo que era para el hombre científico de los siglos XVIII y XIX), y se convierte en "espacio verde" para el hombre desenmascarado finalmente como técnico, es decir, para el hombre que considera a lo ente *a priori* en el horizonte de la utilización. Ya nada puede aparecer en la neutralidad objetiva de un cara a cara. Ya no hay nada más que *Bestände*, *stocks*, reservas, fondos.

La determinación ontológica del *Bestand* (de lo ente como fondos de reserva) no es la *Beständigkeit* (la permanencia constante), sino la *Bestellbarkeit*, la posibilidad constante de ser comandado y comanditado, es decir, el estar permanentemente a disposición. En la *Bestellbarkeit* lo ente es *puesto* como fundamental y exclusivamente *disponible* –disponible para el consumo en el cálculo global.

Ahora bien, uno de los momentos esenciales de este modo de ser de lo ente contemporáneo (la disponibilidad para un consumo planificado), es la *Ersetzbarkeit*, el hecho de que cada ente deviene esencialmente *reemplazable*, en un juego generalizado en el que todo puede tomar el lugar de todo. Esto lo manifiesta empíricamente la industria de productos de "consumo" y el reino del *Ersatz* [sucedáneo].

Ser, hoy día, es ser-reemplazable. La idea misma de "reparación" ha llegado a ser una idea "anti-económica". A todo ente de consumo le es esencial que sea *ya* consumido, y, de esa manera, llama a su reemplazo. Tenemos ahí uno de los rasgos de la desaparición de lo tradicional, de lo que se transmite de generación en generación. Aun en el fenómeno de la *moda*, lo esencial no es ya el *adorno* (la moda en tanto que adorno se ha convertido así en algo tan anacrónico como la compostura), sino la reemplazabilidad de los modelos, de estación en estación. La vestimenta no se cambia ya porque y cuando se ha vuelto defectuosa, sino porque ella tiene el carácter esencial de ser "el vestido del momento esperando el siguiente".

Transportado al *tiempo*, este carácter da la *actualidad*. La permanencia no es ya la constancia de lo transmitido, sino lo siempre-nuevo del cambio permanente. Los eslóganes de mayo de 1968 contra la sociedad de consumo ¿llegan hasta reconocer en el consumo la faz *actual* del ser?

Solo la técnica moderna hace posible la producción de todos esos *stocks* explotables. Ella, más que la base de esto, es el fondo mismo y así el horizonte. Así, en el caso de las materias sintéticas, que reemplazan más y más a las materias "naturales". Ahí también la naturaleza en tanto que naturaleza se retira…

Pero no basta con determinar ónticamente esas realidades. La cuestión es que *el hombre moderno se encuentra en lo sucesivo en una relación con el ser fundamentalmente nueva* –Y QUE DE ELLA NO SABE NADA.

En el *Ge-stell* el hombre es requerido para corresponder a la explotación-consumo; la relación con la explotación-consumo obliga al hombre a *ser* en esa relación. El hombre no tiene la técnica en la mano. Es el juguete de ella. En esta situación reina la más completa *Seinsvergessenheit*, el más completo retraimiento del ser. La cibernética deviene el sucedáneo [*Ersatz*] de la filosofía y de la poesía. La politología, la sociología, la psicología, devienen preponderantes, disciplinas que no tienen la más mínima relación con su propio fundamento. En este sentido, el hombre moderno es el esclavo del olvido del ser.

De ese modo se anuncia (tanto como se puede ver) el hecho de que el hombre es "utilizado" por el ser –*gebraucht vom Sein*. *Gebraucht* es la palabra que sirve para traducir el Χρή de Anaximandro. Está bien "utilizado", pero en el sentido de que uno tiene necesidad de lo que se "utiliza".

Así, necesariamente, el hombre pertenece a, y tiene su lugar en la apertura (y ahora en el olvido) del ser. Pero el ser, para abrirse, tiene necesidad del hombre en tanto que Ahí de su manifestación.

Por eso la carta a Jean Beaufret[35] habla del hombre como el *pastor* del ser –destacar que, por una vez, el francés habla más abiertamente que el alemán: *berger* [pastor] es el que *héberge* [alberga]. El hombre es el lugarteniente de la Nada.

Si el ser está de ese modo necesitado del hombre para ser, hay que presumir una *finitud del ser*; por tanto, que el ser no sea absolutamente para sí, es la antítesis más aguda en relación a Hegel. Ya que, si bien dice Hegel que lo absoluto no es "sin nosotros", él lo dice como eco al "Dios necesita de los hombres" cristiano. Para el pensamiento de Heidegger, por el contrario, el ser no es sin su relación al *Dasein*[36].

Nada más lejos de Hegel y de todo el idealismo.

---

[35] *Carta sobre el "Humanismo"*. En *Hitos*, ed. cit., p. 281 (GA 9, p. 342). [*Questions* IV, p. 306 – GA 15, p. 370, en nota 4].

[36] Cf. *Kant y el problema de la metafísica*: "Más originaria que el hombre es la finitud del *Dasein* en él". F. C. E., México, 2013, § 41, p. 196 (GA 3: *Kant und das Problem der Metaphysik*, p. 229). [*Questions* IV, p. 306 – GA 15, p. 371, en nota 6].

ANEXO DEL SEMINARIO DE LE THOR 1969[37]

Transcripción y traducción de algunas palabras y frases según su orden de aparición

ἐνέργεια, *enérgeia*, estar-en-y-a-la-obra
ὑποκείμενον, *hypokeímenon*, lo que está ahí bajo los ojos, lo ente en su yacer
τὰ ὄντα, *tà ónta*: lo ente (en su conjunto)
τὰ φαινόμενα, *tà phainómena*, lo que se muestra desde sí mismo
τὰ ἀλήθεα, *tà aléthea*, lo abierto en el no-retraimiento
ὑπό, *hypó*, desde abajo
κατά, *katá*, de arriba hacia abajo

λέγειν τι κατὰ τινός, *légein ti katà tinós*, enunciación, decir algo a propósito de algo

ὀνομάζειν, *onomázein*, nominación
ἀπόφανσις, *apóphansis*, hacer patente
κατάφασις, *katáphasis*, afirmación
das Anwesende, lo que entra en presencia, lo presente
das Erscheinende, lo que se muestra desde sí mismo
das Sichzeigende, lo que se muestra desde sí mismo
Gegen-stand, objeto, ob-stante
bloß objektiv, pura y simplemente objetivo
firmum, firme

punctum firmum et inconcussum, punto firme e inconmovible

inconcussum, inconmovible
ein fester Boden, un suelo firme
perceptio, percepción
ἀλήθεια, *alétheia*, desvelamiento
se solum alloquendo, no se dirige la palabra sino a sí mismo

---

[37] Al respecto, véase, *supra,* la Nota preliminar a la sexta edición.

Μοῖρα, *Moîra*, destino

φύσις, *phýsis*, levantar-se-fuera-del-retraimiento

φύειν, *phýein*, surgir, brotar

θαυμάζειν, *thaumázein*, ad*mirar* la afluencia de la presencia

Verborgenheit: retraimiento

Unverborgenheit: estado-de-no-retraimiento

τὸ αὐτό, *tò autó*, lo mismo

νοεῖν, *noeîn*, pensar

εἶναι, *eînai*, ser

νοεῖν, *noeîn* e ἰδεῖν, *ideîn*: saber, ser-abierto a lo que viene a darse

λόγος, *lógos* - τὸ αὐτό, *tò autó*: recogimiento en el cual se acuerda el ser

λόγος, *lógos*, hablar, dejar-entrar-en-presencia

Seinsfrage, pregunta por el ser

εἶδος, *eîdos*, ser de lo ente, aspecto

μὲ ὄν, *mè ón*, privación

οὐκ ὄν, *ouk ón*, nada, no-ente – negación

εἴδωλον, *eídolon*, imagen

ὄντος ὄν, *óntos ón*, lo propiamente ente

Übermaß, superabundancia excesiva

οὐσία, *ousía*, presencia

abwesen, ausentarse

die anwesende Anwesenheit, la presencia entrando en presencia

seiend, ente (en sentido verbal)

das Seiende: lo ente

ἰδέα, *idéa*, ser de lo ente, idea, aspecto

φαίνεσθαι, *phaínesthai*, mostrarse

ἀληθές, *alethés*, desencubierto

Sinn von Sein, sentido de ser

Entwurfsbereich, dominio de proyecto

Seinsverständnis, comprensión del ser

Verständnis, comprensión

Vorstehen, estar de pie delante, estar a nivel con, ser de la talla para sostener eso ante lo cual se está

Entwurf, proyecto, apertura abriente

Ortschaft des Seins, lugar del ser

Aus der Erfahrung des Denkens, Desde la experiencia del pensar

Die Kunst und der Raum, El arte y el espacio

bei Hölderlin ist das Nennen ein Rufen, para Hölderlin, nombrar es lanzar un llamado

μορφή, *morphé*, forma
ποίησις, *poíesis*, pro-ducción
ὕλη, *hýle*, materia, lo *de qué* para la μορφή
ab-bauen: *de-struere*, des-hacer
Gegen-ständ*lichkeit*, ob-jetividad
Seinsgeschick, destino del ser
verbirgt sich, se oculta
Seinsvergessenheit, olvido del ser
λήθη, *léthe*, velamiento
ἐπιλανθάνεσθαι, *epilanthánesthai*, ocultación

Φύσις κρύστεσθαι φιλεῖ, *Phýsis krýptesthai phileî*, Nada es más propio a la eclosión que el retraimiento

Natura, nasci, Naturaleza, nacer
τόπος, *tópos*, lugar
διαφορά, *diaphorá*, diferencia, tener *aparte* lo uno de lo otro
cogito, yo pienso

cogito me cogitare, yo pienso que yo pienso

Bewußtsein, consciencia
Dasein, ser-el-Ahí [*être-le-Là*]

das reine Sein und das reine Nichts ist also dasselbe, el ser puro y la nada pura es por consiguiente lo mismo

πραγματείαι, *pragmateíai*, pragmáticas

subjecto vetustissimo novam promovemus scientiam, a un asunto viejísimo lo promovemos hacia una nueva ciencia

ἡ τοῦ δυνάμει ὄντος ἐντελέχεια (ἐνέργεια) ἦ τοιοῦτον κίνησίς ἐστιν, *he toû dynámei óntos entelécheia (enérgeia) ê toioûton kínesis éstin*, movimiento es la entelequia (ἐνέργεια, *enérgeia*) de lo ente en potencia en tanto que potencia *motus est actus entis in potentia prout in potentia*, movimiento es el acto del ente en potencia en tanto que potencia

φορά, *phorá*, a-portar, traslación, desplazamiento
ad libitum, a gusto, a voluntad
Herstellung, producción, creación
intuitus originarius, intuición originaria
ἐποχή, *epokhé*, época, retraimiento
den verdeckenden Vorschein, la pre-aparición recubridora
gebraucht vom Sein: "utilizado" por el ser
χρή[38], *khré*, se necesita

---

[38]   Al respecto: M. Heidegger, "El dicho de Anaximandro". En *Byzantion Nea Hellás* N° 35, Santiago, 2016, pp. 348 ss. Trad. de F. Soler Grima. Ed. de J. Acevedo G. / *Caminos de bosque*, Ed. Alianza, Madrid, 2005, pp. 270 ss. Trad. de Helena Cortés y Arturo Leyte. / GA 5: *Holzwege*, pp. 362 ss.